Bruno Nardini · Leonardo da Vinci

Bruno Nardini

Leonardo da Vinci

Leben und Werk

Urachhaus

Aus dem Italienischen übertragen von Barbara von Münchhausen

ISBN 3-87838-252-9
2. Auflage 1980
© 1978 Verlag Urachhaus Johannes M. Mayer GmbH & Co KG Stuttgart.
© 1974 Nardini Editore – Centro Internazionale del Libro S.p.A. – Firenze/Italy.
© 1974 Giunti Marzocco S.p.A. – Firenze/Italy.
Alle Rechte vorbehalten.
Umschlag: Walter Krafft, Stuttgart.
Satz: Offizin Chr. Scheufele, Stuttgart.
Druck: Arti Grafiche Parigi e Maggiorelli, Florenz.

ERSTER TEIL

Legende und Wahrheit

Es ist Frühling – auch in Frankreich. Auf den Hügeln um Clos-Lucé im Gebiet von Amboise beginnt es nach dem letzten und ungewöhnlichen Kälteeinbruch im April unversehens zu blühen: Die Ufer der Loire sind mit Maiglöckchen besprenkelt, die noch gerade zur Maifeier zurechtkamen.

Hoch im türkisblauen Himmel schwebt ein Hühnergeier mit ausgebreiteten Flügeln.

In einem großen Schlafraum mit vergoldeter Decke liegt unbewegt und bleich ein Greis im Sterben. Einige Verwandte stehen ihm bei. Sein Sterben dauert lang und ist schwer.

Plötzlich ruft eine Stimme auf der Treppe:
– Der König! Der König! –

Der Alte scheint sich aus seiner Regungslosigkeit aufzuraffen und versucht, sich auf den Kissen zu erheben. Jemand legt ihm ein Brokatgewand über die Schultern, ein anderer hilft ihm, sich aufzurichten. Der König betritt den Raum und eilt sofort voller Fürsorge zum Lager des Alten.

»...Da ergriff ihn ein Schauer, Vorbote des Todes... und er verschied in den Armen des Königs im Alter von fünfundsiebzig Jahren.«

Es ist der 2. Mai 1519. Eine Zeichnung Ingres stellt den entscheidenden Augenblick dieser Le-

Das berühmte Selbstbildnis Leonardos, das in Frankreich entstand. Rötelzeichnung.

gende dar. Denn der Tod Leonardo da Vincis in den Armen von Franz I., König von Frankreich, wie ihn Vasari beschrieb, ist Legende.

Schon für seine Zeitgenossen war Leonardo oft Geheimnis und Legende. Man wußte wenig oder nichts von ihm, weil er nichts von dem, was ihn betraf, der Neugier der andern überließ. Er schrieb ununterbrochen und über alles, und doch gab er nur selten Einblick in die Geschichte seines Lebens.

Heute würde man sagen, er war ein Mann von Welt, elegant, extravagant, schön und stark – »...er bog ein Hufeisen, als sei es aus Blei...« –, gewählt in seinen Worten und Bewegungen, ausgesucht in der Kleidung, »...und so angenehm im Gespräch, daß er die Seelen der Menschen an sich zog...«. Und doch war er einsam, ohne Freund, ohne Liebe.

Den tragischen Ereignissen seiner Zeit gegenüber zwang er sich, ungerührt wie ein stoischer Philosoph zu bleiben. Und den Wechselfällen des täglichen Lebens begegnete er mit olympischer Ruhe, einem Abstand von der ihn störenden Wirklichkeit, der ihn zugleich unparteiischer Beobachter sein ließ.

– Er ist ein Magier –, sagten von ihm viele seiner Zeitgenossen mit Bewunderung, die nicht frei von dunkler Furcht war.

Leonardo war sich dieses Mythos bewußt. Absichtlich errichtete er zwischen sich und den anderen eine geheimnisvolle Schranke aus okkul-

9

Franz I. König von Frankreich, Gönner und Freund Leonardos.

Die berühmte Zeichnung Ingres, welche die schöne Legende vom Tode Leonardos darstellt.

Der Wohnsitz von Clos-Lucé, auch Cloux genannt, der Leonardo vom französischen König überlassen wurde.

Ein zur Loire gelegener Flügel des Schlosses von Amboise, wohin Franz I. seinen Meister Leonardo rief.

tem Wissen und Kenntnissen, die er nicht aus Büchern, sondern eher im verborgenen durch Erfahrungen erworben hatte; und hinter der Maske des Magiers verbarg er allen, sogar sich selbst, das Gesicht eines Mannes, der menschlicher Nähe und der Wärme der Zuneigung bedürftig war.

Leonardo war ein lebender Widerspruch. In einem Jahrhundert, reich an erneuernden Impulsen und höchsten Leistungen, verkörperte er aufs beste den Geist des Humanismus und der Renaissance. Aber er wandte seinem Jahrhundert zugleich auch den Rücken, um eine noch nicht existente Epoche, die unsere des 20. Jahrhunderts vorwegnehmend, in weiten Fernen zu schauen.

Das Wichtigste von Leonardo entzieht sich uns. Er ist weder ein Menschenfeind wie Buonarroti, noch heiter wie Raffael. Er verbirgt sich in der Zersplitterung seiner Kräfte, hinter jenen, die Vasari »Phantastereien und Launen« nennt. Seine geheime Tragödie war, daß er kein Gefühl, sei es Emotion oder Inspiration, empfinden konnte, ohne es in einen rationalen Entwurf zu übersetzen, ohne »daraus Anatomie zu machen«.

Er war also ein Wahrheitssucher um jeden Preis und auf Kosten jedweden Verzichtes.

»Dem König von Frankreich«, schrieb Cellini in seinen Memoiren, »machte es solches Vergnü-

gen, ihn reden zu hören, daß er sich nur wenige Tage des Jahres von ihm trennte...«

Ist auch dieses Legende? Oder ist es eine Wahrheit, die nur wegen ihrer besonderen Schönheit legendär erscheint? Gerade die Liebe von Franz I. rechtfertigt eben die Darstellung der letzten Augenblicke des großen Einsamen aus Vinci durch Vasari.

Wenn Leonardo nicht in den Armen des Königs starb, so nur deshalb, weil der Herrscher in Unkenntnis des schlimmen Zustandes, in dem sich sein alter Freund befand, mit dem ganzen Hof in Saint Germain-en-Laye weilte, um die Geburt seines Zweitgeborenen zu feiern. Andernfalls wäre er wie ein Sohn an das Sterbelager Leonardos geeilt, und die Legende wäre wahr gewesen.

Gutes Blut trügt nicht

So wie heute waren auch im 15. Jahrhundert in der Steuererklärung gewisse Abzüge zugelassen, richtiger gesagt, man berücksichtigte in jedem Familienverband die »zu stopfenden Mäuler«, nämlich die Frauen, die Alten, die minderjährigen Kinder und die Dienerschaft.

Im Jahre 1457 erklärte der Notar Ser Antonio da Vinci auf dem Katasteramt, daß sich in seinem Hause unter den zu stopfenden Mäulern auch »Lionardo, der kleine fünfjährige Sohn des Ser Piero befand, der diesem unehelich von Chaterina, jetzt Frau von Acchattabriga, Sohn des Piero del Vaccha aus Vinci, geboren worden war«.

In jener Zeit hatten die Menschen auch den guten Brauch, im Familienbuch die wichtigsten Ereignisse aufzuschreiben, und Ser Antonio machte von der Regel keine Ausnahme:

»1452. Am Samstag den 15. April nachts 3 Uhr wurde mir ein Enkel, Sohn meines Sohnes Ser Piero, geboren... Er erhielt den Namen Lionardo. Es taufte ihn der Priester Piero di Bartolomeo aus Vinci...«

Die Taufe fand am Sonntag nach Ostern in der kleinen Kirche Santa Croce in Vinci statt. Fünf Männer und fünf Frauen, deren Namen und Vornamen sorgfältig eingetragen wurden, verbürgten den legitimen Eintritt des »illegitimen« Sohnes von Ser Piero da Vinci in die Familie.

Und die Mutter? Wer war diese Caterina, die

der älteste und zuverlässigste Biograph Leonardos, der sogenannte Anonimo Gaddiano, als »aus gutem Blut« beschreibt und die dann die Frau eines gewissen Accattabriga aus Vinci wurde?

»Gutes Blut« bedeutet in der Toskana nicht, wie einige meinen, »gute Familie«, sondern vielmehr bestimmte körperliche und vor allem seelische Qualitäten.

»Gut« im Sinne von gesund, nicht nur in bezug auf die Gesundheit des Körpers, sondern auch auf die der Seele. Caterina wird also ein gesundes,

aufrichtiges und schönes Bauernmädchen gewesen sein, welcher der Erstgeborene Ser Antonios – auch er »sere« und obendrein jung und schön – viel vorgeredet und auch einige unvorsichtige Eheversprechen gemacht haben wird.

In der Ortschaft Vinci, jenen wenigen Häusern, die sich um den Càssero, wie der alte Burgturm genannt wurde, gruppierten, verlieh die Bezeichnung »sere« eine besondere Würde. Im 14. Jahrhundert war ein Michele da Vinci »sere« gewesen, und »sere«, nämlich Notar, jeder seiner direkten Nachkommen bis zu dem unternehmenden und unvorsichtigen Sohn des Antonio.

Im Jahre 1427 geboren, war Ser Piero fünfundzwanzig Jahre alt, als Caterina Leonardo zur Welt brachte. Um jedwede Grille aus dem Kopf des Mädchens und allenfalls eigene Gewissensbisse zu vertreiben, ließ der alte Antonio noch im selben Jahr 1452 seinen Sohn eine ganz junge Florentinerin namens Albiera aus der Familie Amadori heiraten. Den ungestümen Sohn Piero del Vaccas, mit dem Spitznamen Accattabriga, überzeugte er mit dem Klang des Goldes, die schöne und enttäuschte Caterina als Frau in sein Haus zu nehmen.

Nachdem auf diese Weise die Angelegenheiten seines Hauses geordnet waren – in dem nun eine Schwiegertochter der Schwiegermutter half und dem kleinen Bastard Mutter war, und in dem der andere Sohn, Francesco, lebte, »der in der Villa sitzt und nichts tut« –, konnte der alte Antonio fortfahren, Kontrakte aufzusetzen und mit den Bauern von Anchiano »Triktrak« zu spielen. Währenddessen mietete sich der ungeduldige Ser Piero ein Haus in Florenz, fest entschlossen, mit Hilfe der Medici und der Serviten von SS. Annunziata seinen Weg zu machen und zu Geld zu kommen.

Ansicht von Florenz im 15. Jahrhundert. Der mittelalterliche Charakter der Stadt mit den zahlreichen Türmen und dem Ring der Stadtmauer zur Verteidigung der bürgerlichen Freiheit herrscht noch vor. Cosimo de'Medici ordnete jedoch Abbrucharbeiten an, die in kurzer Zeit die Ansicht und das Leben von Florenz veränderten.

Der Hühnergeier

»... In der ersten Erinnerung aus meiner Kindheit schien mir, daß, während ich in der Wiege lag, ein Hühnergeier zu mir kam, mir mit dem Schwanz den Mund öffnete und mich mit jenem Schwanz viele Male auf die Lippen schlug.«

Dieser außergewöhnliche Traum voller symbolischer Bedeutungen hinterließ nicht nur in der Erinnerung Leonardos, sondern auch in seiner Seele seinen Eindruck gleich einer dunklen Vorahnung des eigenen Schicksals.

Der Hühnergeier war ein einheimischer Vogel, er kreiste über Vinci und den benachbarten Kastellen zwischen Arno und Monte Albano, und der Onkel Francesco zeigte ihn oft seinem Neffen, um ihn auf den charakteristischen gegabelten Schwanz und den kreisend schwebenden Flug aufmerksam zu machen.

– Siehst du ihn? – sagte der Onkel und legte sich ins Gras, um den Flug des Raubvogels besser zu beobachten. – Wenn, wie jetzt, in der Höhe Wind herrscht, ist auch der Hühnergeier oben. Wenn der Wind niedrig weht, hat der Hühnergeier keine Angst, auch bis unter den Càssero herabzukommen. Denn der Hühnergeier gehört zu den Vögeln, die wenig mit den Flügeln schlagen und die immer die Luftströmung des Windes aufsuchen. –

Der kleine Leonardo hörte zu und beobachtete. Seine Schule waren die Felder und Wiesen von Anchiano, der Wald, der sich vom Berg fast bis zum Ort Vinci herabzog, und sein Lehrer war sein junger Onkel Francesco, der nur siebzehn Jahre älter war als er.

Dieser Onkel, Philosoph und Nichtstuer, übermittelte seinem Neffen seine ganz persönliche Theorie über die Natur, die aus Beobachtungen, Versuchen und Erkenntnissen, vor allem aber aus der Liebe zu allem Geschaffenen herrührte.

»Während er über die Natur philosophiert«, sagt Vasari, »sucht er, die Eigenschaften der Kräuter zu verstehen.«

Tatsächlich enthüllte Onkel Francesco ihm

täglich die wunderbare Weisheit der Natur. Er stieg oft mit dem Neffen zum Fluß hinab und prägte ihm angesichts des Wassers das Bild unseres sich ständig in Bewegung befindlichen täglichen Lebens ein. Er wanderte mit ihm in den Wald und zeigte ihm die Metamorphose der Insekten. Er ließ ihn mit den Händen die Scholle betasten, wenn das Korn zu sprießen begann, und fragte sich, welche geheimnisvolle Kraft diesem zarten Halm half, sich in der vom Frost verhärteten Erde einen Spalt zu öffnen. Dann, in der heißen Jahreszeit, folgten sie gemeinsam mit ih-

Innenansicht der Küche eines toskanischen Hauses aus dem 15. Jahrhundert. Nicht sehr verschieden von diesem muß wohl der große Kaminplatz des Hauses von Ser Antonio da Vinci gewesen sein, in dem der kleine Leonardo zusammen mit der Großmutter Lucia, dem Onkel Francesco, dem Vater Ser Piero und der Stiefmutter Albiera seine Jugend verbrachte.

rem Blick den Ameisen, die Getreidekörner hinter sich herzogen, die größer waren als sie selbst. Manchmal erzählte ihm der Onkel eine Fabel wie die vom geheimen Pakt zwischen einer Ameise und einem Getreidekorn.

– Was für ein Pakt, Onkel Francesco? –

»Laß du mich hier, sagte da das Getreidekorn zur Ameise – und laß mich in mein Element, die Erde, zurückkehren, dann werde ich dir in einem Jahr nicht ein Getreidekorn, sondern hundert wie mich geben.«

– Und die Ameise? –

– War müde und willigte ein. Sie hielt aber nicht viel von diesem Pakt. Im Jahr darauf jedoch ... –

– Die Ähre, Onkel Francesco! Das Korn war eine Ähre geworden! –

Schnell zu Ende und nie vergessen, jene lichterfüllte Kindheit, die er zwischen Anchiano und Vinci im Hause des Großvaters, in Erwartung des Samstags und der Rückkehr Ser Pieros aus Florenz, verbrachte.

Im Dorf spähte eine Frau von ihrer nur angelehnten Tür aus seinen Schritten nach. Ein sanfter, trauriger Blick folgte und verweilte heimlich auf ihm.

– Vater –, sagte eines Tages der junge Ser Piero, – ich habe von Michele Brandolini in der Via della Prestanza hinter dem Palazzo della Signoria ein Haus gemietet. Mit eurer Erlaubnis möchte ich Albiera und Leonardo nach Florenz bringen. Dieser Bursche muß anfangen zu lernen, er kann nicht von morgens bis abends in den Feldern bleiben. –

Ser Antonio blickte schweigend auf den Enkel und stimmte zu. Onkel Francesco versuchte, ihm zuzulächeln, um ihm Mut zu machen. Albiera fragte:

– Wann? –

– Nächsten Monat –, antwortete Ser Piero. Er näherte sich Leonardo, hob sein Gesicht zu sich empor, schaute ihm in die Augen und sagte:

– Du wirst Florenz sehen, mein Junge: Das ist die Welt! –

15

Vielleicht war es in jener Nacht, daß der Knabe vom Hühnergeier träumte. Es schien ihm, daß er klein und wehrlos in der Wiege lag, der Raubvogel aus seinem schwebenden Flug sich unversehens auf ihn herabstürzte und mit seinem gegabelten Schwanz versuchte, ihm den Mund zu öffnen.

Florenz

Nach seiner Ankunft in der Stadt wurden Musik und Arithmetik, die Flöte und die Grammatik das tägliche Brot des kleinen Leonardo. Das letzte Bild von Vinci, das sich ihm bot, als das Pferd die gewundene, steinige Straße hinabstieg, war das seines Onkels Francesco, der im Hauseingang geblieben war, um ihn abreisen zu sehen.

Die Stille des Landlebens war vom Getöse der Stadt abgelöst worden. Die Werkstätten der Handwerker öffneten bei Morgengrauen ihre Läden, und bis zum Sonnenuntergang tönte der Lärm der Werkzeuge – von Beil oder Hammer, Winden oder Blasebälgen – auf die Straße. Es war wie ein riesiges Atemholen, eine große, gemeinsame Anstrengung, ab und zu vom Getöse eines Einsturzes unterbrochen, das die Zerstörung der alten Haustürme anzeigte, die einer neuen Wohnarchitektur Platz machen mußten.

Florenz war klein. Brunelleschi hatte eben begonnen, für Luca Pitti jenseits des Arno am Fuße des Bobolihügels einen Wohnsitz zu bauen, und Michelozzo hatte seit kurzem die Palastfestung für Cosimo de' Medici in der Via Larga, nicht weit vom Baptisterium, beendet.

Die Stadt war dabei, sich nach dem wirtschaftlichen Zusammenbruch ihrer Handelsgesellschaften wieder zu erholen und Mut zu fassen. Diese hatten auf den Woll- und Seidenmärkten ein seit Jahrhunderten gehaltenes Monopol verloren: Die neue ausländische Produktion hatte viele Aktivitäten gelähmt und einige Banken zum Bankrott gebracht.

Das Mißtrauen, im Handel oder in Unternehmen zu investieren, regte zu anderen, offensicht-

Eine seltene Ansicht der ehemaligen Gestalt des Palazzo Vecchio mit den Torvorbauten, die zur Verstärkung der Verteidigung dienten. Dieses Fresko wurde im vergangenen Jahrhundert entdeckt, als man die Häuser abbrach, an deren Stelle sich zu Leonardos Zeit der sogenannte Kerker »delle Stinche« befand. Es wurde irrtümlich als die Verherrlichung der Vertreibung des Herzogs von Athen aus Florenz gedeutet. (Es war ein Hauptmann namens Gualtieri di Brienne, der sich im Jahre 1326 der Stadt bemächtigt hatte.) Wie kürzlich ein Florentiner Gelehrter aufzeigen konnte, stellt das Fresko »delle Stinche« nicht die Vertreibung des Tyrannen dar, sondern die gewaltsame Zerschlagung des Ordens der Tempelritter.

Die Szene will deutlich machen, daß der Templerorden beseitigt, aber nicht vernichtet worden ist und daß er sich mit seinen Symbolen und dem Geheimnis seiner Initiationsriten entfernt. Gott ist mit ihm. Der Tempel wird wieder aufgebaut werden, und die himmlische Frauengestalt, die göttliche Erkenntnis oder Weisheit, beauftragt einen anderen Orden, jenen des Tau, mit der Verteidigung der zivilisierten Welt, die durch den Palazzo Vecchio symbolisiert wird. Der letzte Tempelritter, mit königlicher Würde gekleidet, nimmt den »Bafometto« mit sich, – das heilige Idol mit dem Haupt eines Menschen, dem Körper eines Adlers, den Klauen eines Löwen – das esoterische Emblem des Ordens, um es vor der finsteren Macht der Unterdrückung in Sicherheit zu bringen. Die zerbrochenen Waffen, der Schild und die übrigen Symbole, auf dem Boden verstreut, besagen, daß die Schlacht mit dem Tode des Jacques de Molay, des Großmeisters des Ordens, für eine gewisse Zeit verloren ist. In Florenz kannten die »Fedeli d'Amore«, die »Getreuen der Liebe«, das heißt jene Poeten, welche den Frauendienst und die hohe Minne priesen, das Geheimnis der Tempelritter.

lich zuverlässigeren Geldanlagen an, und zwar in immobilem Besitz. Sobald es den Leuten möglich war, wandelten sie ihr Geld in landwirtschaftliche Flächen oder in Häuser um. Wenn letztere alt waren, stellten ihr Abriß und ihre Neuerrichtung ein weiteres kühnes Unternehmen dar, nicht nur in wirtschaftlichem, sondern auch in künstlerischem und sozialem Sinn.

Alle Urheber des Glanzes dieses Jahrhunderts lebten und wirkten in Florenz: Donatello, Brunelleschi, Fra Filippo Lippi, Benozzo, Rossellino, Michelozzo, Paolo Ucello, die beiden Pollaiuolo, Luca della Robbia, Mino da Fiesole, Luca Signorelli. Vor kurzem waren Ghiberti und Andrea del Castagno gestorben. Und über allem

Das willensstarke Profil des Cosimo de'Medici, genannt »Vater des Vaterlandes«.

wachte der alte Cosimo, der regierte ohne zu regieren. Er richtete seine Feinde mit den »Lasten« zugrunde, das heißt den außerordentlich hohen Einkommensteuern. Er wählte persönlich die »accoppiatori«, die beim Verlosen der öffentlichen Ämter die Oberaufsicht führten.

Wie eine Epidemie war unversehens das Fieber der Studien und Forschungen ausgebrochen, das sich Humanismus nannte. Der Grieche Georgios

Gemistos Plethon hatte in Erinnerung an die antike Schule von Athen die platonische Akademie gegründet. Von Cosimo gerufen, waren andere Gelehrte nach Florenz geeilt, um die griechische Sprache zu lehren. So bildeten und behaupteten sich Männer wie Marsilio Ficino – der sich vornahm, die christliche Lehre mit Platos Philosophie zu versöhnen –, Cristoforo Landino, Agnolo Poliziano, Giovanni Pico della Mirandola und Leon Battista Alberti, der seiner kenntnisreichen Liebe zur klassischen Architektur wegen der florentinische Vitruv genannt wurde.

In dieser Atmosphäre verlebte Leonardo die kostbaren Jahre seiner Jugend. Er hatte die ersten Kontakte mit einer Kultur und einem Ambiente, die zweifellos in bestimmender Weise seine Entscheidungen beeinflußten.

»Im Rechenbuch«, schrieb Vasari, »erwarb er sich in weniger Monaten, als man erwartete, so viel Kenntnis, daß er den ihn unterrichtenden Lehrer, vor den er dauernd Zweifel und Schwierigkeiten brachte, oft verwirrte.«

Seine Berufung war jedoch eine andere. Ser Piero war überzeugt, aus ihm einen Notar zu machen, einen »sere«, wie alle Erstgeborenen der Familie. Und in dieser Überzeugung überwachte er die kulturelle Bildung des Sohnes wenig oder gar nicht.

Leonardo begann jedoch, sich selbst kennenzulernen und sich zu entdecken.

Da er fast immer allein war, stöberte er in den Werkstätten der Künstler und Handwerker herum, gleicherweise von der Schönheit eines Bildes wie vom Einfallsreichtum eines Gerätes angezogen, während er eine immer lebhaftere Abneigung gegen die Grammatik und das andere Schulwissen verspürte. Er begann, im Namen des naturverbundenen Wissens, das er von seinem Onkel Francesco übernommen hatte, Einwendungen zu machen und den Lehrern zu wi-

Der Palazzo Vecchio, Symbol der Bürgerfreiheit und Sitz der Gemeindeverwaltung von Florenz.

Der Palazzo Pitti und der Boboligarten im 16. Jahrhundert, ein Beispiel für die neue Idee der »gestalteten Natur«.

dersprechen, wobei er den abstrakten Begriffen der Bücher, die nur auf den weit zurückliegenden Versicherungen des Aristoteles beruhten, die konkreten und unwiderlegbaren Fakten der Erfahrung entgegenhielt.

Auch allein setzte er die Forschungen im Reich der Tiere und Pflanzen fort: In den Florentiner Gärten und Gemüsebeeten längs des Arno und des Mugnone fing er Insekten, Fische, Vögel, sammelte Pflanzen und Blumen und begann zu zeichnen, um sie in der Erinnerung zu bewahren und gewisse Besonderheiten dauerhaft festzuhalten.

Da ist das Geheimnis. Der zerstreute und vielbeschäftigte Vater wußte, daß der Sohn Arithmetik, außerdem Grammatik und Musik studierte, hatte aber nicht den geringsten Verdacht, daß

sein Leonardo sich heimlich auf die Straße der Kunst wagte.

Vielleicht wird Albiera die verschwiegene, zu einigem zugelassene Vertraute gewesen sein, aber sie wagte nicht, es ihrem Mann mit seinem praktischen und vor allem jähzornigen Wesen zu sagen.

In jenen Jahren genügte es außerdem, eine Kirche zu betreten, um die Maler an der Arbeit zu finden. Man brauchte sich bloß umzudrehen, um die Bildhauer und Architekten am Werke zu sehen. Leonardo hatte nur die Schwierigkeit der Wahl.

Auf Initiative von Cosimo wurden seit einiger Zeit in bestimmten Malerwerkstätten, besonders in denen des Attavante und des Gherardo, neue Bücher profanen Inhalts mit Miniaturen ausgemalt: Die Bibliothek der Medici wurde immer reicher an kostbaren Dokumenten und konkurrierte mit jener des mächtigen und gebildeten Königs von Ungarn, Matthias Corvinus.

Da kam im Sommer 1464 unversehens die

Brunelleschi: Inneres der Kirche von Santo Spiri-
to, ein Beispiel der neuen Renaissancearchitektur.

Die Tür einer Werkstatt im 16. Jahrhundert. Sehr
oft war diese auch der Eingang zum Wohnhaus.

Nachricht vom Tode Cosimos, der in der Villa in Careggi verstorben war.

Aufruhrstimmung überfiel die Stadt. Die Mächtigen vom »Poggio«, dem Hügel, begannen sich gegen jene des »Piano«, der Ebene, zu verschwören. Die Florentiner verfolgten mit Sorge und Angst, wie sich die Parteien aufs neue formierten.

Und im Jahre 1465 starb auch Albiera degli Amadori, die »mamma« und Gefährtin Leonardos.

Im Jahre darauf beschlossen die Verschwörer – mit Luca Pitti, Agnolo Acciaiuoli, Niccolò Soderini und Diotisalvi Neroni an ihrer Spitze –, gegen Piero den Gichtbrüchigen, den Sohn Cosimos, zur Tat zu schreiten. Sie versammelten ihre bewaffneten Parteigänger am Stadtrand von

Florenz. Ein Heer, das unter dem Befehl des Herzogs Ercole d'Este aus Ferrara aufgebrochen war, sollte sie unterstützen.

Piero, der im letzten Moment benachrichtigt worden war, ließ sich, obwohl krank, auf einer Tragbahre aus der Villa in Careggi nach Florenz bringen. Seine Feinde, die dies voraussahen, hatten ihm einen Hinterhalt gelegt. Sein siebzehnjähriger Sohn Lorenzo, der mit wenigen Bewaffneten den Zug anführte, bemerkte dies aber rechtzeitig. Um die hinter den Büschen verborgenen Mörder keinen Verdacht schöpfen zu lassen, ließ er, ohne umzukehren, seinen Vater benachrichtigen, so daß dieser auf einer anderen Straße den Palast in der Via Larga erreichte. Und sofort gingen die vom »Piano«, vom Volk unterstützt, zum Gegenangriff über. Die Häupter der

Piero de'Medici, der Vater des Lorenzo il Magnifico.

Der Palazzo Medici in der Via Larga, den Cosimo bei Michelozzo in Auftrag gab.

Verschwörung wurden zum Tode verurteilt, später dann großzügig begnadigt und in die Verbannung geschickt. Die Florentiner atmeten auf.

In jenem selben Jahr heiratete Ser Piero ein Mädchen von sechzehn Jahren, Francesca Lanfredini, und brachte sie ins Haus, damit sie an dem vierzehnjährigen Sohn Mutterstelle verträte.

In der Werkstatt

Die »Werkstatt« eines Meisters in der Zeit der Renaissance hatte nichts mit einem Künstleratelier unserer Tage gemeinsam.

Die Werkstatt war vor allem ein Arbeitsraum, dessen Inhaber oft Maler, Bildhauer, Ingenieur, Schmied und Tischler in einer Person war. Der Name des Künstlers figurierte als Firmenschild eines wirtschaftlichen Unternehmens, das etwa halbwegs zwischen Handwerk und Industrie beheimatet war. Die Gesellen der Werkstatt lebten mit dem Meister zusammen, aßen und schliefen unter seinem Dach, bildeten eine Gruppe oder eine Schule mit einer genauen und strengen Hierarchie.

Donatello zum Beispiel »war ein sehr großzügiger Mann«, wie uns Vasari versichert, »in bezug auf seine Freunde mehr noch als im Hinblick auf sich selbst. Auf Geld legte er nie besonderen Wert, bewahrte es in einer Markttasche auf, die mit einer Schnur an der Decke befestigt war und aus der jeder Arbeiter und jeder Freund sich holte, was er brauchte, ohne ihm etwas zu sagen.«

In der Werkstatt des Andrea di Cione, genannt Verrocchio, müssen die Verhältnisse nicht sehr anders gewesen sein. Die Schüler teilten die Arbeiten unter sich auf, von den niedrigen, wie Fegen oder Einholen, über jene speziellen, wie Vorbereitung des Verputzes und Reiben der Farben, bis zum wirklichen und eigentlichen »Malen« eines Bildteiles, genau den Linien der Vorzeichnung auf dem Karton des Meisters folgend.

Die Werkstatt des Verrocchio umfaßte mehrere Räume: einen großen Raum mit sehr hoher

Decke, auf einer Seite davon die Schmiede, der Blasebalg und der Amboß, um mit dem Hammer Bronze und Eisen zu bearbeiten, und auf der anderen Seite unter einem offenen Lichtschacht in der Decke die enormen Gestelle und Gerüste, um Statuen von übernatürlicher Größe zu modellieren. In den anderen, noch größeren Räumen waren die Schmelzöfen, Tische und Hobelbänke für Tischlerarbeiten, ein Magazin für Gips und Wachs, eine Ecke für Mosaiken und Steinschneidearbeit.

Andrea war Goldschmied, »Perspektivenzeichner«, Bildhauer, Steinschneider, Maler und Musiker. Außerdem hatte er in seiner Jugend die Wissenschaften studiert, besonders Geometrie, die damals auch Geologie und Astronomie umfaßte.

Eine Gruppe Jugendlicher lebte bei ihm, unter denen sich zwei Gehilfen durch unbezweifelbares Talent auszeichneten: Pietro Vannucci da Perugia, genannt »il Perugino«, und Sandro Filipepi, genannt »il Botticelli«. Unter den Knaben in der Werkstatt fielen bereits Lorenzo di Credi, Francesco Botticini und Francesco di Simone auf.

Ser Piero da Vinci hatte als Notar der Signoria bereits mehrmals beim Aufsetzen und Unterschreiben von Aufträgen mit Verrocchio zu tun gehabt. Wir können daher annehmen, daß er auf gutem Fuße mit dem Künstler stand, als er sich eines Tages in einer privaten, ganz persönlichen Angelegenheit zu ihm begab.

– Bitte, Meister, helft mir, ein schwieriges Gewissensproblem zu lösen. –

– Gern, Ser Piero. Worum handelt es sich? –

– Um meinen Sohn Leonardo. Schaut diese Zeichnungen an, sie sind von ihm, und sagt mir offen Eure Ansicht. Wenn etwas daran ist, gut. Wenn nicht, wird er Notar wie ich, und sollte ich ihn mit Gewalt dazu zwingen müssen. –

Verrocchio nahm die Zeichnungen aus Ser Pieros Händen und sah sie lange schweigend an.

– Wer hätte je gedacht, daß der Junge diese Passion in sich ausbrüten würde? – fuhr der Notar fort. – Er steckt voller Interessen, das ist

Andrea di Cione, genannt »il Verrocchio«, auf einem Gemälde des Lorenzo di Credi.

Der Hof des Palazzo Vecchio mit dem berühmten »Putto« des Verrocchio.

wahr, verliert sich an tausend Kinkerlitzchen: Jetzt studiert er die Tiere, dann die Pflanzen, er füllt mir das Haus mit Insekten und vernachlässigt derweil das Latein und streitet mit den Lehrern. Und was finde ich gestern in seinem Zimmer? Einen Stoß Zeichnungen. Ich habe einige ganz zufällig herausgegriffen. –

– Ser Piero, bringt mir Euren Sohn –, sagte Verrocchio ernst und feierlich. – Er soll hier mit den andern Knaben leben. Bringt ihn, wann Ihr wollt, auch sogleich. Ich werde was Gutes aus ihm machen. –

Ser Piero verlor keine Zeit. Wenn er darauf verzichten mußte, einen Notar aus ihm zu machen, so wollte er wenigstens sofort beginnen, ihn Maler werden zu lassen.

Er kehrte nach Hause zurück, ging in sein Studierzimmer und trug seiner jungen Frau auf, ihm Leonardo zu schicken.

Kurz darauf trat der Junge ein, begrüßte seinen Vater und wartete.

– Leonardo –, überfiel ihn Ser Piero sogleich –, was willst du werden, Notar oder Maler? –

– Maler. –

– Bist du dessen sicher? Bist du gewiß, das Zeug dazu zu haben? Ich meine, genug Talent zu haben, um nicht der letzte, sondern der erste zu sein?

Ser Piero musterte den Sohn mit inquisitorischem Blick, und er mußte in seinem Herzen zugeben, daß dieser Junge nicht nur ausnehmend hübsch war, sondern daß er sich durch etwas Einmaliges und Besonderes auszeichnete, das nicht nur vom Blick, sondern von der ganzen Person ausging.

– Ja –, antwortete Leonardo.

– Dann bereite also deine Sachen vor. Nach dem Mittagessen werde ich dich zu Meister Andrea del Verrocchio begleiten. Er wird dich als Lehrling aufnehmen, du wirst ab sofort in seinem Hause wohnen. –

Das war im Jahre 1469. Vor einigen Monaten war in Vinci der alte Ser Antonio gestorben. In dem großen Hause war die Großmutter Lucia

Eine Landschaft, die am 5. August 1473, dem Tage der »Madonna vom Schnee«, entstand.

Notizen über den Vogelflug, besonders den des Hühnergeiers.

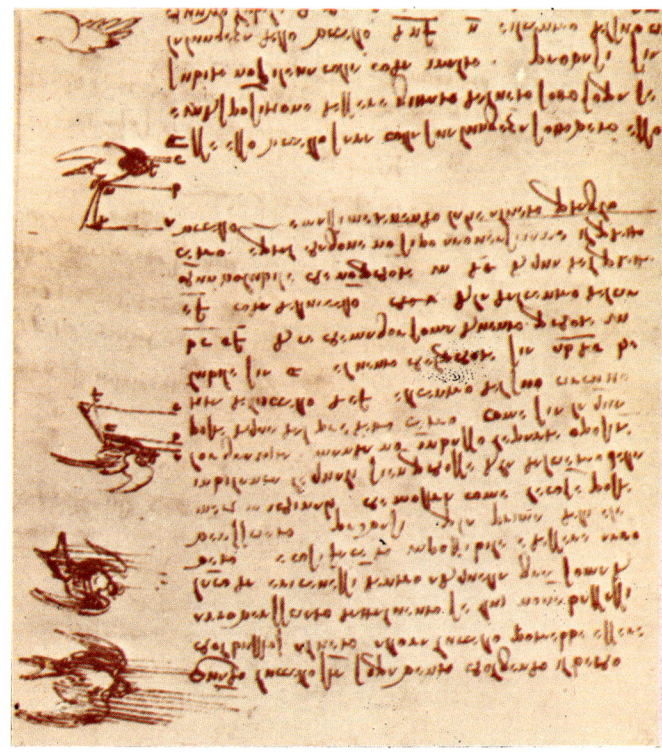

mit Onkel Francesco und dessen junger Frau Alessandra zurückgeblieben. Als er kurz vor seiner Hochzeit den Neffen das letzte Mal sah, hatte der Onkel Philosoph ihm empfohlen, nie übereilte Entscheidungen zu treffen, sondern in sein Inneres zu horchen.

– Dann –, hatte er geschlossen, – tue nicht das, was du willst, sondern das, was du fühlst…

Meister und Schüler

Die Schüler Verrocchios können und dürfen wir uns nicht anders vorstellen, als sie waren: eine Schar Burschen voller Leben, die sich amüsieren wollten, bereit zu Schabernack und Spaß, flink mit der Hand und mit der Zunge, dabei durch ein gemeinsames Interesse oder besser gesagt durch eine gemeinsame Liebe zur Kunst verbunden.

Während jeder von ihnen mit der ihm gestellten Aufgabe beschäftigt war, verstanden sie zu schweigen, um sich nicht gegenseitig zu stören. Sie kritisierten und korrigierten einander ohne Überheblichkeit und gehorchten dabei einem Korpsgeist, der sich bei der Arbeit in der Gruppe und am wetteifernd miteinander zu Ende gebrachten Werk erwies, das als Zeichen nicht den Namen Andrea Verrocchios sondern den seiner Werkstatt trug.

Vasari erzählt, daß Verrocchio in Florenz den Auftrag erhielt, »einen David in Bronze, zwei und eine halbe Elle hoch, zu arbeiten, den man nach seiner Vollendung, mit großem Lobe des Meisters… aufstellte«. In diesem Bilde des stolzen Siegers erlebte sich die blühende Stadt Florenz. Für einige namhafte Gelehrte diente der junge Leonardo, »der von Angesicht und Gestalt sehr schön war«, seinem Meister Andrea del Verrocchio als Modell für die Statue des jungen David. Die in Bronze gegossene und auf einen marmornen Sockel gestellte Statue befindet sich in Florenz im Museum des Bargello.

»...Da die Kuppel von Santa Maria del Fiore zu Ende gemauert war, wurde nach langen Erörterungen beschlossen, daß man die Kupferkugel, die auf die Spitze dieses Baues gesetzt werden sollte, ausführen wollte«, berichtet Vasari. Und diese bedeutende Arbeit »wurde Meister Andrea übertragen«.

Auch Leonardo war in irgendeiner Weise an der Ausführung der Kugel beteiligt. Da er als letzter gekommen war, lud er sich alle Novizen-

Selbstporträt des Lorenzo di Credi.

arbeiten auf, vom Besen bis zum Mörser, durcheilte die Lehrlingszeit aber beachtlich schnell.

Der ihm »am nächsten stehende Freund« war der noch ganz junge Lorenzo di Credi.

Sie zeichneten zusammen, gingen nach Santa Croce, um die Fresken Giottos, und zur Carmine, um jene Masaccios zu studieren. Sie konstruierten um die Wette Instrumente und Geräte, um

Gewichte zu heben und zu verschieben, immer im Hinblick auf die Anbringung der Kugel auf der Laternenspitze der Kuppel. Sie halfen Meister Andrea auch gern, die Gesichter der Toten in Gips abzunehmen. Verrocchio hatte nämlich die Eigenschaft eines speziellen Gipses entdeckt, der, mit lauwarmem Wasser verrührt, geschmeidig wie Wachs und später beim Trocknen steinhart wurde. Er hatte begonnen, den Abdruck von Gesichtern Toter zu nehmen, die sogenannte Totenmaske, den Lebenden zur frommen Erinnerung. Oft war seine Werkstatt von Bittstellern überfüllt, alle mit einer eiligen und unaufschiebbaren Arbeit.

Leonardo und Lorenzo halfen ihm mit Begeisterung, achteten auf jede seiner Bewegungen und waren auf jedes Zeichen von ihm bereit.

»Und am 27. Mai 1471 zog man die Kugel aus vergoldetem Kupfer hinauf auf die Laterne von Santa Maria del Fiore, an einem Montag.«

Diese Bemerkung stammt von einem Augenzeugen, Luca Landucci, Apotheker am Canto dei Tornaquinci. Damit war für Verrocchio der Augenblick gekommen, den Mitbürgern seine Fähigkeit als Ingenieur zu beweisen. Er zog eine Metallkugel, in der viele Personen Platz hatten, bis zur Spitze der Kuppel des Brunelleschi hinauf, »setzte sie«, wie Vasari genau ausführt, »auf einen Knopf und verankerte sie so, daß man das Kreuz sicher darauf anbringen konnte«.

Hanfseile und Ketten, Räder und Hebel, Scharniere, Hängeböden und Winden wurden zusammen mit anderen originellen und komplizierten Mechanismen in Bewegung gesetzt, um die Kugel hinaufzuhissen. Fasziniert von diesem Schauspiel zog Leonardo oft ein Notizbuch aus der Tasche, um diese Maschinen zu zeichnen, sich bestimmte Zahnradgetriebe aufzunotieren, Berechnungen anzustellen und bestimmte Maße nachzuprüfen.

Ein Beispiel der umgekehrten Schrift, auch »Spiegelschrift« genannt, auf einer Seite des Codex Atlanticus.

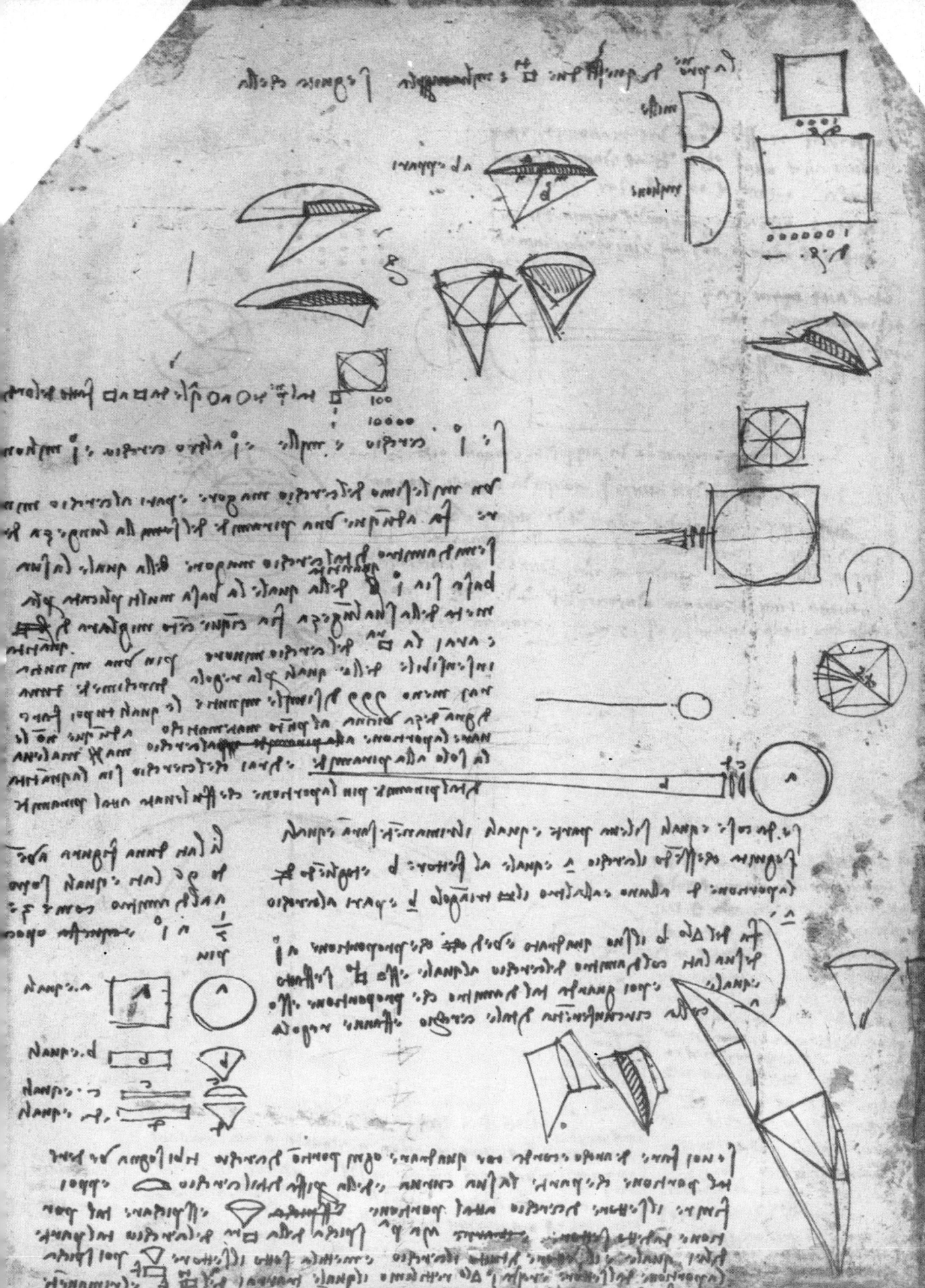

Die »Hl. Dreifaltigkeit« von Masaccio, die sich in Florenz in der Kirche Santa Maria Novella befindet.

Staunend sahen seine Gefährten, daß er die linke Hand gebrauchte und die Buchstaben in Gegenrichtung von rechts nach links schrieb. Auch Lorenzo di Credi war angesichts dieser geheimnisvollen Zeichen, die mit rascher und sicherer Hand geschrieben wurden, beeindruckt. Ohne auf Fragen und Bemerkungen zu antworten, hatte Leonardo insgeheim Vergnügen an diesem »magischen« Effekt, der ihn unversehens wie eine Wand von allen trennte: Die umgekehrte Schrift wurde zu einer nur Eingeweihten verständlichen Geheimsprache.

Dementsprechend wurde die Zeichnung mit der von links nach rechts gehenden Schraffierung der Schatten zu einem unverwechselbaren und mehr als eine Unterschrift wirkenden Charakteristikum.

Eines Tages war Leonardo beschäftigt, einen Engelskopf auf ein von den Brüdern von Vallombrosa bei Verrocchio bestelltes Altarbild zu malen, das Johannes bei der Taufe Jesu darstellt. Es war Essenszeit, aber Lorenzo di Credi blieb, statt zu essen, mit aufgestützten Ellenbogen, das Gesicht zwischen den Händen, am Tisch und sah verzückt seinem Freunde zu.

Neben Leonardos Engel befand sich schon ein von Verrocchio gemalter anderer, und der Vergleich kam spontan von Lorenzos Lippen:

– Weißt du auch, Leonardo, daß dein Engel schöner ist als der des Meisters? –

Leonardo tat, als höre er nichts.

– Das sage ich dir, und auch er würde es dir sagen, wenn er hier wäre. –

Die anderen Schüler, die um einen Tisch saßen, von dem man die Werkzeuge weggeräumt hatte, lärmten, liefen ab und zu zum Fenster, um mit den Freunden und den Mädchen, die am nahen Waschtrog die Wäsche spülten, Scherze zu tauschen.

Leonardo konnte sich nicht von dem Kopf losreißen. Er versuchte, das Fertige zu verbessern,

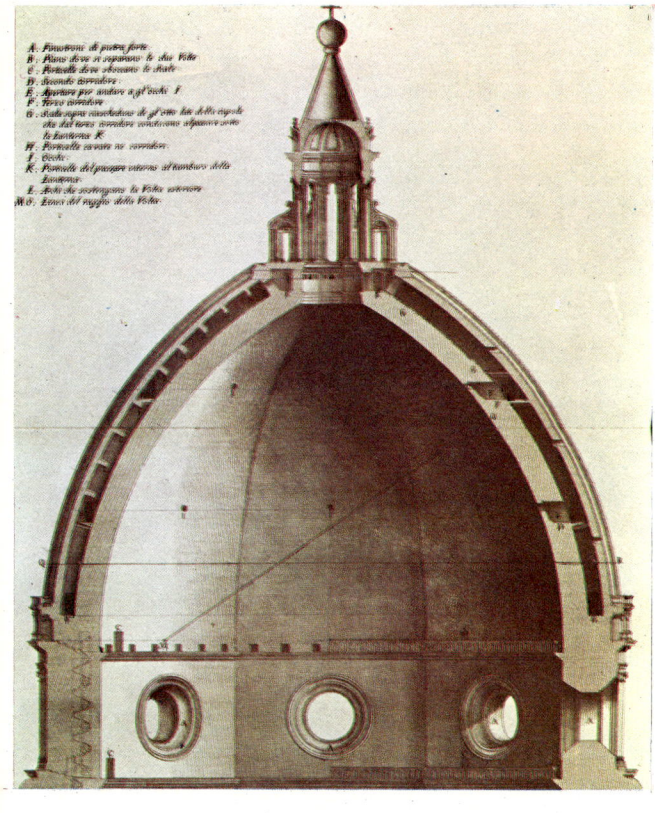

das Vollkommene noch vollkommener zu gestalten.

– Leonardo, das sage ich dir, dein Engel ist schöner als der von Andrea! – rief Lorenzo.

Leonardo wandte sich um. Verrocchio betrachtete, die Hände in die Seite gestützt, von der Schwelle aus die Arbeit des jungen Schülers. Er war noch zurechtgekommen, um den begeisterten Satz von Lorenzo zu hören, und jetzt überzeugte er sich mit eigenen Augen, daß er zutraf.

Er näherte sich dem Bilde – sagen die Biographen –, klopfte Leonardo liebevoll mit der Hand auf die Schulter, nahm dann den Pinsel, den er benutzt hatte, als er das letzte Mal arbeitete, und zerbrach ihn, als wolle er damit anzeigen, daß er mit dieser Kunstart gebrochen hatte.

Ist auch dies Legende oder nur phantasievolle Anspielung?

Seine Art war so angenehm

Während der Arbeit an der »Taufe Jesu« konnten die unvorbereiteten und unerwarteten Besuche Lorenzo de' Medicis in der Werkstatt des Verrocchio nicht fehlen. Seit dem Tode Pieros des Gichtbrüchigen im Dezember 1469 war er mit zwanzig Jahren das Oberhaupt der Familie und der Stadt geworden. Dem Beispiel seines Großvaters Cosimo folgend, war auch er allem zugänglich, vor allem der Kunst. Die Werkstätten der Künstler waren seine bevorzugten Ziele, und sein Interesse für jene Tafel, die eine neue und überzeugende Botschaft in die Welt der Florentiner Malerei zu bringen versprach, mußte ehrlich und aufrichtig sein.

An keinem andern Ort konnte daher das Zusammentreffen des jungen Lorenzo mit dem jungen Leonardo besser geschehen als in der Werkstatt von Andrea del Verrocchio.

In der »Taufe Christi« von Andrea del Verroc-
chio sind der dem Leonardo zugeschriebene En-
gel und die Gestalt des Christus in Öl gemalt,
während der Rest des Bildes in Tempera gemalt
wurde. Die Verbindung von zwei Techniken ist
weder neu noch selten, sie könnte aber in diesem
Falle auf die Beteiligung der beiden Künstler
hinweisen.

– Leonardo . . . von wem? – wird ihn der Sohn Piero de’ Medicis gefragt haben, ihn dabei mit wohlwollender Aufmerksamkeit prüfend.

– Von Ser Piero da Vinci –, wird Leonardo mit der Sicherheit, einen nicht unbekannten Namen zu nennen, geantwortet haben.

Um seinen geheimen Feinden und falschen Freunden, die ihm aufgrund seiner »Unreife« nur noch gezählte Tage gaben, die Augen zu öffnen, bereitete sich in jenen Tagen Lorenzo auf den Empfang des Herzogs Galeazzo Maria Sforza von Mailand und dessen Gemahlin Bona von Savoyen vor.

Florenz verwandelte sich unter seiner Regie zusehends: Die Kirche Santa Maria del Fiore erhielt in einer einzigen Nacht eine Fassade aus eingelegten und bemalten Hölzern. Die Straßen wurden mit Triumphbögen geschmückt, die rundherum bemalt waren. Aus jedem Fenster hing ein Brokat, an jeder Tür eine Girlande.

Und als der Herzog von Mailand seinen feierlichen Einzug in die Stadt hielt, »mit einem Gefolge, das sogar bei den Florentinern Staunen und Bewunderung erregte«, ließ Lorenzo ihn eine Märchenroute entlangziehen bis hin zu dem für diesen Anlaß durch Botticellis Phantasie verzauberten Palast in der Via Larga.

Auf die vorsichtige und geschmeidige Politik Cosimos folgte jetzt die kluge und entschiedene Lorenzos. An die Stelle des Kaufmanns trat der Fürst, an die der geheimen wirtschaftlichen Macht ein politischer Wille, an die der Republik eine konsolidierte Herrschaft.

»Die Medici machten mich, und sie zerstörten mich«, bemerkte Leonardo in seinem Alter bitter.

Zunächst »machte« Lorenzo ihn also, er verfolgte nämlich seine Arbeit, er ließ ihn einige Werke übernehmen, er benützte ihn als Ratgeber, wählte ihn zum Freunde, nahm ihn als Mitarbeiter in den Gärten von San Marco auf, wo er schon begonnen hatte, die Meisterwerke der klassischen und der zeitgenössischen Kunst zu sammeln. Er sprach mit ihm über Musik, Philosophie, über Dichtung und Malerei. Vielleicht hörte er ihn von Mechanik und Anatomie sprechen. Aber auch für den künftigen »Magnifico« blieb Leonardo rätselhaft wie seine umgekehrte Schrift, eine Art »Gefäß ohne Henkel«, ein Mann, der sich verbergen konnte und wollte, um die eigene innere Freiheit zu bewahren.

Wer waren dann, von dem Kreis der Werkstattgefährten abgesehen, seine Freunde? Mit wem verkehrte er, und was tat er in seiner freien Zeit?

Einige Namen, einer neben dem andern im »Codex Atlanticus« verzeichnet, können eine Vorstellung von den Verbindungen Leonardos geben, seinem Bemühen um ausgesuchte Gesell-

Lorenzo de' Medici, genannt »il Magnifico«, in einem Fresko des Benozzo Gozzoli. Er war Staatsmann und Dichter, sammelte alle Humanisten seiner Zeit um sich und nahm sie in seiner behaglichen Villa in Careggi in der Nähe von Florenz auf.

schaft, die anderen Interessen nachging und der Malerei geradezu fernstand.

»Der Quadrant von Carlo Marmocchi – Messer Francesco Araldo – Ser Benedetto da Cieperello – Benedetto dell' Abbaco – Meister Pagolo der Arzt – Domenico di Michelino – Calvo degli Alberti – Messer Giovanni Argiropulo.«

Es waren alles bedeutende Persönlichkeiten, gehörten zweifellos zu den angesehensten »Notabeln« der Stadt, unter ihnen der Humanist und Lehrer des Griechischen, Giovanni Argiropulos, der bis zum Jahre 1472 in Florenz blieb.

»Der Quadrant«: man sprach also von Astronomie, und Carlo Marmocchi, der in dieser Wissenschaft bewandert war, hatte wahrscheinlich seinen Freunden, unter denen sich Benedetto und Meister Pagolo befanden, sein Instrument gezeigt. Benedetto der Arithmetiker, oder dell' Abbaco, ist noch heute als einer der bedeutendsten Florentiner Mathematiker des 15. Jahrhunderts bekannt, und Pagolo ist niemand anders als der alte, weise Paolo dal Pozzo Toscanelli, Astronom, Geograph, Mathematiker und Mediziner, – »Freund aller gelehrten Männer seiner Zeit«.

Francesco Filarete war der Herold der Signoria, Ser Benedetto da Cepperello war ein gebildeter Notar von Adel, Domenico di Michelino Maler, Calvo degli Alberti ein Verwandter des Leon

Die »Anbetung der Magier« auch die »Epiphanie der Medici« genannt, gemalt von Sandro Botticelli. Darauf sind unter anderen der junge Lorenzo de'Medici, sein Großvater Cosimo, sein Vater Piero der Gichtbrüchige und sein Bruder Giuliano zu erkennen.

Battista, Argiropulos war der Übersetzer der »Physik« des Aristoteles und nach Philelfo der gelehrteste aller nach Italien gekommenen Griechen.

Leonardo war ohne Zweifel der Jüngste, noch nicht zwanzig Jahre alt. Aber die Wissenschaftler nahmen ihn schon gern in ihre gelehrten Gespräche auf, da er zuzuhören und zu schweigen verstand und »weil er durch seine Art, die so angenehm war, jedes traurige Gemüt erhellte«.

Sie ist etwas Göttliches

Lorenzo di Credi war ein Katholik von entschiedener Observanz, seine Gedanken waren von ernstem und tiefem religiösen Gefühl beherrscht, was in all seinem Tun zum Ausdruck kam.

Sandro Botticelli hingegen widersetzte sich im Namen eines ursprünglichen, vergessenen Christentums der Kirche. Jetzt, da er durch seine humanistischen Freunde einige Passagen des Justinius und des Origenes kennengelernt hatte, vertrat er die Auffassung vom dreigeteilten Wesen des Menschen – Körper, Seele und Geist – und behauptete öffentlich die zeitliche Begrenztheit der Hölle als Entferntsein von Gott und die schließliche Erlösung aller.

Pietro Perugino bekannte sich als Atheist. Er verlachte den Glauben der beiden Freunde, verneinte offen die Idee der Unsterblichkeit der

Seele und versicherte, daß der größte Teil des Klerus genau wie er dächte.

Für Leonardo waren sowohl die beiden Gläubigen wie der Ungläubige Dummköpfe, denn sie folgten in ihren Reden einem dunklen Gefühl statt einem klaren Konzept. Zuallererst war es notwendig, zu erkennen, nicht nur die Erde, sondern das ganze Universum zu erforschen, denn das wahre Wissen ist die Tochter der Erfahrrung: zuerst studieren, dann glauben.

Natürlich blieben diese Streitgespräche nicht auf die Räume der Werkstatt beschränkt, sondern setzten sich auch außerhalb fort, weshalb Botticelli sehr bald als falscher Prophet, Perugino als Verdammter und Leonardo als Häretiker angesehen wurden.

»Aber wenn wir«, beharrte Leonardo besonders im Gespräch mit dem sanften Lorenzo di Credi, »wenn wir an der Gewißheit alles dessen, was unsre Sinne bestätigen, zweifeln, wieviel mehr müssen wir dann an allem zweifeln, wogegen sich unsere Sinne auflehnen, wie das Dasein Gottes und der Seele.« Ehe man glaubt, muß man erkennen. Man muß die Körper erforschen, bevor man den Geist befragt. Und wenn dir der Bau der Körper wunderbar erscheint, »bedenke, daß diese nichts sind im Vergleich zur Seele, die in diesem Bau wohnt, und wie sie auch sei, sie ist etwas Göttliches«.

Um den menschlichen Körper besser kennenzulernen, ging er zum Sezieren der Leichen in die Totenkammern des Hospitals von Santa Maria Nuova. Er verbrachte ganze Nächte beim flakkernden Schein einer Kerze, um ein Organ zu prüfen, dessen Funktion zu verstehen, die ihm eigene Schönheit zu entdecken. Danach zeichnete er dies alles mit beeindruckendem Naturalismus in sein Notizbuch, um es genau im Gedächtnis zu behalten.

Das berühmte Astrolabium des Johannes Müller, genannt Regiomontanus, das im Museo della Scienza in Florenz aufbewahrt wird.

Der Mund der Wahrheit

Auch im 15. Jahrhundert konnte jeder den andern mittels eines anonymen Briefes denunzieren. Dem Beispiel Venedigs folgend, hatten viele Städte, darunter Florenz, in den Höfen der Gerichts- oder Regierungspaläste sogar besondere Kassetten eingerichtet, die mit einer in der Außenwand entsprechend angebrachten Spalte verbunden waren.

Diese Spalte nannte man »Loch« oder »Trommel«. Als man sie später aus ästhetischen Gründen, in Hochrelief gehauen oder modelliert, als lachenden oder grinsenden Mund eines Gesichtes tarnte, wurde sie »Mund der Wahrheit« genannt.

Aller Groll, Eifersucht und Rachsucht endeten in diesem Mund, und die Gerichtsoffiziere auf der anderen Seite sorgten dafür, daß die Anzei-

gen abgeholt und sortiert wurden, um sie einem regelrechten Gerichtsurteil zu unterziehen.

In Florenz beschäftigten sich die Offiziere der Nachtwache, die auch die Tore der Klöster zu kontrollieren hatten, nur mit den die Sittlichkeit betreffenden Anzeigen, für alle anderen, vom Verbrechen zum Diebstahl, zu Zauberei und Wucher öffneten sich andere »Münder« in den Mauern des Bargello.

Am 9. April 1476 mußte Leonardo mit vier anderen Angeklagten vor diesen Offizieren der Nachtwache erscheinen, um sich die folgende Anzeige vorlesen zu lassen:

»Ich notifiziere Euch Herren Offizieren als

wahrhaftig, daß Jacopo Saltarelli, leiblicher Bruder des Giovanni Saltarelli, bösen Beispielen folgt und jenen Personen gefällig ist, die dergleichen Traurigkeiten von ihm verlangen ... von denen werde ich einige nennen:

Bartolomeo di Pasquino, Goldschmied, wohnhaft in Vaccereccia.

Leonardo di Ser Piero da Vinci, wohnhaft bei Andrea del Verrocchio.

Baccino, Wamsmacher, wohnhaft im Orto San Michele...

Leonardo Tornabuoni, genannt Teri, schwarz gekleidet.«

Hätte es in jener Zeit Zeitungen gegeben, wäre

In einem Detail der »Madonna mit Heiligen«, die sich in Rom befindet, zeigen sich die Anmut und das Können der Malerei des Pietro Vannucci, genannt »il Perugino«.

Der Justizpalast in Florenz, »Bargello« genannt, in dem die Kommission der »Offiziere der Nachtwache« ihren Sitz hatte.

Ein »Mund der Wahrheit« in Rom.

»Als ich unsern Herrgott zum Putto machte«, schrieb Leonardo viele Jahre später, sich im Geiste an seine Mitbürger wendend, »warft ihr mich ins Gefängnis. Jetzt, wo ich ihn erwachsen darstelle, werdet ihr mir noch Übleres antun.«

Auch wenn diese Bemerkung sich nicht direkt auf die Episode mit Saltarelli bezieht – der kein Putto, sondern siebzehn Jahre alt war –, ist sie immerhin ein anschauliches und wichtiges Zeugnis der Bitterkeit Leonardos gegenüber dieser Verständnislosigkeit.

Vielleicht verfolgte er mit ärgerlicher Ironie und beredtem Schweigen die krampfhaften Manöver, die unternommen wurden, um die Nachricht von der anonymen Anzeige abzuschwächen, zu verbergen, zu unterdrücken. Vielleicht versicherte er mit lauter Stimme und unter Eid, daß er Saltarelli und die anderen Freunde als Modelle für seine Zeichnungen benutzt hatte. Viel-

»Geheime Anzeigen gegen Wucherer und den Wucher betreffende Verträge aller Art« an einem »Mund der Wahrheit« in Verona.

in Florenz ein saftiger Skandal ausgebrochen. Abgesehen von dem Goldschmiedelehrling und jenem Wamsmacher, handelte es sich einmal um den Sohn des geachteten Notars und Prokurators der Santissima Annunziata, zum andern vor allem um den Lieblingsneffen der frommen und gottesfürchtigen Lucrezia Tornabuoni, der Witwe Pieros des Gichtbrüchigen und Mutter des Lorenzo de' Medici.

Die Nachricht gelangte infolgedessen weder auf die Straße noch unter das Volk, sie wurde im Flüsterton durch die Korridore gezischelt, in einem eiligen Hin und Her der Gerichtsdiener und der Familie zwischen Via Larga, dem Bargello und der Signoria. Ser Piero hatte seinen Tanz mit seinen Freunden in der Richtertoga, und der Magistrat der Offiziere der Nachtwache hatte seine Sorgen. Die Angeklagten wurden verhört und freigesprochen »cum conditione ut retamburentur«, das heißt unter der Voraussetzung erneuter Einvernahme. Nach zwei Monaten wurde das Urteil der Freisprechung endgültig.

leicht zeigte er den Offizieren der Nachtwache seine Notizbücher, die »Beweise« seiner Unschuld. Ganz sicher hat er nach der Freisprechung keine Freude, sondern Niedergeschlagenheit empfunden.

Möglicherweise brachte ihn die Notwendigkeit, sich von der Stadt und ihren Bewohnern zu entfernen, nach Vinci, wo Ser Piero einige Jahre zuvor einen Bauernhof gekauft hatte und wo Onkel Francesco immer fähig war, ihn ohne allzu viele Fragen zu verstehen.

Wahrscheinlich suchte und fand er die Freundin Natur aus seiner Kindheit wieder, machte lange Ritte, verweilte lange im Schweigen der Landschaft. Er begann aufs neue mit den Augen dem Fluge der Vögel zu folgen und mit dem Ohr dem Rieseln des Wassers zwischen den Steinen zuzuhören. Mit Beharrlichkeit nahm er die Landschaftsstudien wieder auf, machte aus jeder

Das Profil der Lucrezia Tornabuoni, der Mutter des Lorenzo il Magnifico, in einem Fresko des Ghirlandaio in der Kirche Santa Maria Novella, Florenz.

eine minutiöse Analyse, in der er auf der Suche nach einer bedingungslosen Wahrheit, nach einer »letzten« Ursache die Wirklichkeit in die kleinsten Einzelheiten zerlegte.

»Der Maler muß einsam sein und das, was er sieht, bedenken und mit sich selbst besprechen...«

Zur Zeit der anonymen Anzeige vollendete Leonardo gerade sein vierundzwanzigstes Lebensjahr. Er war nunmehr ein Mann. Nach der Freisprechung zog er es vor, sich auch aus der Werkstatt Verrocchios zu entfernen, und beendete damit auch die freundschaftliche Gemeinschaft mit den Kameraden in der Kunst.

Er mietete ein Haus, wo, wissen wir nicht, um einsamer und freier zu sein.

Das Studium der Natur, das er sich zur Regel gemacht hatte, um ein guter Maler zu werden, gewann die Oberhand, selbst über die Malerei.

Durch das Interesse für das Leben der Natur wurde es eine Notwendigkeit, die Naturphänomene zu beobachten: Die Wissenschaft stand nicht mehr im Dienst der Kunst, sie wurde Selbstzweck, Wissenschaft um der Wissenschaft willen.

O ihr elenden Sterblichen, macht die Augen auf

»Und wenn du allein sein wirst, wirst du ganz dir gehören.«

Allein in der immer belebteren Stadt, wo es für alle Arbeit gibt, seit Lorenzo demjenigen jede »Last«, nämlich jede Steuer, erlassen hat, der einen neuen Bau aufführt. Leonardo wechselt von einer Gemeinschaft zur andern, ohne eine davon zu verlassen: Francesco Filarete, der Herold der Signoria, ist häufig mit Manuele Crisolora, Teodoro Gaza und Giovanni Tiptoft, dem Grafen von Worcester, zusammen, der extra nach Florenz kam, um die Vorlesungen von Argiropulo zu hören. Leonardo lernt von ihnen die ersten Begriffe des Griechischen, kostet die Erstlinge der Klassiker.

Er nimmt an den von Lorenzo und Giuliano de' Medici einberufenen Zusammenkünften teil, mit Neri und Donato Acciaiuoli, die die Vorlesungen des Argiropulo übersetzen und kommentieren, mit Alamanno Rinuccini, der gelehrte Abhandlungen in griechisch hält, mit Bartolommeo Sacchi, genannt Plàtina, der den Hof der Gonzaga verlassen hat, um nach Florenz zu eilen und Griechisch zu lernen, mit dem Kanonikus Marsilio Ficino, welcher die platonische Akademie leitet und gerade die erleuchtenden Offenbarungen der Enneaden des Plotin wiederentdeckt.

Außerdem besucht Leonardo ein Abendessen gelehrter Hebräer, die ihn in die Geheimnisse antiker Mysterien, in die Kabbala und die Alchimie einführen. Er vergißt auch die Musik nicht, sondern trifft sich häufig mit Meister Antonio Squarcialupi, dem Domorganisten, mit Alexander Agricola – einem deutschen, mit einer Florentinerin verheirateten Musiker –, mit Girolamo Amazzi, Arzt und Musiker, mit Bastiano Foresi, einem berühmten Fabrikanten von Blasinstrumenten.

Trotz allem vernachlässigt er auch die Schlafsäle der Hospitäler, die Totenkammern, die Anatomie nicht. Er nimmt das Studium der Geometrie und der Mathematik wieder auf und widmet sich genausten Forschungen in Mechanik und Hydraulik.

Alles interessiert ihn, und alles begeistert ihn. Keine Wissenschaft und kein Fachgebiet sind ihm fremd oder gleichgültig: die Astronomie und die Geologie wie die Mineralogie, die Zoologie und die Botanik. Er ist ein Argonaut auf der Suche nach dem Goldenen Vlies der Erkenntnis, der die subtilen Abstraktionen des Mittelalters endgültig hinter sich läßt.

»Die Natur ist erfüllt von einem unendlichen Reichtum an Ideen, die nie in Erfahrung gebracht wurden«, und dies ist sein Schlachtfeld und sein Interesse als moderner Mensch: diese unendlich vielen Ideen zu entdecken, darin Erfahrungen zu sammeln.

In dieser Periode seines Lebens gehört Leonardo allen und niemandem. Er ist überall und doch nur bei sich selbst. Er ist nicht mehr ein Maler auf der Suche nach Bildvorstellungen, sondern ein Philosoph, der in der wunderbaren und geheimnisvollen Architektur des Universums den Spuren seines großen Schöpfers nachforscht. Und wenn die durch die Betrachtung der Realität gewonnene Erkenntnis in ihm eine tiefe Erregung auslöst, dann sieht er – wie in einem Blitzstrahl – die Ursache jener »unendlichen Ideen« und nennt sie bewußt »den ersten Beweger«. Von daher fordert er die andern alle auf, das inwendig »auszuprobieren«, und sagt: »O ihr elenden Sterblichen, macht die Augen auf!«.

Der festungsartige Wohnsitz der Medici in Cafaggiolo im Mugello, ein Bau des Michelozzo.

Der runde Schild

Nach dem frühen Tode der Francesca Lanfredini gab es im Hause Vinci eine neue Herrin: Margherita, Tochter des Francesco di Jacopo di Guglielmo, dritte Frau des Ser Piero. Margherita war eine fruchtbare Frau, sie hatte schon einen »Putto« zur Welt gebracht, der nach dem Großvater auf den Namen Antonio getauft war. Ihm folgten in immer kürzeren Abständen Giuliano im Jahre 1479, Lorenzo im Jahre 1484, Violante 1485, Domenico 1486.

Skizze eines jungen Reiters.

Das Wappen der Medici in einer Fassung des 17. Jahrhunderts in Pietra dura.

Leonardo besuchte das Haus seines Vaters ziemlich oft und blieb gern zum Essen, weil er so nach Belieben die »kleinen Putti mit ihren lebhaften und drehenden Bewegungen im Sitzen und beim schüchternen und furchtsamen Aufrechtstehen« zeichnen konnte.

Eine ganze Serie von Zeichnungen zeigt uns einen Knaben, der mit einer Katze spielt. Wahrscheinlich handelt es sich um den kleinen Antonio, – oder um Giuliano, – jedenfalls um einen der »legitimen« Söhne des Ser Piero, die sich viele Jahre später miteinander verbanden, um dem berühmten Bruder, der jedoch ein »Bastard« war, das Recht auf das Erbe streitig zu machen.

Inzwischen fuhr Ser Piero fort, sein Einkommen in Landbesitz in Vinci anzulegen: Er erwarb neue Häuser und Grundbesitz und begab sich immer häufiger in den Ort, um zu jagen oder zu fischen.

Als er sich eines Tages in seinem Landhaus befand – erzählt Vasari –, »wurde er von einem seiner Bauern aufgesucht, der aus einem von ihm auf dem Bauernhof gefällten Feigenbaum eigenhändig einen runden Schild gemacht hatte«. Dieser Bauer, der gerade der Begleiter Pieros auf seinen Pirschgängen war, bat seinen Herrn, ihm den Schild von irgendeinem Florentiner Maler bemalen zu lassen.

Ser Piero war gern bereit und schickte, als er nach Florenz zurückgekehrt war, das Holzstück seinem Sohne, damit er es mit etwas verzierte.

Als Leonardo diesen Schild in die Hand nahm, sah er sofort, daß er krumm und unregelmäßig war, »schlecht gearbeitet und plump«. Er beauftragte deshalb einen Drechsler, ihn neu zu for-

Skizze eines Knaben, der mit einer Katze spielt, in London aufbewahrt.

men, die Oberfläche zu glätten und ihn »gleichmäßig und fein« zu machen. Danach bereitete Leonardo die Oberfläche mit Gips zur Bemalung vor. Aber was?

Etwas Sensationelles, Eindrucksvolles, das geeignet war, anzuziehen und abzuschrecken wie das Haupt der Medusa.

»Daher brachte Leonardo zu diesem Zweck«,

fährt Vasari fort, »in ein Zimmer, das außer ihm niemand betrat: Eidechsen, Grillen, Schlangen, Schmetterlinge, Heuschrecken, Fledermäuse und andere seltsame Tiere dieser Art. Durch verschiedenartige Zusammenstellung gewann er aus dieser Vielfalt ein ganz gräßliches und erschreckendes Untier, gab ihm einen vergifteten Atem und einen feurigen Dunstkreis. Er ließ es aus einem dunklen, gespaltenen Fels herauskommen (oder brachte es jedenfalls so an und malte es auf eine Weise, daß es schien als träte es heraus), wobei es Gift aus dem offenen Rachen, Feuer aus den Augen und Rauch aus den Nüstern sprühte, so sonderbar, daß es ungeheuerlich und furchtbar erschien.«

Leonardo arbeitete einige Monate lang an dem Schild, so lange, daß sein Vater und schließlich auch der Bauer ihn vergessen hatten.

Es war daher für Ser Piero eine Überraschung, als er eines Tages seinen Sohn traf und ihm gesagt wurde, daß der Schild fertig sei und er, wann immer es ihm paßte, ihn holen lassen konnte.

– Ich komme selbst –, antwortete, neugierig gemacht, Ser Piero.

Am folgenden Tag klopfte der Notar an die Tür des Sohnes. Leonardo bat den Vater, einen Augenblick im Gang zu warten. Dann eilte er in sein Zimmer, verhängte das Fenster, zündete neben dem Schild ein Licht an und rief den Vater. Als Ser Piero das gemalte Monstrum, das so wirklich schien, sah, fuhr er zurück.

Leonardo sagte lachend: »Vater, dies Werk dient dem Zweck, für welchen es gearbeitet wurde: Drum nehmt es und tragt es fort, denn das ist es, was man von einem Kunstwerk erwartet.«

Ser Piero schien es, er träume: Nie hatte er eine so außerordentliche Sache gesehen, ein so ungewöhnliches Meisterwerk ohnegleichen.

Voller Zufriedenheit lobte er den Sohn, er dankte ihm auch im Namen des Bauern und trug den Schild davon. Statt ihn nach Vinci zu schicken, behielt er ihn jedoch im Hause. Sodann kaufte er bei einem Altwarenhändler einen anderen bemalten Schild mit einem Herzen, das von einem Pfeil durchbohrt war, und als er in sein

Landhaus zurückkehrte, überreichte er diesen dem Bauern, der ihm sein Leben lang darob verpflichtet blieb. »Daraufhin«, führt Vasari aus, »verkaufte Ser Piero jenen des Leonardo in Florenz heimlich für hundert Dukaten an gewisse Kaufleute.«

Vater und Sohn, Ser Piero und Leonardo, sind in dieser Episode vollständig beschrieben.

Ser Piero ist der praktische und schlaue Mann, der es versteht, jede Gelegenheit zum Verdienen beim Schopf zu packen, und sich insgeheim zu seiner Geschicklichkeit beglückwünscht: Er nimmt den Schild vom Sohn mit Lobreden entgegen, schätzt ihn sofort nach seinem Wert ein

Während er ihn bemalte, hatte er sich immer die Reaktion dessen, der ihn zum ersten Male sehen würde, so vorgestellt. Die entsetzte Bewegung Ser Pieros wiegt alle seine Mühe auf. Leonardo hat aus Freude am Schaffen gemalt, und es gibt keinen Preis, der dieses Einswerden des Künstlers mit seinem Werk entlohnen könnte. Daher sagt er: – Nehmt ihn nur mit, bringt ihn weg – »und das ist es, was man von einem Kunstwerk erwartet«: nicht das Geld also, sondern die Möglichkeit und die Fähigkeit, eine Emotion oder eine Botschaft zu übermitteln.

Ser Piero hat für Leonardo mit seinem Zurückschrecken den rechten Preis entrichtet.

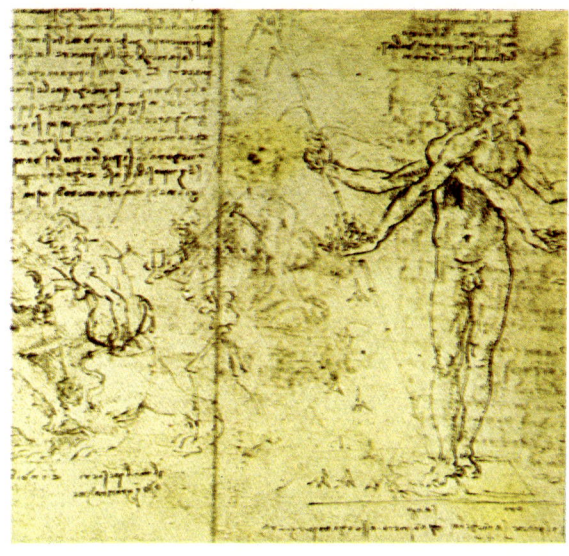

Allegorische Komposition von Leonardo mit offensichtlich esoterischer Bedeutung.

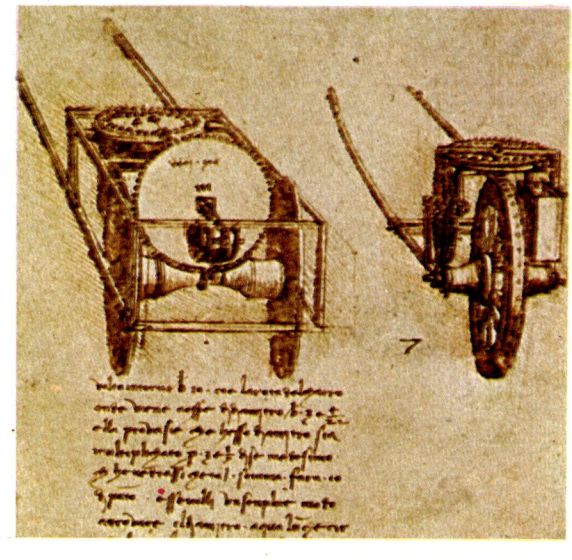

Skizze eines von Leonardo entworfenen Wegemessers zur Messung der Strecke, die von einem Karren durchfahren wird.

und stellt fest, daß er an den Bauern von Vinci vergeudet ist. Daraufhin kauft er für wenige Münzen einen andern, macht den Bauerntölpel glücklich, verkauft den des Sohnes an durchziehende Kaufleute, und die Unternehmung schließt auf die beste Weise ab.

Leonardo ist naiv, ein Träumer: Seine Belohnung ist die Angst des Vaters vor dem Schild.

Das lohfarbene Mützchen

– Was machst du da, Leonardo? –

Leonardo lächelte und wandte sich um. Lorenzo di Credi spähte über seine Schulter in das Notizbuch, in das sein Freund einen Gehenkten zeichnete.

Um die beiden Maler stand eine Menge Neugieriger mit der Nase nach oben: Aus einem Fenster des Justizpalastes hing ein Strick heraus, an dessen Ende der Körper Bernardo Bandini de Baroncellis, des Mörders von Giuliano de' Medici, baumelte.

»Lohfarbenes Mützchen
Wams aus schwarzem Atlas
gefütterter schwarzer Rock
türkisfarbene Jacke mit Futter aus Fuchsfell
und der Jackenkragen mit schwarz und rot getupftem Samt besetzt
Bernardo Bandini Baroncigli. Schwarze Strümpfe.«

Die Zeichnung genügte nicht, Leonardo notierte sich die Kleidungsstücke und unterstrich die Farben.

Lorenzo di Credi bekreuzigte sich, er hätte aber nicht sagen können, ob er mit diesem Zeichen für Bandini oder für Leonardo Barmherzigkeit erbat.

Der Freund, der den Engelskopf auf der Bildtafel des Verrocchio mit so viel Liebe gemalt hatte, beobachtete jetzt mit kalter und unmenschlicher Distanz einen Leichnam und nahm davon Kenntnis, als sei dieser Erhängte kein Mensch und Christ wie er selbst.

Leonardo bemerkte die Verstörtheit des Freundes und schlug ihm mit der Hand auf die Schulter.

»Ist nicht auch dies eine Handlung des Menschen? Der Maler ist ein Beobachter der Natur. Da ist die Natur außerhalb von uns mit ihren Steinen, Pflanzen und Tieren, und da ist eine verborgenere Natur, jene des Menschen.« Vor einigen Tagen habe ich eine ›Verkündigung‹ gesehen, auf der der Engel bei seiner Ankündigung den Eindruck machte, als wolle er mit einer beleidigenden und feindlichen Geste die Madonna aus dem Zimmer jagen. Es schien, als ob die verängstigte und verzweifelte Madonna sich aus dem Fenster hinausstürzen wollte. Nein, Lorenzo –, fuhr Leonardo fort, – so wie Gott den Menschen nach seinem Bilde geschaffen hat, so schafft der Maler seine Gestalten, die immer den Stempel ihres Meisters tragen. Dieser Erhängte ist Bandini,

Leonardo zeichnete den Mörder des Giuliano de' Medici, der auf Befehl Lorenzos hingerichtet wurde, und beschrieb dessen Kleidung.

diese Zeichnung ist aber nicht nur Bandini, das bin auch ich, auch die, die wir hier sind, um ihn anzusehen, und auch der Magnifico, der ihn aus Konstantinopel hat zurückbringen lassen, um den durch Verrat getöteten Bruder zu rächen, und der Henker, der ihn erhängt hat – alle.

Ich weiß nicht, wie ich es dir erklären soll –, fuhr Leonardo mit einem Blick in die Augen seines Freundes fort, – es ist schwierig. Der Maler, der geübt und nach Augenmaß ohne große Überlegungen zeichnet, ist wie ein Spiegel, der alle Dinge, die er vor sich hat, in sich nachbildet, keines aber in sein Bewußtsein aufnimmt. Wir suchen das Wissen, denn nur aus ihm gewinnen wir Gewißheit über die Dinge.« Im Gespräch hatten sich die Freunde dem Hause des Verrocchio genähert.

Auch wenn er nicht mehr da wohnte, fuhr Leonardo fort, die Werkstatt häufig aufzusuchen, und nahm auch manche kleine Arbeit in Auftrag.

In der Werkstatt sprachen einige Abgesandte der Republik Venedig mit Meister Andrea. Sie hatten ihm gerade berichtet, daß Bartolommeo Colleoni sterbend der Republik hunderttausend Taler hinterlassen hatte, damit ihm ein Reiterstandbild errichtet würde. Die Gesandten sagten nicht, daß Colleoni es auf der Piazza San Marco haben wollte, da die diplomatische Geschicklichkeit der Venezianer schon herausgefunden hatte, wie man dies Hindernis umgehen konnte. Das Denkmal würde schließlich auf dem Campo Giovanni e Paolo errichtet werden, und der Bildhauer sollte ein Florentiner Meister sein, so wie es Donatello, der Schöpfer der Statue des Gattamelata in Padua, gewesen war.

In jener Zeit war ein großes Reiterstandbild der große Traum und der höchste Ehrgeiz aller Bildhauer.

Die Werkstatt Verrocchios geriet sofort in Aufregung. Auch Leonardo, der nunmehr seit einigen Jahren in der Gesellschaft von San Luca, in die Bruderschaft der Maler, eingeschrieben war, zog sich vor diesem bildhauerischen Werk nicht zurück, vielmehr stellte er seinen Freunden

Leonardo: perspektivische Skizzen.

Botticelli: Porträt des Giuliano de'Medici.

43

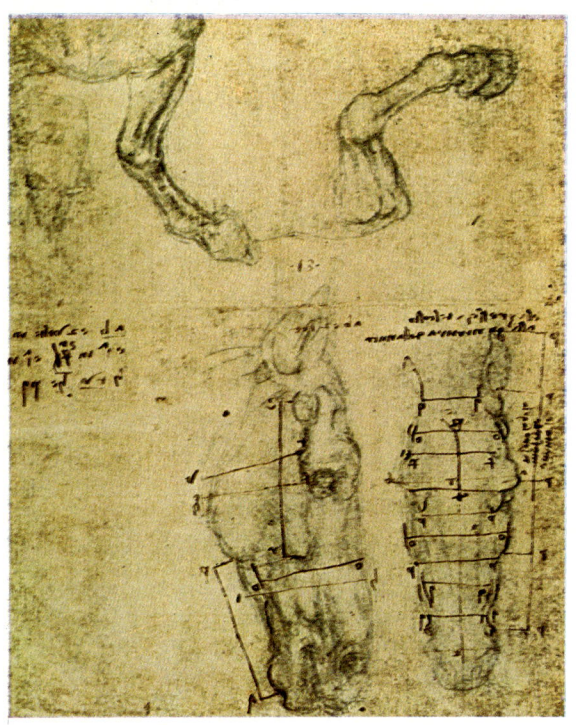

Proportionsstudien des Pferdes.

Standbild des Gattamelata von Donatello.

für die Herstellung neuer Geräte zum Heben und Transportieren auch seine mathematischen Kenntnisse zur Verfügung. Und als schließlich das große Modell des Denkmals in Stücke zersägt und in riesigen Holzkisten nach Venedig geschickt wurde, war Leonardo mit einer Unmenge von Zeichnungen dabei, die zusammengenommen ein »Traktat« über die Anatomie des Pferdes hätten ergeben können.

Mäuler, Sprunggelenke, Mähnen, Pferde, die sich aufbäumen, die bocken, die fallen, Pferde im Galopp, frei und gesattelt, mit und ohne Reiter. Pferde auf dem Piedestal, wie ein grandioses Monument, in Erwartung des Bestellers und des Empfängers.

Die subtilen »Kompliziertheiten«

Nachdem Leonardo das Atelier Verrocchios verlassen und die Gastfreundschaft des Vaters abgelehnt hat, muß er um das tägliche Brot kämpfen. Seine Unersättlichkeit, der zufolge man ihn für flatterhaft und ungenügsam hält, schadet seinem Ansehen und ruft Verdacht und Mißtrauen hervor. Da heute der größte Teil der von ihm in jenen Jahren ausgeführten Werke verschwunden ist, bleibt uns nichts anderes, als dem Zeugnis dessen zu vertrauen, der sie sah.

Das Schicksal der Werke Leonardos ist seltsam. Von den mit Sicherheit von ihm stammenden Jugendarbeiten bleiben wenige, davon einige unvollendet, wie die Anbetung der Magier und der Hl. Hieronymus. Jene aus seiner reifen Zeit sind jedoch zu viele, um alle von ihm zu stammen. Und niemand wird je sagen können, wo die Hand Leonardos endet und die eines Schülers beginnt.

Das Reiterstandbild des Bartolommeo Colleoni, das von der Stadtregierung von Venedig bei Verrocchio bestellt wurde und an dem auch der junge Leonardo mitarbeitete.

Die unvollendete »Anbetung der Magier«, die Leonardo für die Mönche von San Donato in Scopeto schuf.

Die erste Nachricht über einen »Auftrag« bezieht sich auf eine »Portiere«, die in Flandern in einem »Gewebe« mit Gold und Seide für den König von Portugal ausgeführt werden soll. Es handelt sich offensichtlich um einen Gobelin, und der Karton Leonardos dafür schildert »Adam und Eva beim Sündenfall im irdischen Paradies«.

Der Karton, der sich lange Zeit im Hause des Ottaviano de' Medici befand, ist verschwunden. Vom »Haupt der Medusa« mit einem Schlangengewirr über einem sterbenden Gesicht nahm man jedoch bis zum vergangenen Jahrhundert an, es wäre in den Uffizien aufbewahrt, nachdem es sich unter den »außergewöhnlichen Dingen« in den Gemächern des Großherzogs Cosimo I. befunden hatte, doch auch dieses ist verloren.

Und wo mag das Bild der »Madonna mit der Karaffe« sein, auf welchem Leonardo eine wassergefüllte Karaffe mit einigen Blumen darin abbildete? Über die erstaunliche Naturtreue der Darstellung hinaus hatte er einen Tautropfen darauf so täuschend nachgebildet, daß er echter als die Wirklichkeit erschien.

Außer der kleinen »Verkündigung« im Louvre stammt aus dieser Periode die große »Verkündigung« der Uffizien, die wahrscheinlich noch begonnen wurde, bevor Leonardo die Werkstatt Verrocchios verließ, und die er im Hause behielt, vielleicht, um sie möglichen Auftraggebern anderer Werke als Beispiel seiner Fähigkeiten zu zeigen.

Ohne irgendeine Sicherheit der Datierung können wir die »Madonna mit der Blume« oder »Benois«, die in der Eremitage in Leningrad aufbewahrt wird, dazufügen. Das Kind darauf läßt gern an die »Putti« denken, die er im Hause des Ser Piero zeichnete. Danach gibt es nichts Vollendetes mehr. Der »Hl. Hieronymus« und die »Anbetung der Magier« sind unvollendete Tafelbilder. Ein anderes Bild für die Kapelle des Hl. Bernhard im Palazzo Vecchio, mit dem ihn Lorenzo Magnifico beauftragt, bleibt Entwurf und wird von Filippino Lippi vollendet, oder besser gesagt, ausgeführt. Derselbe malt später für die Mönche von San Donato in Scopeto eine »Anbetung der Magier« als Ersatz für jene begonnene und nicht vollendete des Leonardo.

Wer jedoch eine halbfertige Arbeit im Stich läßt, obwohl er den Auftrag übernommen hat, verliert nicht nur den ausgehandelten Preis, sondern riskiert geradezu, die erhaltene Anzahlung zurückerstatten zu müssen.

»...Wie ich Euch in den vergangenen Tagen sagte, wißt Ihr, daß ich ohne einen der Freunde bin, und der Winter...«, das ist das Bruchstück eines Briefes an Simone d'Antonio da Pistoia, den Mann der Tante Violante, Tochter seines Großvaters Antonio.

Er wendet sich noch nicht an Onkel Francesco, weil er weiß, daß dieser arm ist, aber bereit, seinetwegen Schulden zu machen. Er wendet sich ebensowenig an Ser Piero, da der Vater andere »Münder zu stopfen« in seinem Hause hat, und vielleicht weil er, wenn er dahin ging, um einen der Kleinen zu zeichnen, unfreiwillig einige Äußerungen Margheritas gehört haben kann, die wegen der Großzügigkeit ihres Mannes dem nunmehr erwachsenen Sohn gegenüber besorgt war.

Die Mönche von San Donato in Scopeto haben ihm einen Termin gesetzt: dreißig Monate, um die Tafel für den Hauptaltar, die »Anbetung der Magier« darstellend, vollendet abzuliefern. Leonardo muß ziemlich auf dem Trockenen gesessen haben, wenn er es einen Monat danach, das heißt im August 1481, übernahm, auch die Uhr, genauer gesagt, die Sonnenuhr dieses Klosters gegen ein Entgelt in Form einer Saumtierladung von Holzklötzen für den Winter zu bemalen.

Doch nach sieben Monaten Studien, Zeichnungen, Proben, perspektivischen Skizzen und Berechnungen lehnt der unbesonnene Leonardo es ab, dieses große Tafelbild zu vollenden.

Siebenundfünfzig Figuren in Bewegung, die

Die »Verkündigung«, die der Uffizien genannt,
da sie in diesem Museum aufbewahrt wird,
wurde lange Zeit für ein Werk des Ghirlandaio
gehalten und später verdientermaßen Leonardo
zugeschrieben. Die »historische Wahrheit«
wurde von Baron von Liphardt richtiggestellt,
der Zeit und Geld an gewissenhafte und doku-
mentierte Forschungen wandte. Es gelang ihm
schließlich auf unwiderlegbare Weise aufzuzeigen, daß der junge Leonardo jene Tafel zur Zeit
des Lorenzo il Magnifico gemalt hatte.

Die Predella mit der »Verkündigung«, die des Louvre genannt, wurde mit vielen Vorbehalten dem jungen Leonardo zugeschrieben.

den sich um die Jungfrau als Mittelpunkt herumziehenden Linien entsprechend angeordnet sind, überwältigen und entmutigen den Künstler, der »sich in der Theorie einige so wunderbar schwierige Dinge ausdachte, daß er sie mit den Händen, auch wenn diese ganz außergewöhnlich gewesen wären, nie hätte darstellen können«.

Und doch, wenn auch kein anderes gemaltes Bild auf uns gekommen ist, hat diese Periode dazu beigetragen, den Ruhm Leonardos zu verbreiten.

Florenz ist keine einfache Stadt, und um sich inmitten der vielen beachtlichen Künstler hervorzutun, muß Leonardo wirklich etwas Außergewöhnliches gemacht haben, besser als das, was aus den Werkstätten eines Verrocchio oder eines Ghirlandaio hervorging.

Niemand kann dies jedoch zuverlässig versichern oder verneinen: Leonardo, der einzige, der wenigstens in seinen Schriften eine Erinnerung daran hätte hinterlassen können, schweigt wie gewöhnlich.

Aber da ist Lorenzo de' Medici, da sind die gelehrten Freunde der Via Larga, welche die Künstler ihrem Wert entsprechend einzuschätzen wissen: Und wenn alle darin übereinstimmen, dem jungen Leonardo da Vinci außergewöhnliche Fähigkeiten zuzuerkennen, will das heißen, daß sie Beweise dafür haben.

Zoroastro

Lorenzo de' Medici hatte in den Gärten von San Marco zwei Pavillons errichten lassen, um dort nicht nur die »Altertümer«, das heißt die Werke der Klassik zu sammeln, sondern auch die Zeichnungen, Kartons, Entwürfe und Modelle der schönsten Werke, die in jenen Jahren aus den Werkstätten der Florentiner Meister hervorgingen.

Bertoldo, der bevorzugte Schüler Donatellos, stand dieser außergewöhnlichen »Akademie« vor, in der jeder Schüler ein »Gehalt« erhielt, das seinen persönlichen und den Bedürfnissen seiner Familie entsprach.

Verrocchio, der sich von Zeit zu Zeit dorthin begab, wurde als Gelegenheitslehrer angesehen, den man vor allem rief, um diesen Vorzugsschülern seine Methode der Gipsabgüsse oder jene zum Gießen der Münzen zu erklären.

Unter den häufigen Besuchern der Gärten befand sich Lorenzo di Credi, zusammen mit einer Gruppe vielversprechender junger Leute wie Francesco Granacci, einem Schüler von Ghirlandaio, Giuliano Bugiardini, Pietro Torrigiani und Giacomo della Porta, denen sich gern ein junger Steinschneider, namens Giovanni dalle Corniole, und ein Arbeiter in Schmiedeeisen, namens Niccolò Grosso, anschlossen.

Leonardo kam und ging, Laune und Neugier entsprechend, die ihn entweder zu Bertoldo oder zu Marsilio Ficino zogen. Außerdem war er häufig bei dem Dichter und Latinisten Naldo Naldi, dem Philologen Niccolò Michelozzo und dem gelehrten Bartolommeo Fonzio, dem ehemaligen Lehrer Lorenzo de'Medicis.

Dann verkehrte er in den Werkstätten, wo er immer einen geduldigen Handwerker fand, der bereit war, zugunsten irgendeines seiner extravaganten Projekte Zeit zu verlieren, und der glücklich war, mit ihm zusammen von einer Wundermaschine zum Ziehen oder Heben enormer Gewichte zu träumen, von einer großartigen Erfindung, um das Gebirge zu durchbohren, von einer mechanischen Spindel, um Schnüre zu dicken und starken Tauen zu drehen. Zum Schluß fand er auch noch die Zeit, einem vielversprechenden Knaben mit Namen Attavante Migliorotti, wie er illegitim geboren, Musikstunden zu erteilen. Oft spielten sie zusammen und derartig gut, daß sich die Nachricht davon rasch in der Stadt verbreitete und bis zu den Ohren des Magnifico drang.

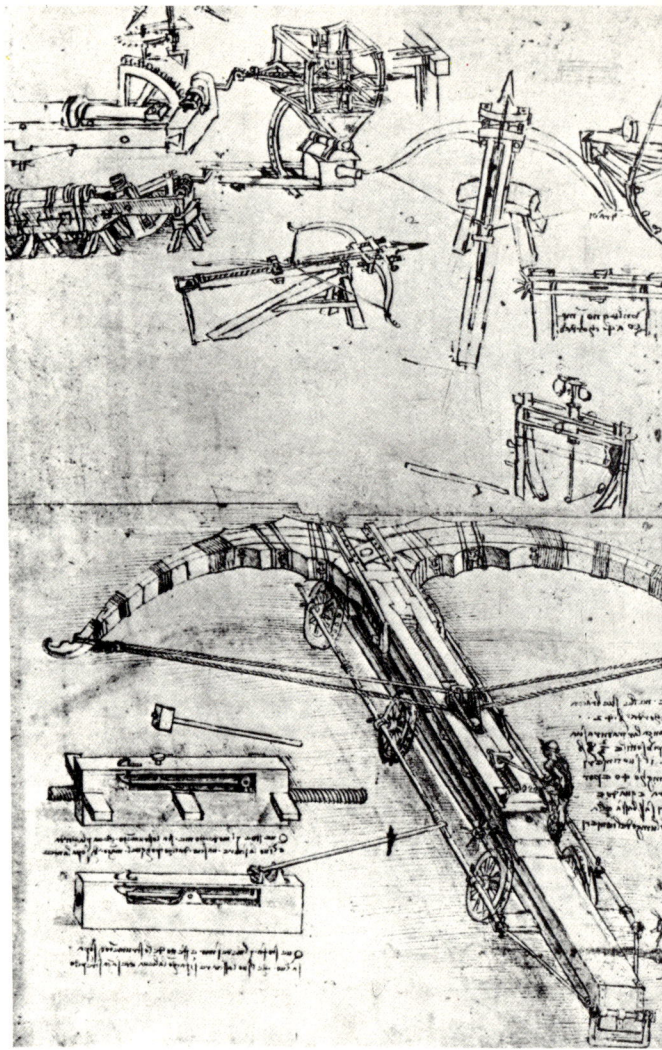

Eine Seite des Codex Atlanticus mit der Skizze jener berühmten Kriegsmaschinen, welche die militärischen Fachleute begeisterten.

Die Hauptanziehungskraft hatte in jenen Jahren jedoch ohne Zweifel die Werkstatt des Zoroastro, mit bürgerlichem Namen Tommaso Masini da Peretola: Gießmeister, Mechaniker, Hydrauliker, Ziseleur, Former und, zum Zeitvertreib, Bildhauer, Maler und Erfinder.

Sein Reich war mehr eine Höhle als eine Werkstatt, in die es über viele Stufen hinunterging und in der die Wirklichkeit sich mit dem Märchen vermischte, denn diese Schmiede war voller Symbole.

Gerade mit Meister Tommaso zusammen suchte Leonardo die vielen Eingebungen, die ihm täglich in den Sinn kamen, in die Wirklichkeit umzusetzen.

Sie hatten schon gemeinsam äußerst leichte Brücken konstruiert, die man in einem Augenblick von einem Ufer zum andern schlagen konnte. Sie hatten eine Wasseransaugvorrichtung verfertigt und installiert, indem sie die berühmte Archimedische Schraube, die Wasser von unten aufnimmt und es oben wieder abgibt, neu ausarbeiteten. Nach vielen Versuchen war es ihnen gelungen, eine spezielle Bombarde zu gießen, die in der Lage war, mit Kartätschen zu schießen. Sie hatten eine sich von selbst bewegende Festung hergestellt, das heißt einen Kegel auf breiter Basis, der auf Rädern ruhte und in dem sich Bombarden und anderes Kriegsgerät befanden.

Maso Masini, der im vertrauten Umgang Zoroastro genannt wurde, interpretierte treu die Zeichnungen Leonardos und führte sie wohlgelungen aus. Seinen Händen fügten sich alle Metalle, alle Formen waren für ihn möglich und leicht. Sie hatten zusammen auch in Miniatur eine Kanalisation entworfen, indem sie das viel später erst entdeckte Prinzip der kommunizierenden Röhren anwandten. Nachdem sie künstlich ein Gelände überflutet hatten, gelang es ihnen, es mit einem Netz von Wasserläufen in Verbindung zu bringen und den Zufluß durch metallene Schleusentore zu kontrollieren, wie man sie heute an den Sperrmauern der Stauseen verwendet.

Warum »Zoroastro«? Weil von ihm das Gerücht ging, er sei im Vorderen Orient, in der Heimat des Zarathustra gewesen und dort dem Kult des Sonnengottes Ahura Mazdao begegnet, auch hätte er die Kunst, Blei (das Symbol des Saturn) in Gold (das Symbol der Sonne) zu verwandeln, erlernt.

In seiner Schmiede glühte das Eisen, brannte auch Schwefel. Die Praktiken der Magie, die Beschwörung der okkulten Kräfte der Natur, wa-

Die »Madonna mit der Blume« von Leonardo, die sich in der Eremitage in Leningrad befindet.

ren Teil einer zwar noch nicht wissenschaftlichen, aber auch nicht mehr irrationalen Forschung. Leonardo und Tommaso forderten als zwei verwegene Pioniere die Inquisition heraus, die vor allem suchte, sie auf frischer Tat zu ertappen, um sie als Häretiker auf die Anklagebank zu schleppen.

Auch Ser Piero war jetzt vorsichtig geworden. Dieser sein Sohn, von dem alle viel Gutes sagten, betrieb die Malerei in zweiter Linie wie ein Reservehandwerk, um sich geheimnisvollen und vielleicht verbotenen Beschäftigungen zu widmen, die sich jeder Kontrolle entzogen.

– Vater –, antwortete eines Tages Leonardo seinem besorgten Vater, der ihn befragte, – macht Euch meinetwegen keine Sorgen. Ich will ein völlig anderer Maler sein als die andern, und deshalb muß ich das studieren, was die andern vernachlässigen oder nicht wissen. Ich muß die Ursachen und nicht die Auswirkungen kennen, um jene zu malen, die ewig sind. –

Ser Piero verstand ihn nicht, gab sich aber trotzdem mit den Schlußfolgerungen des Sohnes zufrieden. Er beschränkte sich darauf, ihm, wenn nun auch heimlich, etwas Geld zuzustecken, damit ihm nicht das Notwendige zum Arbeiten fehlte. Und inzwischen bemühte er sich um einen Zugang zur Signoria, die dabei war, den neuen Prokurator zu ernennen.

Leonardo fuhr also fort, die Gruppen, die Akademie, die Schulen, die Werkstätten und die Freunde zu besuchen, ohne dabei die Malerei und ebensowenig die Musik zu vernachlässigen.

Er hatte sich sogar mit seinem jungen Schüler Migliorotti daran gemacht, die Leier zu studieren, und hatte deren eine in Form eines Pferdeschädels gezeichnet, um damit bei der Resonanz der Saiten einen neuen und außergewöhnlichen Effekt zu erreichen. Auch diese offensichtlich so unwichtige Nachricht erreichte schnell das Ohr des Magnifico.

Eine der vielen ausdrucksvollen Skizzen für die »Madonna mit der Katze«, die im Hause des Vaters entstand und sich heute in London im Britischen Museum befindet.

Eine andere berühmte Studie von Leonardo für die »Madonna Litta«, die in Paris im Louvre aufbewahrt wird.

 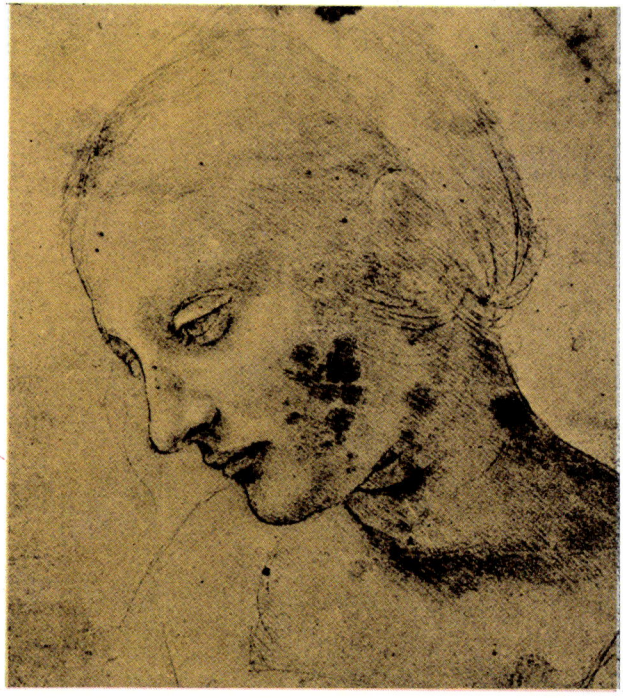

Lorenzos Abgesandte

Seit der Zeit des prunkvollen Besuches des Galeazzo Maria von Mailand in Florenz, oder besser der Sforza bei den Medici, hatte man von einem Reiterstandbild gesprochen, das zur Erinnerung an den Herzog Francesco, Vater des Galeazzo, durch einen Florentiner Meister errichtet werden sollte.

Als Lodovico Sforza in Mailand das Regiment übernahm, fand er diese auf das Jahr 1473 zurückgehende Akte unter den Papieren seines Bruders Galeazzo, der von Verschwörern in der Kirche erdolcht worden war, und schrieb, seinen Rat erbittend, an Lorenzo de' Medici.

Inzwischen war Verrocchio mit dem treuen Lorenzo di Credi nach Venedig abgereist, um dort das große Reiterstandbild des Colleoni zu gießen. Perugino und Botticelli waren nach Rom gegangen, um die Fresken in der neuen Kapelle des Papstes Sixtus auszuführen. Rosselino, Mino da Fiesole und Bertoldo waren alt. Der einzig Verfügbare war Leonardo. Und so ließ Lorenzo ihn rufen.

Als der Künstler in der Via Larga vor dem Magnifico stand, wurde er gefragt:

– Leonardo, was würdest du zu einem großen Reiterstandbild des verstorbenen Herzogs von Mailand, Francesco Sforza, sagen? –

Leonardo hatte unversehens die Werkstatt des Verrocchio wieder vor sich, erlebte erneut das Fieber, das alle ergriffen hatte, sah wieder alle anatomischen Studien für das Pferd, alle beiseite gelegten Zeichnungen vor sich. Er sah dem Magnifico in die Augen und antwortete:

– Ich würde ja sagen. –

– Hättest du Mut dazu? –

– Ich hätte Mut dazu. –

– Es fertig auszuführen? –

– Das weiß ich nicht, das muß man sehen. –

– Hier nimm –, sprach Lorenzo weiter, – das ist ein Porträt des Herzogs Francesco. Fang an, darüber nachzudenken, dann reden wir erneut darüber. –

Einige Zeit später schrieb Lodovico Sforza an

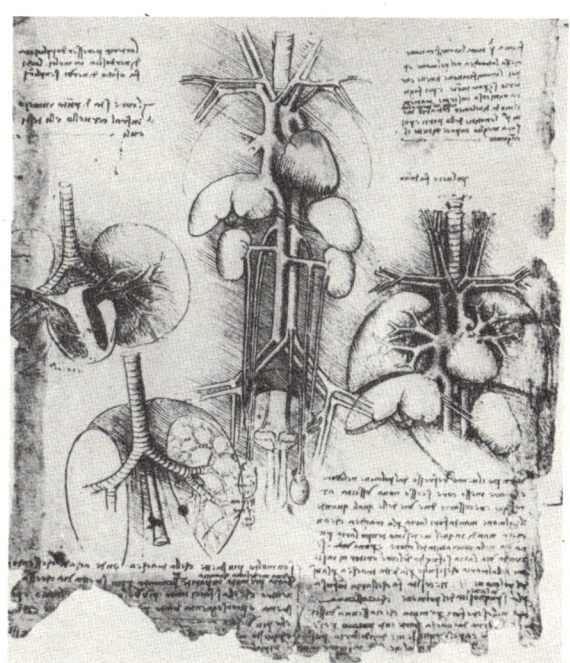

Die Anatomie und die Kriegsmaschinen sind für Leonardo Gegenstand laufender Forschungen und langer Studien, die er in Bilder übersetzt.

Lorenzo und bat um einen anderen Rat. Er suchte einen Leierspieler und wäre dem Magnifico dankbar, wenn er ihm aus Florenz einen Musiker seines Vertrauens schicken könnte.

– Leonardo, jetzt bleibt dir nichts übrig, als dich zur Abreise zu rüsten –, sagte Lorenzo zu ihm. – Der Herzog von Mailand sucht einen Leierspieler. Ich weiß, daß du eine ganz besondere aus Silber besitzt, die du mir überlassen wirst und die ich ihm schenken werde. Wenn ich nun dich nach Mailand schicke, so werde ich ihm einen doppelten Dienst erweisen: Ich werde ihm dein Talent als Spieler vorführen, und du wirst ihm das Reiterstandbild seines Vaters, des Herzogs, machen. –

So waren die geschickten und unnachahmlichen Schachzüge Lorenzos beschaffen. Sie waren Teil seines politischen Spieles, und niemand wußte besser als er, die geeignetsten Persönlichkeiten auszuwählen. Zusammen mit den Erzeugnissen der Kunst exportierte er auch die Künstler, schickte sie gern an die italienischen und europäischen Höfe, gleichsam als spezielle Gesandte einer Kultur und einer Epoche, die man in Florenz Humanismus und später in der Welt Renaissance nannte.

Aus dem Tor von San Gallo

Es ist wieder Frühling in Florenz, der Frühling des Jahres 1482. Mit den großen Holzklötzen der Mönche von San Donato in Scopeto hat der dreißigjährige Leonardo einen ziemlich angenehmen Winter verbracht. Jetzt, mit der Rückkehr der guten Jahreszeit, bereitet er sich auf die Abreise vor.

Genau und methodisch stellt er eine Liste der Malereien, Skulpturen und Projekte auf, die er mit sich nehmen wird. Sie können ihm anstelle von Empfehlungsschreiben in jener ihm unbekannten Stadt dienen, von der man in Florenz schon so ein großes Gerede macht.

In der Tat sagt man, daß der Herzog Lodovico überall befähigte Leute sucht, die er dann in ge-

wichtigem Golde zahlt. Das heißt: Condottieri, Ingenieure für seine kriegerischen Unternehmungen, Ratgeber für seine politischen Ambitionen, Künstler und Literaten für seinen Hof.

Die Liste Leonardos ist auch ein kostbares Inventar, weniger seiner Werke als dessen, was ihm vor seiner Abreise aus Florenz verbleibt.

»Eine vollendete Madonna« zum Beispiel ist eine Madonna, von der wir nichts mehr wissen. Von »gewissen Hl. Hieronimi« ist jener im Vatikan erhalten, der glücklicherweise wiedergefunden wurde – zu verschiedenen Zeiten und an verschiedenen Orten durch einen französischen Kardinal Fesch. Eine Hälfte des Bildes war der Deckel einer Kiste, und die andere Hälfte wurde in der Werkstatt eines Schusters als Tischchen benutzt. »Eine Passionsgeschichte in Formen gemacht« ist bestimmt eine wahrscheinlich vollständige Serie von Flachreliefs der Passion Christi, die für irgendeine Kirche bestimmt war. Der »Kopf einer Zigeunerin« erinnert uns wieder an die Neugier Leonardos, der den Durchzug einer Karawane von Nomaden, Nachkommen Attilas und Angehörige eines aus dem fernen Ungarn stammenden Zigeunerstammes, benutzte, um den Kopf einer ihrer schönen Frauen zu porträtieren.

Der junge Attavante Migliorotti, Flöten- und Leierspieler, Schüler und Modell Leonardos, folgt seinem Meister, um mit ihm zusammen vor Lodovico il Moro zu spielen.

Meister Tommaso Masini, der treue Zoroastro, nimmt bestimmt auf Ersuchen Leonardos, der die wertvollen Hände des Magiers von Peretola nicht entbehren kann, an der Gesellschaft teil.

Die Gesellschaft nimmt ihren Weg zum Tor von San Gallo hinaus, hinauf nach La Lastra,

Leonardo, den Lorenzo il Magnifico nach Mailand zu Lodovico il Moro sandte, stellte ein genaues Verzeichnis seines Gepäcks auf, darunter »gewisse Hieronimi«, wie dieser, den man glücklicherweise in Rom wiederfand.

Der Architekt Giuliano da Sangallo. Druck des 16. Jahrhunderts.

Das Kastell von Scarperia im Mugello, auf der Straße, die Leonardo passierte.

über den Bergrücken von Montorsoli auf den Appenin zu.

Bei der ersten Rast steigt Leonardo vom Pferd und schaut auf Florenz zurück, wo der Arno in der Sonne funkelt und die Stadt mit einem ganz feinen Schleier aus himmelblauer Luft bekleidet scheint. Die Kupferkugel auf der Kuppel des Brunelleschi wirft goldene Reflexe, und der Palazzo della Signoria glänzt im Ocker seines harten Sandsteines.

Vom Turm von Fiesole im Osten trägt der Wind einen Glockenton herüber. Ein Hühnergeier kreist einsam und majestätisch zwischen dem Kastell von Vincigliata und dem Gipfel des Montesenario.

Leonardo verhält vor dieser Vision, um sie in sich zu bewahren, sie in sein Blut einfließen zu lassen. Danach, wieder im Sattel, kehrt er seiner Stadt den Rücken.

ZWEITER TEIL

»Es sei wer auch immer«

In einem kleinen Saal des Kastells von Porta Giovia hatte ein Sekretär begonnen, Lodovico il Moro einen langen Brief vorzulesen.

»Mein allergnädigster Herr, nachdem ich nunmehr zur Genüge die Proben aller, die sich für Meister der Kriegsgeräte halten, gesehen und begutachtet habe, und die Erfindungen dieser Instrumente nichts darstellen, das sich vom Üblichen unterscheidet, bemühe ich mich, mich Eurer Exzellenz verständlich zu machen, gebe Ihr meine Geheimnisse preis und biete außerdem Euerm Belieben an, zu dem passenden Zeitpunkt alle jene Dinge anzufertigen, welche teilweise zusammengefaßt nachstehend verzeichnet werden.«

– Was will er damit sagen? Daß sich alle Kriegsgeräte ähneln und daß die Erfinder nichts Neues herausgebracht haben? –

– Wahrscheinlich ja, Exzellenz –, antwortete der Sekretär und fuhr fort:

»1. Ich habe eine Art ganz leichter und starker Brücken und die Möglichkeit, sie sehr leicht zu transportieren, um mit ihrer Hilfe die Feinde zu verfolgen und ihnen gegebenenfalls zu entfliehen. Und ich weiß Mittel und Wege, jene des Feindes zu verbrennen und zu zerstören.«

Lodovico hörte interessiert zu, nickte mehrmals zustimmend, dann gab er dem Sekretär ein Zeichen, fortzufahren:

»2. Ich weiß bei der Eroberung eines Gebietes das Wasser aus den Gräben zu ziehen, unendlich viele Brücken, Mauerbrecher, Leitern und andere zu der Unternehmung gehörende Geräte zu machen.«

»3. Ebenso, wenn man wegen der Höhe eines Ufers bei der Eroberung eines Gebietes die Bombarden nicht einsetzen kann, habe ich Möglichkeiten, jede Burg oder andere Befestigung zu unterminieren.«

»4. Ich kenne auch Möglichkeiten, Bombarden, die bequem und leicht zu transportieren sind und mit denen man genau zu schießen vermag, herzustellen, deren Rauch den Feind in großen Schrecken versetzt, zu seinem großen Schaden und seiner Verwirrung.«

Der Sekretär unterbrach sich und hob die Augen von dem Blatt. Der Herzog jedoch, gegen den Rücken seines Sessels gelehnt und die Stirn auf die Hand gestützt, machte ihm gebieterisch ein Zeichen, fortzufahren.

»5. Und im Falle man befände sich auf See, kenne ich viele sehr gute Instrumente, um die Schiffe anzugreifen und zu verteidigen.«

»6. Ebenso kenne ich Möglichkeiten, über geheime und außergewöhnliche Wege ohne Aufsehen zu einem bestimmten bezeichneten Ort zu gelangen, auch wenn man Gräben oder Flüsse passieren müßte.«

Das »Kastell« in Mailand, die Residenz des Lodovico il Moro.

»7. Ich werde ferner bedeckte Wagen machen, mit denen man sicher und unangreifbar in die Feinde und ihre Artillerie eindringen kann, und die Menge von Soldaten gibt es nicht, in die sie nicht einbrechen würden. Und hinter ihnen kann unverletzt und ungehindert genügend Infanterie folgen.«

– Das ist nicht möglich! – rief Lodovico aus. – Dieser Mann ist ein Phantast. Wenn er nicht ein Magier ist. Vorwärts! Fahre fort zu lesen! –

»8. Ferner werde ich, wenn die Notwendigkeit eintritt, Bombarden, Mörser und Steinschleudermaschinen in sehr schönen und nützlichen Ausführungen herstellen, die nicht wie die üblichen sind.«

»9. Wo Bombarden nicht verwendbar sind, werde ich Katapulte, Wurfgeschütze und Donnerbüchsen sowie andere Instrumente von bewundernswerter Wirksamkeit verfertigen, die unüblich sind.«

– Aber nicht einmal Vulkan oder Mars würde es wagen, diese Sachen mit derartiger Sicherheit zu behaupten! Und wer ist das? Der neue Kriegsgott? –

Der Herzog bewegte sich in seinem Sessel, dann setzte er sich wieder still hin, bereit zuzuhören, und gab ein Zeichen, fortzufahren.

»10. In Friedenszeiten glaube ich, in der Architektur, im Entwerfen öffentlicher und privater Gebäude und in der Weiterleitung des Wassers von einem Ort zum andern den Vergleich mit jedem anderen bestehen zu können.«

»Außerdem führe ich in Marmor, Bronze und Ton Skulpturen aus und leiste dasselbe auch in der Malerei, vergleichbar mit jedem anderen, es sei wer auch immer.«

»Man wird sich auch mit dem Bronzepferd ans Werk machen, das zum unsterblichen Ruhm und der ewigen Ehre Eures Herrn Vaters und des ganzen Hauses Sforza dienen soll.«

»Und wenn irgendeines der oben erwähnten Dinge«, fuhr der Sekretär mit erhobener Stimme zu lesen fort, »jemandem unmöglich und nicht machbar erscheinen sollte, so erkläre ich mich völlig bereit, davon in Eurem Park oder an welchem Ort es Eurer Exzellenz gefallen wird, ein Experiment vorzuführen. Ich empfehle mich Eurer Exzellenz, so demütig ich nur kann.«

Als der Sekretär aufgehört hatte zu lesen, verharrte Lodovico il Moro schweigend und unbewegt im Nachdenken über das, was er gehört hatte, und lächelte über jenes »demütig«, das mit einer formalen Lüge einen Brief schloß, der auch völlig wahr sein konnte.

– Was sagt er eigentlich genau –, fragte der Herzog den Sekretär, – wenn er von den Dingen der Kunst spricht? Daß er in Architektur, Skulptur und Malerei unseren besten Meistern vergleichbar ist? –

»Vergleichbar mit jedem andern«, las der Sekretär noch einmal, »es sei wer auch immer!«

Lodovico erhob sich, näherte sich der Tür, wandte sich vor dem Hinausgehen aber zu seinem Sekretär:

– Ruf diesen Leonardo –, sagte er, – laß ihn hierherkommen, ich will mit ihm sprechen. –

Die Apanage

Leonardo war schon bei Lodovico gewesen und nicht nur einmal.

Bald nach seiner Ankunft in Mailand war er zu ihm gegangen, um ihm das Geschenk Lorenzos il Magnifico zusammen mit einem Schreiben, das ihn dem Sforza vorstellte und empfahl, zu überreichen. Dann war er ganz sicherlich wiedergekommen, um über das Reiterstandbild zu sprechen, um vielleicht einige der noch in Verrocchios Werkstatt ausgeführten Zeichnungen zu zeigen. Es ist am Ende nicht auszuschließen – eher wahrscheinlich –, daß Leonardo und der junge Attavante dem Herzog und seinen Höflingen irgendein Musikstück auf der silbernen Leier zu Gehör brachten, welche die gute Eigenschaft

Die »Pala Sforzesca«, die sich in Mailand befindet, mit den Bildnissen des Lodovico il Moro und der Beatrice d'Este.

besaß, »mit tieferem Baß und klingenderem Ton« Harmonie zu verbreiten.

Inzwischen fuhr Leonardo fort, »sich umzuschauen«, das heißt, die Stadt und ihre Umgebung systematisch zu erforschen. Mailand mußte ihm mit seinem hellen Himmel, dem Reichtum an Wasser, der baumbestandenen Ebene, auf die oft unvermutet ein dichter Nebelschleier fiel, als Gegensatz von Florenz erscheinen, und doch harmonierte es mit seinem Geist durch das magisch Unwirkliche, das Natur und Dinge von einem Moment zum andern annehmen konnten.

Er begann zu zeichnen, Notizen zu machen und drang so schließlich in das Leben dieser Stadt ein: Er kannte die Männer von Bedeutung und machte sich selbst bekannt.

– Aber bist du nicht der Musiker und Bildhauer Leonardo, den mir Lorenzo de' Medici für jenes Pferdeprojekt schickte? Du versprichst viele Dinge…zu viele! Wie kann ich dir glauben? –

– Exzellenz, ich bitte Euch nicht, zu glauben, sondern auszuprobieren. –

– Cecilia, was sagst du dazu? –

Cecilia Gallerani hatte schon von Leonardo gehört. Sie hatte von den durchreisenden Humanisten von ihm reden hören und auch einige Werke gesehen, darunter den berühmten Schild. Ihr süßes, intelligentes Gesicht hatte die träumerische Grazie und die Sanftmut der lombardischen Frauen, die so anders sind als ihre »praktischen«, groben und kurzangebundenen Ehemänner.

Das Lächeln des Mädchens tilgte eine brutale Antwort von den Lippen des Moro. Die sechzehnjährige Geliebte des Sforza schaute Leonardo an und sagte:

– Wir werden ihn auf die Probe stellen, gewiß, aber nicht mit den Kriegsmaschinen: Wir wollen etwas Schönes von ihm, des Ruhmes würdig, der ihm hierher vorausging. –

Als Leonardo nach Hause zurückgekehrt war, nahm er sein Notizbuch und schrieb:

»Wenn du sehen willst, ob deine Malerei mit dem abgebildeten Gegenstand übereinstimmt, so

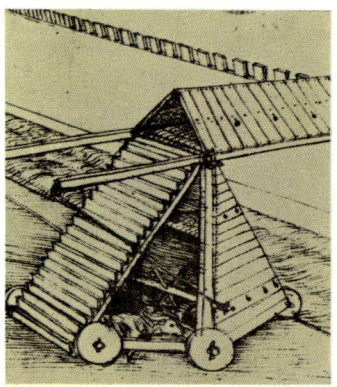

In seinem Brief an den Moro zählte Leonardo alles das auf, was er zu leisten in der Lage war.

nimm einen Spiegel und laß den lebendigen Gegenstand sich darin spiegeln…«

Er hatte in der Tat im Kastell von Porta Giovia in einem an der Wand hängenden Spiegel Cecilia lange betrachtet und darin das Vorbild des »Porträts« gesehen. Jetzt blieb ihm nur übrig, die günstige Gelegenheit abzuwarten, um es treu in Malerei zu übertragen.

Die Apanage von jährlich fünfhundert Dukaten, die ihm der Moro angewiesen hatte, um ihn einstweilen zu seinen Diensten zu haben, gestattete ihm, ohne übertriebene Sorge in die Zukunft zu blicken. Jene Summe, die etwa drei Millionen Lire von heute entspricht, bildete die wirtschaftliche Basis der ganzen »Familie«, an der außer Zoroastro und Attavante auch ein Reitknecht und eine Hausmagd teilhatten.

Sein Brief, den er vor der endgültigen Fassung mehrere Male aufgesetzt hatte, hatte seine Wirkung gehabt.

Leonardo legte sich über die Gefahr, die er gelaufen hatte, nicht einmal Rechenschaft ab. Er hatte es gewagt, auf gleicher Ebene mit einem

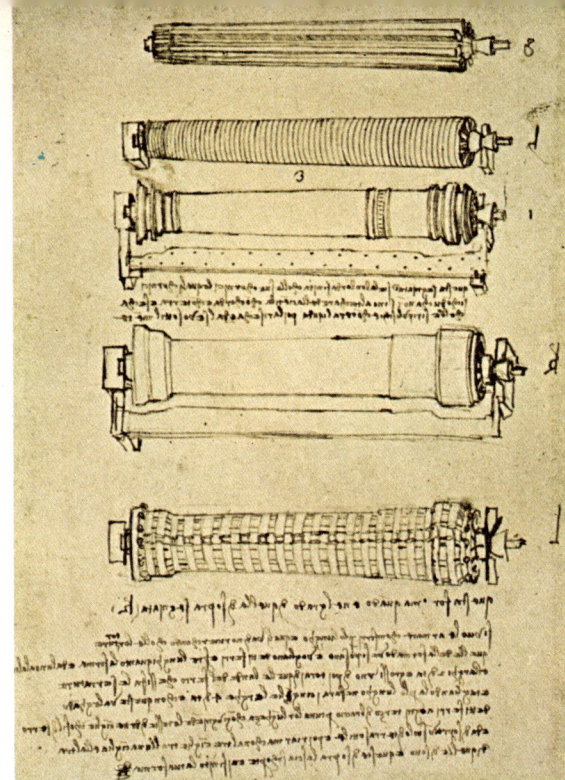

Was er auf dem Gebiet der Kriegskunst entwik-kelte, ist von ihm in Zeichnungen festgehalten worden.

Fürsten zu sprechen, er hatte ihm ohne einen Schatten von Bescheidenheit die eigenen Qualitäten aufgezählt, ihm erklärt, daß er sich keinem unterlegen fühlte, auf keinem Gebiet, und den Sforza herausgefordert, ihn auf die Probe zu stellen.

Entweder Überspanntheit eines Narren – würden wir sagen – oder das Selbstbewußtsein eines Genies. Da er dieses war, konnte er seinem hohen Gesprächspartner nur mit unerschrockener Festigkeit ins Auge blicken.

Nunmehr zufrieden mit dem Erfolg seines Briefes ging Leonardo, um die »Predas« aufzusuchen, mit denen er sich gut angefreundet hatte.

Evangelista De Predis und sein Bruder Ambrogio wurden mit Foppa und Bergognone für zwei Meister der lombardischen Malerei gehalten. Sie arbeiteten häufig zusammen und teilten die Arbeit unter sich auf. Evangelista bemalte vor allem Mauerflächen und Altartafeln, während sein Bruder Ambrogio sich lieber dem Porträt und der Miniaturmalerei widmete.

Als brave Lombarden, arbeitsam und prak-

tisch, lehnten sie niemals einen Auftrag ab, auch wenn er nicht in ihre Zuständigkeit fiel. Um dem Kunden dienlich zu sein, brachten sie den Auftrag bei anderen unter, sie vergaben ihn weiter und erwiesen so manchem guten Meister, der knapp an Arbeit war, eine Wohltat. Von diesem Augenblick an wurde jener zu einem zuverlässigen Mitarbeiter der »Firma«.

Die Brüder De Predis hatten von der Bruderschaft der Santa Concezione della Vergine einen interessanten Auftrag für die Kirche San Francesco erhalten. Sie sollten sich um den Entwurf für ein großes Altarbild bemühen, auf dessen mittlerem Teil zwischen zwei Flügeln mit Propheten und Engeln die Jungfrau dargestellt sein sollte.

Bescheiden, aber auch mit realistischer Einsicht, gedachten sie die Ausführung der wichtigsten Tafel einem Meister, nämlich Leonardo, anzuvertrauen.

Durch die Apanage des Herzogs innerlich gestärkt, war Leonardo zu den Freunden De Predis gegangen, um eingehender mit ihnen von jenem Bild zu sprechen. Er hatte eine Jungfrau im Sinn, die nicht, wie die bisher von allen Künstlern von Cimabue an gemalten, auf einem Thron saß, sondern die in eine phantastische Felsenwelt hineingesetzt war, mit Lichtbündeln auf fernen Landschaften, und zu ihren Füßen als Teppich ein niedriges und doch großartiges Universum aus Kräutern und Blumen wie in der »Verkündigung«.

Die Madonna in der Felsengrotte

Das Ergebnis übertraf jede Erwartung. Bis zu diesem Tage hatte man in Mailand nie etwas Ähnliches gesehen.

Die traditionelle lombardische Malerei, die noch an die statische und ziemlich altertümliche Formgebung der Foppa, Bergognone und De Predis gebunden war, rückte in eine andere Zeit,

S. 64 Mailänder Dom. ▷

aus Jüngstvergangenheit wurde sie durch den Vergleich mit der des Leonardo zur entfernten Vergangenheit.

Die Jungfrau im Zentrum der Darstellung ist in einen weiten blauen Mantel gehüllt und stützt die rechte Hand wie in einer zarten Umarmung auf die Schulter des kleinen Kindes, das mit gefalteten Händen vor dem auf der Erde sitzenden anderen Kinde kniet. Mit der rechten erhobenen Hand, deren Zeige- und Mittelfinger nach oben

Studie für den Kopf des Engels der »Madonna in der Felsengrotte«.

gerichtet sind, sieht der sitzende Knabe den knienden an, während die Mutter die linke Hand in einer segnenden Geste über seinem Kopf hält. Ein Engel wendet den Blick von der Szene ab und stellt sozusagen die ideale Verbindung zu den Beschauern her.

Die Jungfrau scheint stattdessen mit gesenkten Lidern die beiden Knaben in einem einzigen Blick zu umfassen. Diese Verbindung ist durch die Anordnung der Madonna und der beiden Kinder betont, während alle Zuschauer – und mit ihnen der Engel – in eine gedachte Kreislinie einbezogen sind.

Im Hintergrund die unwirkliche und phantastische Felsenwelt, in der Höhe ein Gewirr von Laubwerk, in der Ferne ein Wasserlauf in einer ebenfalls felsigen Landschaft.

Im Vordergrund ein Grasteppich, wie an den Ufern der Flüsse mit Blumen bestreut. Ein festlicher und heiterer Augenblick mit einer Madonna, die zugleich familiär, feierlich und majestätisch ist. In den Gebärden der Knaben liegt zugleich etwas von mystischen Vorausahnungen, die vom wissenden Blick des Engels bestätigt werden.

Mit diesem Bild erzwingt sich Leonardo, noch kein Jahr nach seiner Ankunft in Mailand, durch echte Meisterschaft die Achtung und Bewunderung nicht nur des Hofes, sondern aller.

Nach dem Beispiel des Ambrogio De Predis, der sich vom »Meister« in einen Schüler Leonardos verwandelte, erliegen alle jungen Maler – Bernardino Luini, Frate Antonio da Monza, Giampietrino, Giovanni Antonio Bazzi, Bernardino de'Conti, Giovanni da Montorfano, Andrea Solari – der Faszination der Worte und des Vorbildes von Leonardo, und nachdem sie die alten Muster als »roh und ziemlich trocken« verlassen haben, beginnen sie die Werke des »Florentiner Meisters« zu studieren und schließlich zu kopieren, um aus diesen »universalen Prinzipien« ihre neue Sprache zu nähren.

Meine sehr geliebte Göttin

Als Leonardo in Mailand eintraf, war Lodovico Sforza mit einem siebenjährigen Mädchen aus der Familie d'Este verlobt. Und während Lodovico darauf wartete, daß aus der künftigen Gattin eine Frau wurde, hatte er ein sechzehnjähriges Mädchen zu seiner Geliebten gewählt. Es war Cecilia aus der adligen Familie der Gallerani, die nicht

Die »Madonna in der Felsengrotte«, die sich in Paris befindet, ist mit Sicherheit ein Werk Leonardos.

Kopie der »Madonna in der Felsengrotte«, dem Ambrogio De Predis zugeschrieben.

Die Kirche Santa Maria delle Grazie in Mailand.

nur sehr schön, sondern auch gebildet war. Sie war sogar so gelehrt, daß sich Bandello später ihretwegen versah, sie in seinen Novellen als »die moderne Sappho« erwähnte und uns wissen ließ, die schöne Signora schreibe nicht nur ausgezeichnete italienische, sondern auch lateinische Verse.

Eine »Signora« also, denn nachdem er sie geliebt hatte und von ihr einen Sohn namens Cesare besaß – den er anerkannt und legitimiert hatte, so wie Ser Piero seinen kleinen Leonardo –, ließ der Moro sie den Grafen Lodovico Bergamini heiraten, genau wie der listige Ser Antonio es mit der armen Caterina gemacht hatte. Es ist wahr, obwohl Caterina »aus gutem Blut« stammte, blieb sie doch immer eine Bäuerin aus Vinci und war kein adliges Mädchen aus der Lombardei. Und der Graf Bergamini, Vasall und zudem Freund des Herzogs von Mailand, war nicht irgendein Accattabriga. Aber die Frucht der adligen Liebe des Lodovico war ein kleiner Höfling namens Cesare, während die Frucht der bäuerlichen Leidenschaft des Ser Piero ein Künstler mit Namen Leonardo wurde.

Cecilia war also schön und vor allem sensibel, weil Bildung immer eine innere Bereicherung bedeutet. Leonardo war sehr schön, man beschreibt ihn uns als hochgewachsen, elegant, mit langen, gelockten blonden Haaren, der Bart gut gepflegt, die Augen blau, der Blick durchdringend, die gewandte Rede von beherrschten Handbewegungen begleitet, während Lodovico il Moro vulgär, brutal und fest überzeugt war, daß man alles und jeden mit der entsprechenden Menge Goldes kaufen könnte, Pakte, Freundschaften und Liebe.

Ein mittelmäßiger toskanischer Dichter, der vom Moro unterhalten und sogar zum offiziellen Hofpoeten ernannt wurde, bestätigt in häßlichen Versen unsere Kenntnis von dem von Leonardo angefertigten Porträt, indem er ein Gespräch zwischen dem Dichter und der Natur erfindet. Er fragt sie, weswegen sie sich kränkt und gegen wen sie etwas hat, und die Natur antwortet, daß sie es mit dem Vinci hat, der einen ihrer Sterne, Cecilia, porträtierte. Aber das Porträt schweigt, während die wirkliche Frau spricht.

Die Marchesa von Mantua, die sich einbildete, die Talente ihrer Zeit zu entdecken und deren Werke sammelte – wenn diese sie wenig oder nichts kosteten –, schrieb 1498 an Cecilia Gallerani, die zur Gräfin Bergamini geworden war. Sie schickte extra einen »Reiter« von Mantua nach Mailand, um »zur Ansicht« ein Porträt zu erbitten, das Leonardo von ihr gemalt hatte, mit der ziemlich dürftigen Begründung, daß sie es mit einem des Giovanni Bellini vergleichen wollte.

»Wir hatten heute Gelegenheit, einige schöne Porträts des Giovanni Bellini zu sehen, sind darüber ins Gespräch über die Werke Leonardos gekommen und haben den Wunsch, sie zu sehen und mit denen, die wir haben, zu vergleichen. Und da ich mich erinnere, daß er Euch nach der Natur porträtiert hat, bitten wir Euch, daß Ihr uns durch den gegenwärtigen Reiter, den wir aus diesem Grunde schicken, eben dieses Euer Porträt senden möchtet. Denn abgesehen davon, daß der Vergleich uns sehr befriedigen wird, werden wir auch Euer Gesicht sehr gern wiedersehen. Und sofort, wenn wir den Vergleich gemacht haben, werden wir es Euch zurücksenden...«

Cecilia antwortete mit der Übersendung des Porträts und erklärte dazu, daß es nicht die Schuld des Malers sei, wenn es ihr nicht ähnele, »und ich glaube wirklich, daß man seinesgleichen nicht findet. Es ist nur, daß dieses Porträt in einem noch so unreifen Alter gemacht wurde und sich später dann mein Aussehen verändert hat...«

Das unreife Alter war jenes wunderbare und zeitlose der Liebe.

Leonardo schaute das zarte Gesicht des Mädchens an, um es so wiederzufinden, wie er es das erste Mal in einem Spiegel gesehen hatte, während seine kundige Hand die diesem Bilde eigenen Besonderheiten herausholte.

Der prunkvolle und festliche Saal des Schlosses gab Leonardo eine Art euphorischer Sicherheit.

Er erschien pünktlich jeden Morgen und benahm sich wie ein vollendeter Hofmann. Er war mit ausgesuchter Eleganz, ja, mit Raffinesse gekleidet und von eleganten, sehr jungen und schönen Schülern begleitet, die ihm in der Art von Epheben dienten, ihm die Farben zerrieben und zerstießen, sie in Öl auflösten und ihm die Pinsel zureichten.

Umgeben von ihren Hofdamen blickte Cecilia bewegungslos auf den Maler. Wahrscheinlich gab es in dem Saal auch ein Hermelin, das ab und zu aus seinem Käfig entfloh und die Mädchen erschreckte. Der unberechenbare und unerschöpfliche Leonardo jedoch hatte für alle und besonders für sie eine Fabel oder eine Legende bereit.

– Auf dem Gipfel eines Berges lief ein Hermelin durch den Schnee, und die Jäger sahen es. Da entfloh es, um in seine Höhle zurückzukehren, die ziemlich viel tiefer lag. Die Sonne hatte jedoch den Schnee um die Höhle geschmolzen und

alles in Morast verwandelt. Das Hermelin verhielt... –

Auch Leonardo unterbrach absichtlich die Erzählung, um sich in diesem Augenblick des Schweigens und einer Art gemeinsamen Verhaltens auf ein Detail des Porträts zu konzentrieren. Dann fuhr er nach einem letzten Pinselstrich mit einem Lächeln fort:

– Nein, das Hermelin konnte seinen schneeweißen Mantel nicht beschmutzen, es mochte nicht wie irgendein Fuchs im Schlamm waten. Es blieb da auf dem äußersten Rande des Schnees, es sah die Jäger herbeieilen, bis ein Pfeil es tötete... –

Nur Cecilia allein verstand die Anspielungen des Malers. Lieber den Tod, als sich im täglichen Schlamm zu beschmutzen: Die Reinheit des Gedankens und des Herzens ist, wie der Mantel des Hermelins, heiliger als das Leben.

Nun begann auch sie in Leonardo hineinzublicken, in ihm etwas von sich selbst zu suchen und wiederzufinden, ebenso wie der Künstler in ihr etwas von sich selbst suchte.

Das Mädchen in dem »unreifen« Alter entdeckte sich und erkannte sich – nicht im Bild, aber in den Worten des Malers – wieder, während für ihn die Sitzungen im wahrsten Sinne des Wortes zu Gedankenübertragungen wurden.

Cecilia fühlte sich manchmal wie Ton, der durch die Stimme Leonardos Form und Leben annahm. Sie wurde gewahr, daß sie von seinen Worten geformt, daß sie sein Geschöpf wurde.

– Warum macht Ihr keine Skulpturen? Haltet Ihr die Malerei für höherstehend? Ihr seid doch auch Bildhauer? –

– Das ist wahr –, antwortete der Künstler lächelnd, – und »da ich nicht weniger als Bildhauer denn als Maler arbeite, scheint mir, daß ich ein Urteil abgeben kann, welches von beiden das Größere sei... Der Unterschied besteht darin, daß der Bildhauer seine Werke mit mehr körperli-

Dies ist mutmaßlich das Porträt der Cecilia Gallerani, heute in Krakau in der Sammlung des Fürsten Czartoryski.

licher Mühe, der Maler mit größerer geistiger Anstrengung ausführt...« Danach beschrieb Leonardo Cecilia voller Ironie den verschwitzten und schmutzigen Bildhauer als einen Steinmetzen oder Steinhauer, während der Maler »in voller Bequemlichkeit, gut gekleidet, vor seiner Arbeit sitzt und den leichten Pinsel mit seinen anmutigen Farben bewegt, von Musik begleitet, ohne den Lärm der Hämmer...«

Cecilia lächelte ungläubig, sie hatte die »Höhle« Leonardos besucht, sie kannte seine Schmiede, sein Gesicht, wenn es vom Widerschein der Flammen absorbiert war, sie hatte seine Skulpturen gesehen, auch das erste ungeheure Metallskelett des Pferdes. Sie hatte seine anatomischen Zeichnungen angeschaut, sich seine Einsamkeit vorgestellt, sein Entsetzen vor den Leichen, das nur durch den verzweifelten Willen, zu erkennen, besiegt wurde. Sie wußte um das Drama dieses einsamen Mannes, erahnte das, was er nicht sagte, hörte das, was seine Worte ihr verbargen, da ihr schließlich klar geworden war, daß sie ihn liebte.

Wenn wir auch nicht sicher sind, daß der auf eines von Leonardos Notizbüchern geschriebene Satz, den er später sorgsam abwusch und der mit »mein Leonardo« beginnt, von Cecilia stammt, so ist doch sicher, daß Leonardo und Cecilia sich duzten – während auch zwischen Eheleuten, Verwandten und Freunden damals das »Ihr« Brauch war; und ganz sicher ist, was in demselben Notizbuch als Entwurf zu einem Brief Leonardos geschrieben steht:

»Herrliche Herrin Cecilia, meine sehr geliebte Göttin. Deinen so lieblichen Brief gelesen habend...«

Grausames und unbarmherziges Monstrum

Vor dem Porträt der Cecilia Gallerani malte Leonardo jedoch – so sagen die Biographen, auch bestätigt durch einen Brief des Lodovico il Moro an den König von Ungarn – ein Tafelbild, genau gesagt, eine Madonna, die für jenen Humanisten und ungarischen Monarchen bestimmt war, der,

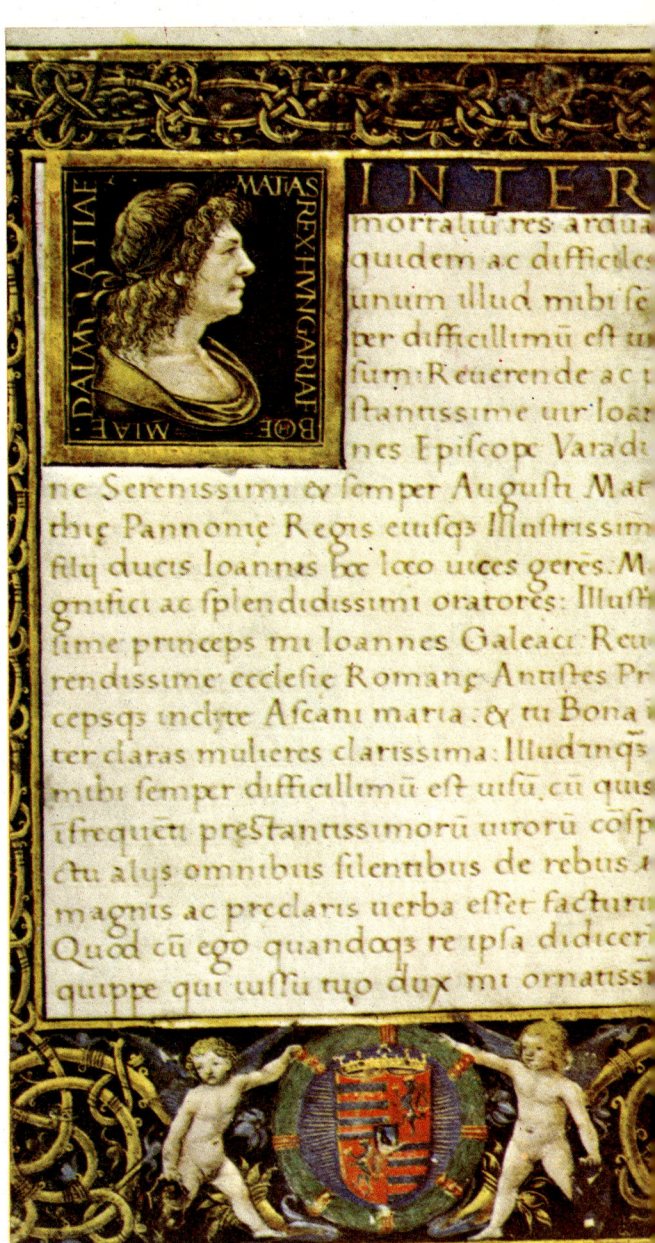

Profil des Matthias Corvinus in einer Miniatur des Ambrogio De Predis.

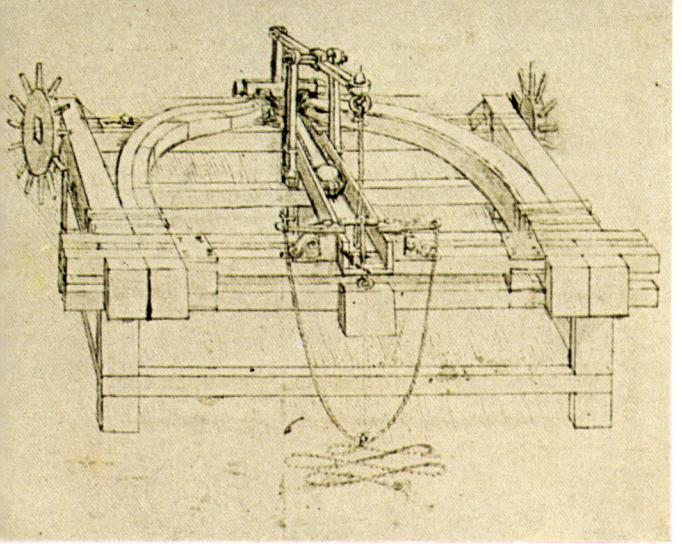

Ambrogio De Predis hörte mit offenem Munde zu und zwinkerte ihn ab und zu an, um zu zeigen, daß er nicht nur verstand, sondern auch etwas Neues und Außergewöhnliches wußte.

– König Matthias Corvinus, der Sohn jenes Johann, hat später die Tochter des Königs von Neapel, Beatrice von Aragon, geheiratet –, fuhr Leonardo fort, – die ihm den Hof mit Humanisten und Wissenschaftlern bevölkerte, unter ih-

Skizze einer Wurfmaschine, um Steine in die Ferne zu schleudern.

»zum Segen der Welt geboren«, auf den Namen Matthias Corvinus hörte.

Für Leonardo war dieser König kein Unbekannter: Er hatte schon in Florenz durch seine Freunde, die Miniaturmaler Gherardo und Attavante, von ihm reden hören. Und nachdem er jetzt von Lodovico den Auftrag für eine Madonna erhalten hatte, war es Ambrogio De Predis, der täglich mehr über ihn zu hören verlangte, da er für jenen Herrscher eine Miniatur anfertigte.

– Ich bin in diesen Dingen nicht so bewandert –, sagte Leonardo zu Ambrogio, – ich weiß, daß im fernen Pannonien ein König mit Namen Sigismund lebte, der auf seinem Kopf sozusagen fünf Kronen trug, da er König von fünf Nationen war. Er war jedoch kein guter Feldherr und wurde von den Türken geschlagen, die ihm fast ins Haus kamen. Es war der Vater von diesem Matthias, der Reichsverweser Johann Hunyádi, der die Muselmanen zum Stehen brachte, und das Volk rief aus Dankbarkeit seinen Sohn zum König aus. –

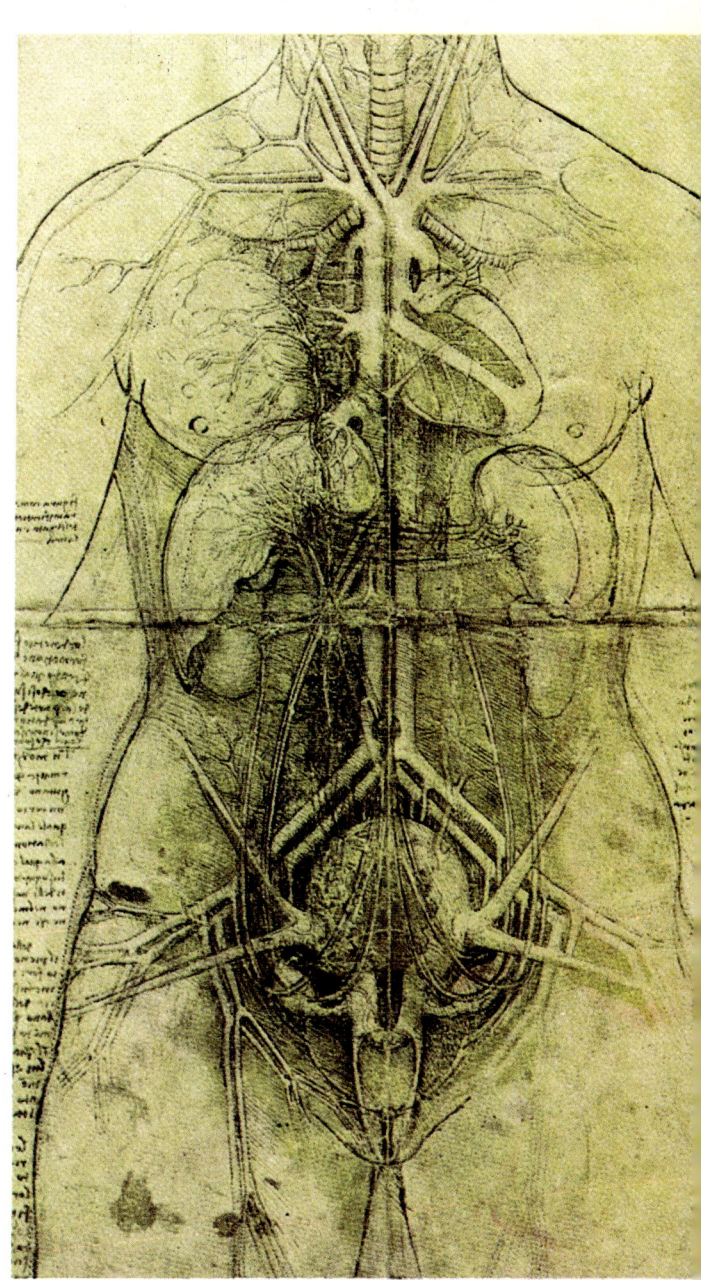

Eine der berühmtesten Studien des Leonardo über den menschlichen Körper.

Die »Madonna mit der Nelke« befindet sich in München in der Alten Pinakothek.

nen Antonio Bonfini, Brandolino Lippo, mein Freund Naldo Naldi, der Arzt Giovanni Marliani, Alessandro Cortese. Außerdem erweckte sie in ihm eine große Leidenschaft für Bücher. In Florenz lebte viele Jahre lang ein gewisser Giano Pannonio, Freund des Königs und Schüler von Guarino Veronese, der sich der Hilfe des Buchhändlers Vespasiano da Bisticci bediente, um die antiken Codices zu ergattern. Er und Cosimo de'Medici wetteiferten miteinander, als erster daranzukommen, und man sagte, daß die Bibliothek des Königs Matthias schon etwa 500 Werke umfaßte, wogegen jene des Cosimo nur etwa 200 enthielt, während der Papst und der Herzog von Burgund jeder etwa 800 besaßen. –

– Und ich werde dir eine außergewöhnliche Sache erzählen –, sagte Ambrogio leise, – der Moro beauftragte mich, für die Hochzeit Johanns, des Sohnes von Matthias, mit der Prinzessin Bianca Maria, der Tochter des Herzogs Galeazzo, auf einem Pergament ein Hochzeitsgedicht mit Miniaturen zu versehen. Diese Hochzeit stellt ein Staatsgeheimnis dar, da diese Nichte des Moro seit ihrem zweiten Lebensjahre dem Herzog Filiberto von Savoyen versprochen ist. Und dies –, fuhr De Predis stolz fort, wobei er Leonardo ein Porträt von sprechendem Ausdruck zeigte, – ist König Matthias, den ich auf dem Pergament konterfeit habe. –

– So wird also meine Madonna in gute Hände kommen –, schloß Leonardo lächelnd. –

Wie es seine Gewohnheit war, fuhr Leonardo weiterhin fort, die Pinsel mit Berechnungen, die Kunst mit der Wissenschaft zu vertauschen. In jener Zeit studierte er einen Umbau des Schlosses, schlug dabei vor, einen sehr hohen, von einer Kuppel gekrönten Turm zu errichten, der auch den idealen Hintergrund für das Reiterstandbild des Francesco Sforza abgeben würde. Er setzte einen bis ins einzelne gehenden Bericht über die Art und Weise auf, wie man den Ringgraben

künstlich unter Wasser setzen könnte, indem man einen Verbindungskanal zum Redifossi ausheben würde. Und während er noch an dem Porträt der Cecilia Gallerani malte, entwarf er eine Reihe von Mauerverstärkungen, um den Verteidigungsring sicherer zu gestalten. Schließlich entwarf er den Verlauf eines geheimen Ganges, wobei er auf das Prinzip der schrägen Eingänge des Vitruv zurückging.

Inzwischen war in Mailand die Pest ausgebrochen.

Zwischen 1484 und 1485 verlor die Stadt mehr als fünfzigtausend Menschen. Weniger berühmt.

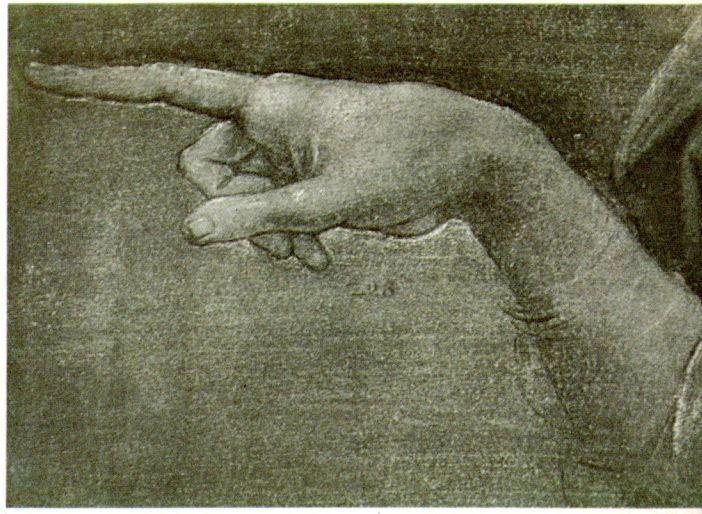

Skizze für die Hand des Engels der »Madonna in der Felsengrotte«.

aber nicht weniger tödlich als die von Manzoni beschriebene, entvölkerte die Pest die Häuser und breitete sich auf dem Lande aus.

Leonardo entfloh nicht. Er vermied unnötige Kontakte, verließ das Haus so wenig wie möglich und vertiefte sich in die Lektüre und in die Meditation. Er war sich darüber klar geworden, daß die Wissenschaft im Unterschied zur Dichtung von den Worten nicht ein Beschwören von Vorstellungen, sondern eine unerbittliche Genauigkeit des Ausdrucks – etwas, das ihm fehlte – for-

Rekonstruktion eines Systems von Schleusen zur Kanalisation von Gewässern.

derte. Daher machte er sich daran, systematisch den Gebrauch der Worte zu studieren, wiederholte Latein und die Grammatik des Donato, begann ein »vulgärlateinisches« Vokabularium des Giovanni Bernardo abzuschreiben, studierte Namen und Vornamen, Verben und Adverben.

In diesen erzwungenen und fruchtbaren Mußestunden reifte in ihm der Entschluß, nach dem Beispiel des Leon Battista Alberti ein wissenschaftliches Traktat enzyklopädischer Natur zu schreiben. Er machte sich sogleich daran, in den Werken der Antike und vor allem in jenen des Mittelalters Anregung und Information zu suchen.

In seinen Heften begann er ausführlicher und nicht nur als Gedächtnisstütze seine Gedanken zu notieren und gab ihnen, besonders in dieser Zeit biblischer Heimsuchung, prophetischen Ton und Ausdruck.

»Man wird auf der Erde Tiere sehen«, nämlich die Menschen, »die immer miteinander kämpfen, mit schwersten Schäden und oft den Tod auf bei-den Seiten. Ihre Boshaftigkeit wird kein Ende haben... und in ihrem maßlosen Hochmut werden sie sich bis zum Himmel erheben wollen...

So wird nichts auf der Erde, unter der Erde und im Wasser bleiben, das nicht verfolgt, weggeräumt oder zerstört wird...

O Welt, warum öffnest du dich nicht und stürzt in die weiten Spalten deiner tiefen Abgründe und Höhlen, um dem Himmel nicht ein so grausames und unbarmherziges Monstrum zu zeigen...«

Dieses »Monstrum« war jedoch gerade in der arbeitsamen Stadt Mailand, während es fieberhaft am Dombau arbeitete, schon dabei, dem Himmel einen leuchtenden Wald von Obelisken und Zinnen vorzuzeigen.

»Gib mir Vollmacht...«

»...und ohne Dein Zutun wird es geschehen, daß alle Länder ihren Oberhäuptern gehorchen.«

Mit diesem offensichtlich rhetorischen, in Wirklichkeit verzweifelten Appell beginnt Leonardo einen anderen Brief an den Herzog von Mailand, der wahrscheinlich den Empfänger nie erreichte. Der darin enthaltene städtebauliche Entwurf greift seiner Zeit derartig voraus, daß er die Phantasie eines überreizten Gehirns zu sein scheint.

In der Tat ist der Architekt, der fähig wäre, eine »rationale« Stadt wie jene des Leonardo zu verwirklichen, noch nicht geboren worden, nicht einmal in unserem zwanzigsten Jahrhundert. Die mutigen Untersuchungen eines Wright, eines Le Corbusier, eines Niemeyer, eines Nervi, eines Branschi sind die ersten schüchternen Schritte in Richtung auf das Konzept der »neuen« und organischen Stadt, die Leonardo nicht nur erahnte, sondern als historische Realität und soziale Notwendigkeit beschrieb und zeichnete.

Es würde genügen, einen mutigen und reichen Unternehmer zu finden, der bereit wäre, die Stadt des Jahres 2000 zu bauen. Dieser würde das Projekt – bis in jede Einzelheit festgelegt – zwar

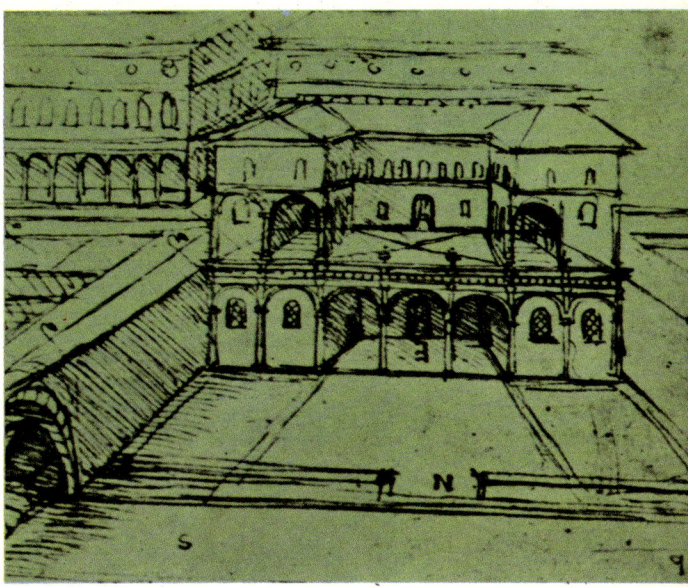

Skizze für die Ideal-Stadt, die von Leonardo im Codex Atlanticus beschrieben wird.

Unten die Straßen für die Transportmittel, oben die Promenaden, das Ganze zwischen zwei Wasserläufen.

versteckt, ja, direkt getarnt, unter Leonardos Manuskripten finden.

Eine Stadt nahe einem Fluß, dessen Wasser sauber und immer auf dem gleichen Niveau gehalten wird. Breite Straßen, der allen Häusern gemeinsamen Höhe entsprechend, große Plätze, grüne Flächen, um geräumige Gebäude – Kirchen, Paläste und Schulen – darauf zu errichten, eine kontinuierliche Wasserzirkulation mit Hilfe von Kanälen und Brunnen, nicht nur, um die Atmosphäre rein zu erhalten, sondern um auch eine harmonische Beziehung zwischen Natur und Stadt zu gewährleisten.

Die »organische« Stadt des Leonardo ist im Hinblick auf den Menschen entwickelt, nach einem anthropomorphen Konzept, das, ohne sie abzuschneiden, die Zonen des Kopfes oder des Gedankens von denen des Körpers oder des Lohnes trennt: Die Häuser liegen an zwei Straßen, an einer oberen, die in Höhe des Daches verläuft, und an einer unteren. Und wer in der Stadt herumgehen will und die obere baumbestandene

Straße durcheilen möchte, kann dies ebenso tun, wie er die untere nehmen kann. »Durch die oberen Straßen dürfen sich keine Wagen oder ähnliche Dinge fortbewegen, sie sind sogar nur für die vornehmen Leute da. Durch die unteren dürfen Karren fahren oder Lasttiere gehen, die dem Nutzen und der Bequemlichkeit des Volkes dienen.«

Volk also, das auch »gemeines Volk« genannt wird, und »vornehme Leute«: die Unterscheidung Leonardos ist präzise und unwiderruflich. Es handelt sich nicht um Reiche und Arme, sondern um eine Vielzahl, die ehrlich mit den Händen arbeitet, und um eine Elite, die mit dem Kopf tätig ist, um die Handarbeit zu leiten und sie rationell zu organisieren. Die Frage des sozialen Problems hat sich Leonardo nicht gestellt; deshalb ist es auch nicht gelöst.

»Das eine Haus muß seine Rückseite der des andern zuwenden, die untere Straße bleibt dazwischen, und an den Ausgängen bewahrt man die Vorräte, wie Holz, Wein und ähnliche Dinge,

l calera doble del castillo

Das Projekt der Doppeltreppe für öffentliche Gebäude.

ßen für die Abfuhr. Hohe und luftige Häuser, jedes mit weiten Innenhöfen, Plätzen und Gärten, schiffbare Kanäle, aus denen sogar die Fische verbannt sind, die das Wasser trüben, wie z.B. die Schleie und der Aal. Großartige Bauten, Brunnen, Monumente.

Die »ökologische« Lösung der Probleme und die Vermeidung der Vergehen unseres Jahrhunderts ist in diesen wunderbaren Einfällen enthalten, in denen der Mikrokosmos des Menschen den Gesetzen und der Harmonie entsprechend konzipiert ist, die den Makrokosmos des Universums bestimmen.

»Gib mir die Vollmacht... und ich werde Dir fünftausend Häuser mit dreißigtausend Wohnungen bauen, und damit werde ich die Zusam-

Projekt einer vieleckigen Kirche auf quadratischem Grundriß mit Seitenkapellen.

auf. Über die unterirdischen Straßen werden Abtritte, Ställe und ähnliche stinkende Dinge geleert. Von einem Bogen zum andern muß ein Abstand von dreihundert Ellen gewahrt bleiben, jede Straße erhält nämlich ihr Licht von den Spalten in den oberen Straßen. Und jeder Bogen muß eine Wendeltreppe enthalten...«

Eine Stadt auf zwei Ebenen: wie kann man sie anders denn als futuristisch bezeichnen, wenn sie selbst heute noch geradezu als Utopie erscheint? Und doch ist sie weder absurd noch unmöglich, vielmehr ist es die Stadt, die unsere verschmutzte Erde, um zu überleben, dringend nötig hätte. Eine Stadt nach Menschenmaß, wie ein menschliches Wesen zu bewerten, mit überhöhten Straßen für den Spaziergang, Straßen zu ebener Erde für Verkehr und Gewerbe, unterirdischen Stra-

78

menballung der Volksmassen auflösen, der Menschen, die wie Ziegen einer auf dem andern sitzen und jede Ecke mit ihrem Unrat erfüllen… Und der Stadt gibt man die Schönheit zur Gefährtin ihres Namens, und Dir wird sie durch ihre Vergrößerung mit Steuern nützlich sein und zu ewigem Ruhm beitragen…«

Lodovico jedoch, statt ihm »Vollmacht« zu geben, zahlte ihm nicht einmal den verabredeten Scheck aus, und Leonardo blätterte kummervoll die Seiten seines Heftes um, in denen die Stadt des Menschen starb, bevor sie geboren war. Sie blieb ein Traum, wie ein erdachtes und nicht gemaltes Bild.

Das Wasser ist für Leonardo ein wesentliches Element der Stadtanlage, das beweist auch diese Skizze eines monumentalen Gebäudes am Ufer eines Flusses.

Der Herzog hat Eile

Es war fast Morgen, als Leonardo den Schlüssel in die Haustür steckte. Er war müde, doch statt ins Bett zu gehen, wandte er sich zum Tisch und öffnete sein Heft mit den anatomischen Notizen.

Mit der Feder in der Hand, den Blick ins Leere gerichtet, sah er wieder den Saal im Hospital vor sich und jenen Alten, der, ganz weiß, fast ohne Blut in den Adern, bewegungslos und allein nun dem Tode nahe war.

»… Und dieser Alte«, schrieb Leonardo, »hat mir wenige Stunden vor seinem Tode gesagt, daß er über hundert Jahre alt ist…« Der Künstler war an seinem Lager geblieben und hatte versucht, noch etwas mehr zu erfahren. Der Greis sagte ihm, daß er »keinen persönlichen Mangel empfände, außer der Schwäche«. Schließlich ist er »sanft, ohne irgendeine Bewegung oder das Zeichen einer Unpäßlichkeit aus diesem Leben gegangen«.

Dann fährt Leonardo im gleichen Ton, ohne Abstand, nicht einmal mit dem Zeichen eines unwillkürlichen Kontrastes zu schreiben fort: »...Und ich habe an ihm anatomische Studien gemacht, um die Ursache dieses so sanften Todes zu finden...«

Auch im Abstand von einigen Jahrhunderten können wir uns immer noch den liebevollen und bewegten Blick des Künstlers vorstellen, der sich unversehens in jenen unerbittlichen des Forschers verwandelt. Dies ist eine weitere Bestätigung seiner komplexen und widersprüchlichen Persönlichkeit.

Notizen, Forschungen: er befragte den Tod und das Leben, das Geheimnis der Geburt und die vorgeburtliche Existenz. Er sah wieder die langen endlosen Nächte neben den Leichen vor sich, jene absurden und unmöglichen Dialoge mit ihren Körpern, »...und wenn du auch Liebe zur Sache haben wirst, so wirst du vielleicht durch deinen Magen gehindert, und wenn der dich nicht hindert, so wird es die Angst sein, die nächtlichen Stunden in der Gesellschaft dieser aufgeschnittenen, enthäuteten, widerlich anzusehenden Körper zu verbringen...«

Das Tageslicht überraschte ihn noch am Tische sitzend. Er erhob sich, schaute auf den Schnee draußen und erblickte eine Botschaft auf der Staffelei.

»Der Herzog wird das Pferd machen«, war in einer ihm gut bekannten Handschrift geschrieben, »aber er hat Eile.« Keine Unterschrift.

An jenem selben Tage ließ Lodovico il Moro ihn rufen.

– Leonardo, ich bin nicht mit dir zufrieden. Es ist dir in sieben Jahren nicht gelungen, wenigstens ein Modell für das Pferd des Herzogs Francesco zu machen. Wenn du noch länger zögerst, verlange ich vom Magnifico Lorenzo, daß er mir einen anderen Bildhauer schickt. –

– Es tut mir sehr leid –, antwortete Leonardo, – daß mich die Sorge um den Lebensunterhalt gezwungen hat, das Werk, das mir Eure Herrlichkeit aufgetragen haben, zu unterbrechen. Wenn Euer Hoheit jedoch glaubten, ich sei reich, habt Ihr Euch getäuscht, denn ich hatte für sechsundfünfzig Monate sechs Mäuler zu stopfen und habe von Eurer Hoheit nur fünfzig Dukaten erhalten. –

– Das heißt, du weißt nicht, wie man das Monument macht? –

Manchmal war die Brutalität des Moro direkt herausfordernd.

– Ich habe es schon gesagt und wiederhole es jetzt Eurer Herrlichkeit, daß ich ebenso in der Bildhauerei wie in allen andern Künsten den Vergleich mit jedermann aufnehme. –

– Beeile dich also, mache mir das Pferd. –

Der Moro sagte ihm nicht, daß er schon mit Piero Alamanni, dem Florentiner Gesandten, gesprochen hatte, um sich über diese Verzögerung zu beklagen und einen anderen Meister anzufordern. Alamanni aber hatte, wie es seine Pflicht war, den Magnifico in Florenz bereits unterrichtet.

In seinem Stolz verletzt, machte Leonardo sich wieder ans Werk, »weil der Herzog Eile hat«. Er nahm die Studien wieder auf, die er in Florenz für die »Anbetung der Magier« angefertigt hatte, jene, die er zur Zeit des Reiterstandbildes des Colleoni in der Werkstatt Verrocchios gemacht, und die, die er in den ersten Jahren seines Mailänder Aufenthaltes ausgeführt hatte.

Giuliano da Sangallo, der vor kurzem aus Florenz angekommen war, um den Palast des Lodovico zu erbauen, stand ihm in diesen fieberhaften Tagen bei und gab ihm wertvolle Hinweise für die Technik des Gießens.

Es waren nur wenige Monate vergangen, als der Künstler den Redner und Dichter Platino Plato bereits um einen Satz bat, den man als Epigraph unter das Monument setzen konnte.

Es war ein riesenhaftes Pferd, das im Augenblick des Aufbäumens dargestellt war – auf ihm der ruhmreiche Herzog Francesco in majestätischer, prachtvoller Haltung.

Als das Tonmodell schon fast fertig war, änderte Leonardo jedoch plötzlich seine Meinung, oder besser ihm blitzte die Idee einer neuen Version des Pferdes auf, nicht mehr sich aufbäumend, sondern im Schritt, unter einer sicheren Hand, die seine Kandare führte, in allen Muskeln erzitternd...

Leonardo begann ein neues Heft und schrieb auf die erste Seite: »Am 23. April 1490 begann ich dieses Buch und begann ich aufs neue das Pferd.«

Eine der ersten Zeichnungen für das Reiterstandbild des Francesco Sforza. Francesco Sforza war der Vater des Lodovico il Moro.

Das Paradies

Sprechen wir noch etwas von Lodovico, versuchen wir, ihn besser kennenzulernen. Nachdem er von seiner Schwägerin Bona von Savoyen nach Pisa verbannt worden war, kehrte er 1479 nach Mailand zurück, was allgemein Ungläubigkeit und beim eigentlichen Herrn des Herzogtums, Cicco Simonetta, der Sekretär des Herzogs Galeazzo gewesen war, Schrecken hervorrief.

– Euer Hoheit –, sagte Simonetta zur Herzogin, – ich werde den Kopf und Ihr werdet den Staat verlieren. –

In der Tat ließ der Moro, nachdem er sich mit Bona ausgesöhnt hatte, nicht lange auf seine Rache warten: »...auf der Vorschanze des Schlosses, auf der Parkseite, wurde Cicco Simonetta in seinem siebzigsten Jahr, gelähmt von Gichtschmerzen, auf einem schwarzen Tuch enthauptet.« Im selben Jahr 1480 veranlaßte Lodovico die überstürzte Flucht des jungen Ferraresen Antonio Tassino, des Geliebten der Bona von Savoyen, aus Mailand, dem er den Tod angedroht hatte. Schließlich ließ er den Neffen Gian Galeazzo, für den seine Mutter regierte, entführen, um ihn im Schloßturm in Sicherheit zu bringen.

Die politische Befähigung des Moro erwies sich vor allem, als er den nunmehr elfjährigen Neffen überzeugte, die Regentschaft der Mutter abzulehnen, und damit die Schwägerin zwang, sich in das Schloß von Abbiategrasso zurückzuziehen. Währenddessen bot der minderjährige Herzog die Vormundschaft über sich selbst »dem erlauchten Herrn Lodovico, meinem Onkel« an, die dieser zum Wohle der Familie und des Staates annahm.

Seit seinem dritten Lebensjahr war Gian Galeazzo mit einem Säugling, der Tochter des Königs Alfonso d'Aragon von Neapel verlobt: Zwischen den Kindern fand schließlich ein unschuldiger Briefwechsel statt. Die kleine Isabella hatte Giangi ein Pferd geschenkt und bat ihn, es »anzunehmen und für seine Liebe zu reiten«.

Am ersten Februar 1487 zog die Tochter des Königs von Neapel, die zur Frau herangereift war, »mit unerhörtem Pomp« als legitime Gemahlin des Herzogs Giovanni Galeazzo Sforza in Mailand ein. Am folgenden Tage begaben sich die neue Herzogin und ihr Gemahl in den Dom, um den Altar der Jungfrau Maria zu besuchen, beide nach höfischer Sitte weiß gekleidet. Die Mailänder Edelleute geleiteten sie »an den Steigbügeln«, unter ihnen imponierte »durch seine Gestalt und seine majestätische Erscheinung« Lodovico il Moro, der Herzog von Kalabrien.

Nach der Hochzeitsfeier führte man unter der Regie Leonardos ein großes allegorisches Schauspiel nach einem Text von Bellincioni auf. Diese Aufführung fand am 13. Januar 1490 im Mailänder Schloß statt: Die Einleitung zur Dichtung über das »Paradies« erwähnt Leonardo zum ersten Mal als Bühnentechniker und Szenographen.

»Die folgende Operette verfaßte Messer Bernardo Belizon zu einem Fest oder einer richtigen Aufführung ›Paradies‹ genannt, welche der Herr Lodovico zu Ehren der Herzogin von Mailand gab. Und es nennt sich Paradies, da hier mit dem großen Einfallsreichtum und der Kunst des Florentiner Meisters Leonardo da Vinci das Paradies mit allen sieben Planeten, die er im Kreise bewegte, zu sehen war. Und die Planeten wurden von

Kostüme, die Leonardo für die berühmten, von ihm ausgestalteten Hochzeitsfeste zeichnete.

Männern in der Gestalt und Kleidung dargestellt, wie sie die Dichter beschreiben. Jene Planeten sprechen alle voller Lob von der oben erwähnten Herzogin Isabella, wie man beim Lesen sehen wird.«

Was geschah im Paradies des Leonardo?

Etwas Ähnliches wie das, was siebzig Jahre vorher Brunelleschi in Florenz zum Fest der Annunziata aufgeführt hatte und wovon man noch immer als von einer denkwürdigen Begebenheit sprach.

Eine entsprechend durchlöcherte Halbkugel, die eine Vorstellung des Firmaments geben

Das erste Fest fand anläßlich der Hochzeit des Gian Galeazzo Sforza statt, das zweite bei der des Lodovico il Moro.

konnte, wurde gegen die Decke hochgehoben, um den Eindruck des Himmelsbogens zu erwecken. Eine solide Eisenkonstruktion, die mit gelenkigen Hebeln versehen und durch spezielle Triebwerke bewegt wurde, ließ eine »Gruppe von acht Engeln«, das heißt Kindern von etwa zehn Jahren, kreisen, die in besonderen, mandelförmigen Halterungen untergebracht waren, während in einer größeren Schale ein als Erzengel Gabriel gekleideter Jüngling senkrecht auf und nieder stieg.

Das Paradies des Leonardo, schrieb ein Augenzeuge, »war ähnlich einem halben Ei gemacht, dessen innere Seite ganz in Gold gehalten war, mit einer großen Anzahl von Lichtern, entsprechend den Sternen, mit gewissen Spalten, in denen die sieben Planeten angebracht waren, hoch oder tief, gemäß ihrem Rang. Am oberen Rand des besagten Halbrundes waren die XII Zeichen angebracht, mit Lichtern hinter Glas, was geschmackvoll und schön anzusehen war. In jenem Paradies ertönten viele Gesänge und süße und sanfte Töne...«

Ein wunderbares Schauspiel von Automatismen also, und die Begeisterung war einhellig. Die Gesandten beschrieben es ihren jeweiligen Regierungen, von jenen von Venedig und Florenz zu denen von Neapel, Ferrara, Paris und der des Papstes.

Inzwischen sah sich der junge Gian Galeazzo infolge der Anstrengungen dieser Tage gezwungen, sich zu Bett zu legen, ohne die Hochzeit vollziehen zu können. Zehn Monate nach der Hochzeit war die Braut noch immer Jungfrau und drohte dem faulen Ehemann an, nach Hause zurückzukehren. Da mußte der Regent noch einmal einschreiten. Mit der Hilfe eines Theologen ließ Lodovico dem Neffen die Verdammnis zur Hölle aufscheinen, wenn er fortführe, das Sakrament der Ehe verächtlich zu machen. Und mit Hilfe des Hofschatzmeisters machte er ihm begreiflich, daß er dem König von Neapel mit der Gemahlin auch die ansehnliche Mitgift würde zurückerstatten müssen, die vor ihr angekommen und ihr gefolgt war.

Im Jahre 1491 hatte die Herzogin Isabella schließlich einen Sohn. Der träge Gemahl hatte, um die Ehre des Herzogtums zu retten und um seinem Onkel nicht ungehorsam zu sein, schließlich seine Pflicht getan.

Die Hochzeit im Zeichen des Mars

Und nun ist die Reihe an Lodovico. Das kleine Mädchen aus dem Hause d'Este ist herangewachsen und fünfzehn Jahre alt, und die politischen Gründe, aus denen seinerzeit diese Ehe vereinbart worden war, sind noch gültig.

Der üppige Lodovico hat für die Zukunft seiner illegitimen Kinder schon vorgesorgt: Der 1476 von einer unbekannten Mutter geborene Leone wird durch Erlaß des jungen Herzogs Gian Galeazzo anerkannt. Bianca, die 1482 nach einem kurzen Liebesintermezzo mit dem adligen Mädchen Bernardina de Corradis geboren wurde, ist durch den gleichen herzoglichen Erlaß legitimiert und sofort im Alter von acht Jahren an Galeazzo Sanseverino, den Condottiere der Armee der Sforza, »verheiratet« worden. Cesare schließlich, von dem man das Geburtsdatum nicht kennt und der die Frucht der langanhaltenden Liebe zu Cecilia Gallerani war, wovon einige Sonette des Bellincioni und des Fiesco Zeugnis ablegen, wurde von Gian Galeazzo in einer besonderen Zeremonie legitimiert.

Nachdem er auf diese Weise mit seinem Gewissen im reinen war – wenigstens, was seine stürmische Vergangenheit betraf –, sandte Lodovico eine Perlenkette an Beatrice d'Este, »die mit goldenen Blumen und Anhängern aus Rubinen und Smaragden verknüpft waren«, und zugleich auch den Bildhauer Gian Cristoforo Romano, der ein Porträt von ihr machen sollte.

Während eine von dem Dichter Gaspare Visconti geführte Abordnung nach Ferrara reist, um die Braut in Empfang zu nehmen, ruft Lodovico aus Treviglio, Novara, Lodi und Monza die bekanntesten lombardischen Künstler zusammen und verlangt auch die sofortige Rückkehr von

Ein schöner Durchblick auf die Certosa von Pavia.

Rechts: die Kathedrale von Pavia. Leonardo wurde zusammen mit dem berühmten Architekten Francesco di Giorgio Martini nach Pavia eingeladen, um ein Gutachten zum Projekt der Kathedralenkuppel zu geben. Leonardo betrieb jedoch nur Forschungen für Francesco di Giorgio in der Bibliothek und widmete sich stattdessen dem Studium von Hydraulik und Maschinen, um Wasser zu heben.

»Magister Leonardo« aus Pavia. Schließlich läßt er, was nicht weniger wichtig ist, Meister Ambrogio da Rosate, den Hofastrologen, dringend herbeirufen, damit er die Sterne befrage und »vom astrologischen Gesichtspunkt her« Tag und Stunde wähle, die zur Feier der Hochzeit am günstigsten seien.

Beatrice schifft sich in Ferrara stromaufwärts ein, um in Begleitung ihrer Mutter Eleonore von Aragon, ihres Onkels Kardinal, ihrer ältesten Schwester Isabella, der Frau von Francesco Gonzaga und Marchesa von Mantua, und außerdem einer Schar von Damen und Edelleuten den künftigen Gemahl zu treffen, der sie in Pavia erwartet.

Mit ihr ist auch ihr ältester Bruder Alfonso auf Hochzeitsreise, doch nur, um sich mit der jungen Anna Sforza, der Tochter des verstorbenen Galeazzo und der Bona von Savoyen, wieder zu vereinen, mit der er vor dreizehn Jahren, als er noch ein Kind war, verheiratet wurde.

Die Hochzeit wird schließlich für den 17. Januar 1491 festgesetzt, da dieser von Meister Ambrogio »nach sehr umfangreichen Studien gewählte« Tag unter dem direkten Einfluß des Mars steht und daher günstig für einen Fürsten ist, der einen männlichen Erben haben muß.

In der Kapelle des herzoglichen Palastes von Pavia wird die Braut in einem prächtigen weißen, perlenbestickten und mit wundervollen Juwelen geschmückten Gewand von der Mutter, dem Bruder, der Schwester und dem Onkel zum Altar begleitet. Lodovico, Regent des Herzogtums Mailand und Herzog von Kalabrien, »vermählt sich der Braut«, das heißt, er steckt ihr den Ring an den Finger. Ihm zu Ehren sind sein Neffe Gian Galeazzo und dessen Frau Isabella, die Herzöge von Mailand, die Schwägerin Bona von Savoyen und Edelleute seines Hofes anwesend. Danach findet ein prunkvolles Bankett statt.

Im Morgengrauen des darauffolgenden Tages verkündet ein Herold, daß die Vermählung glücklich vollzogen worden ist.

Lodovico reist noch am selben Abend nach Mailand ab, nachdem er sich überzeugt hat, daß Leonardo nicht mehr in Pavia ist.

Salaì

Als die Einwohner von Pavia dabei waren, ihren Dom zu erbauen, wurden die Arbeiten plötzlich durch Meinungsverschiedenheiten im technischen Bereich unterbrochen. Man beschloß daraufhin, wie an einem Krankenbett eine Konsultation zu veranstalten. Auf Ersuchen des Herzogs Gian Galeazzo war seit kurzem der berühmte Architekt Francesco di Giorgio Martini in Mailand eingetroffen, um das seit Jahren anstehende Problem der Kuppel zu lösen. Als man in Pavia diese Nachricht vernahm, hatte man eine Abordnung losgeschickt, die ihn einlud, seine Meinung zu äußern. Zusammen mit dem Urteil des großen Architekten wollten sie auch das eines ebenso berühmten Künstlers hören: nämlich das Leonardos.

In den ersten Junitagen des Jahres 1490 waren Leonardo und Francesco di Giorgio nach Pavia aufgebrochen.

Leonardo war achtunddreißig Jahre alt, Meister Francesco um etwa dreißig Jahre älter. Beide waren passioniert für Mathematik, Logik und Dialektik, Leonardo mehr im theoretischen, Meister Francesco mehr im praktischen Sinne.

Sie hatten ein zahlreiches Gefolge von Gehilfen und Dienern. Leonardo führte außer Zoroastro zum ersten Male auch die jungen Schüler Marco d'Oggiono und Antonio Boltraffio mit sich.

Sie wurden auf Kosten der Dombauhütte im Gasthaus del Moro untergebracht. Francesco di Giorgio, der bald nach Mailand zurückkehren mußte, begann sofort mit den Kontrollen, den Untersuchungen und Bestandsaufnahmen, während Leonardo, der weder von Problemen der Zeit noch von denen bautechnischer Art bedrängt wurde, sich geometrischen Studien widmete, um damit, aber nur im theoretischen Bereich, dem Freunde Francesco zu helfen. Er suchte für ihn in der reichen Bibliothek des Schlosses von Pavia Abhandlungen über Perspektiven und Mathematik.

Wahrscheinlich geschah es in dieser Zeit, daß Leonardo Salaì traf.

»Vom Tage der Hl. Magdalena des Jahres 1490 an wohnte Jacomo bei mir. Er ist 10 Jahre alt.

Dieb Lügner widerspenstig Leckermaul

Am zweiten Tag ließ ich ihm zwei Hemden, ein Paar Strümpfe und eine Jacke zuschneiden, und als ich mir das Geld zurechtlegte, um alles zu bezahlen, stahl er es mir aus dem Geldbeutel, und es war nie möglich, ihn dazu zu bringen, dies einzugestehen, obwohl ich dessen völlig gewiß bin.«

Wer war dieser Jacomo? Wir wissen es nicht. Ein Junge, der in Freiheit aufgewachsen ist, mehr ungesittet als ungezähmt, mit einem sehr schönen Gesicht, von dem Leonardo – am Tage der Magdalena, das ist der 22. Juli – sich unversehens wie von einer unbekannten Macht angezogen fühlte.

– Im Orient –, meinte Zoroastro, – nennt man das geheimnisvolle Gesetz, das uns manchmal auf einen Dämon mit Engelsgesicht, wie es dieser Junge ist, treffen läßt, Karma. Deines, Leonardo, besteht in einer Schuld, einer sehr alten Schuld, die du ihm gegenüber in einer früheren Inkarnation auf dich geladen hast. Und jetzt ist der Moment gekommen, sie zu bezahlen. –

Leonardo hörte seinem die Toten beschwörenden Freunde lächelnd zu, ohne zu antworten.

– Du glaubst das nicht? Macht nichts –, fuhr Zoroastro fort, – das Schicksal ist nicht auf unsere Zustimmung angewiesen. –

»Am folgenden Tage ging ich mit Giacomo Andrea (einem Architekten aus Ferrara) zum Abendessen, und besagter Jacomo aß für zwei und richtete für vier Unheil an, indem er drei Flaschen zerbrach, den Wein verschüttete, und danach kam er zum Abendessen dorthin, wo ich mich befand.«

Das mutmaßliche Bildnis der Beatrice d'Este, der Gemahlin des Lodovico il Moro.

Die Archimedische Schraube, ein Preßluftventilator, eine Anlage zum Heben von Wasser, nach Zeichnungen Leonardos rekonstruiert.

Nachdem Leonardo ihn hatte waschen, putzen, kämmen und kleiden lassen, studierte er ihn wie ein Naturphänomen und versuchte, dabei Zuschauer und auf Abstand zu bleiben. Ohne es zu wollen, und vielleicht auch ohne darum zu wissen, fühlte er sich für diese Kreatur verantwortlich wie ein Vater für einen widerspenstigen Sohn.

»Ich habe dich von der Milch an wie einen eigenen Sohn aufgezogen«, wird er ihm viele Jahre später schreiben. Aber inzwischen, während er ihn tatsächlich aufzieht, muß Leonardo die fast ununterbrochenen Diebstähle fortgesetzt zur Kenntnis nehmen.

»Ferner stahl er am 7. September dem Marco (wahrscheinlich Marco d'Oggiono), der bei mir war, ein Werkzeug im Wert von 12 Groschen, das aus Silber war, aus seiner Werkstatt, und als besagter Marco lange danach gesucht hatte, fand er es in der Truhe dieses Jacomo versteckt.«

Im Dezember war Leonardo endlich zusammen mit einem gewissen Agostino Vaprio nach Mailand zurückgekehrt, um Lodovicos Befehl zu gehorchen. Anderen Malern, wie Bernardo di Gennaro und Bernardino de' Rossi – die ebenfalls in Pavia waren –, hatte man direkt eine Strafe von 25 Florini angedroht, wenn sie sich nicht rechtzeitig einfänden.

Lodovico konnte nun nicht von Leonardo verlangen, ein Schauspiel in der Art des »Paradieses« zu veranstalten, es hätte wie eine Imitation gewirkt. Er beauftragte ihn daher, eine Choreographie für das Turnier zu entwerfen, das auf seinen Befehl durch Galeazzo Sanseverino öffentlich unter dem Adel ganz Italiens ausgeschrieben worden war.

Am 22. Januar verließ die Herzogin Isabella, die Gemahlin Gian Galeazzos, mit einem eindrucksvollen Gefolge das Schloß, um sich zur

Kirche S. Eustorgio zu begeben, wo sie Beatrice erwarten sollte.

Der Herzog Gian Galeazzo und sein Onkel Lodovico il Moro jedoch gingen der Braut bis zur Porta Ticinese entgegen. Daher durchquerte der von 100 Trompetern angeführte Zug die festlich geschmückte Stadt bis zur Kirche, in der die Trauung nochmals vollzogen wurde.

Am Schloßtor erwartete die Herzogin Bona von Savoyen mit ihren Töchtern Bianca Maria und Anna die Vermählten.

Am folgenden Tage wurde in privater Form mit einem feierlichen kirchlichen Akt auch die Ehe Alfonso d'Estes mit Anna Sforza eingesegnet.

Ein denkwürdiges Turnier

Das Schauspiel des Turniers übertraf das des »Paradieses«, und Leonardo übertraf sich selbst. Diesmal hatten die Mitspieler einen Namen, einen Zunamen und einen Rang. Es war die Blüte der Fürsten und der Ritter Italiens, die, von malerischen Zügen von Bewaffneten und Pagen begleitet, in die Kampfbahn einritten.

Leonardo hatte sich mit den Malern, Technikern, Mechanikern, Schneidern und deren Gehilfen in der prächtigen Wohnung Galeazzo Sanseverinos eingerichtet, von wo aus er wie ein Zauberer die Fäden eines gigantischen Karussells bewegte.

Alfonso Gonzaga, dem zwölf vergoldete Lanzen mit neunzehn in grünen Samt gekleideten Rittern vorauszogen, denen fünfzehn Fuß-

Anatomische Studie des Auges, von Leonardo in Mailand ausgeführt.

Die Kapelle von S. Eustorgio, in der sich Lodovico vermählte.

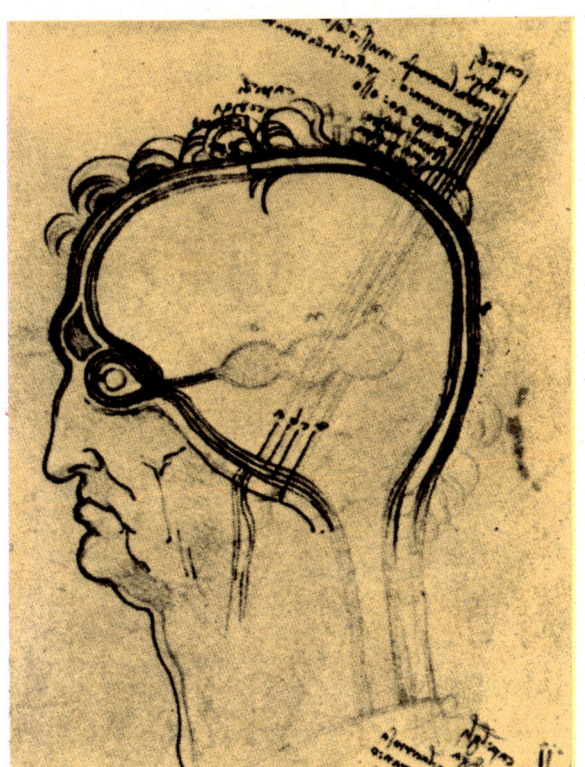

knechte in silbernen Harnischen folgten, eröffnete den Aufzug. Nach ihm kam Annibale Bentivoglio aus Bologna mit einem Helm »in Form eines Mohrenkopfes« und einem Zug von Knappen in grünem Atlas. Danach sah man Gaspare
Sanseverino, genannt Fracassa, mit zwölf als
Mohren verkleideten Pagen und einem von einem Mohren überragten Globus auf einem
Triumphwagen, der von drei Pferden gezogen
wurde, deren eines als Einhorn und das andere als
Hirsch verkleidet waren.

Im Zuge des Galeazzo Sanseverino jedoch ließ
Leonardo seiner Phantasie die Zügel schießen.
Galeazzo, der nominelle Bräutigam der kleinen
Bianca, der Tochter Lodovicos, ritt ein monströses, ganz mit goldenen Schuppen bedecktes
Pferd. Die Schuppen waren in einer Weise bemalt, daß sie bei jedem Schritt ihre Farbe änderten. Auf dem Kopf trug er einen Helm, dessen
Zier von vorn der Kopf eines Widders, von hinten der einer Schlange zu sein schien. Er wurde
von Reitknechten begleitet, die als wilde Männer
kostümiert waren, und von Trompetern, die ungezähmte Pferde ritten.

Am Schluß des Zuges stieg ein Ritter in maurischem Kostüm auf ein Podium, um eine Dichtung zum Lobe Beatrices zu verlesen. Danach
begann das Turnier.

»Dies kann man, so scheint mir, wohl versichern, ohne sich der Großsprecherei verdächtig
zu machen, daß bei diesem (Turnier) so viele
Lanzen gebrochen wurden wie nur je auf einem
Turnier in Italien seit einer großen Zahl von Jahren. Und die Dicke der Lanzen lag nicht nur au
ßerhalb der üblichen Norm, sondern war auch
ganz unglaublich für jeden, der sie nicht gesehen
hat«, schrieb einige Tage danach der Herzog
Gian Galeazzo von Mailand an seinen Gesandten
am päpstlichen Hof.

Alle tüchtig, alle tapfer, alle beklatscht: der
golddurchwirkte Seidenstoff jedoch, der Siegespreis der ritterlichen Veranstaltung, wurde Galeazzo Sanseverino, dem Kommandanten des Mailänder Heeres, zuteil.

Lodovico il Moro führte anschließend die Ge

sandten und die Damen in die Säle des Maestra-
Turmes, um den dort aufbewahrten Schatz zu
besichtigen, und machte anscheinend damit einen bemerkenswerten Eindruck auf die junge
Isabella, die Marchesa von Mantua und Schwester Beatrices. Der Gesandte von Ferrara beschrieb in enthusiastischen Ausdrücken dies
zweite Schauspiel, bei dem Golddukaten in Kaskaden auf wertvolle Teppiche geschüttet wurden, was »einen so großartigen und erfreulichen
Anblick ergab, und viele schätzten, daß wenig an
sechshundertfünfzigtausend Golddukaten fehlte, im Volksmund sprach man aber von achthunderttausend. Es waren dort lange Tische, auf denen die Kleinodien, darunter Ketten und Halsschmuck aus Gold dieser hohen Herren und
Damen, ausgebreitet waren, ein schöner und
kostbarer Anblick.«

Außerdem waren sechsundsechzig Heilige aus
Silber in natürlicher Größe an den Wänden aufgereiht, es gab vier große, mit Gemmen geschmückte Kreuze, und in den Ecken der Säle

*Goldmünzen, die zur Zeit des Lodovico il Moro
in Umlauf waren.*

Italienischer Degen des 16. Jahrhunderts.

*Der berühmte »Condottiere«, eine Silberstift-
zeichnung des Leonardo.*

häuften sich auf dem Fußboden Berge von Sil-
bermünzen, »über die kein Rehbock hätte springen können«.

Über der Eingangstür war ein hundertäugiger
Argus nebst dem Spruch eingehauen: »Adulteri-
nae abijte claves«, das heißt: Geht weit weg von
hier, falsche Schlüssel.

In der Stille seines Zimmers schrieb Leonardo
einige Tage später in sein Heft:

»Ferner, als ich mich am 26. Januar im Hause
des Herrn Galeazzo da Sanseverino befand, um
ein Turnierfest zu organisieren, und einige Stall-
knechte sich entkleideten, um Kostüme von wil-

den Männern zu probieren, die auf diesem Fest
erscheinen sollten, näherte sich Jacomo der Tasche des einen von ihnen, die mit anderen Klei-
dungsstücken auf dem Bett lag, und nahm daraus
alles Geld, das er fand – insgesamt 4 Lire.«

Danach kein Wort über den erlangten Erfolg,
keine Bemerkung über Beatrice, die ihn bei der
Gelegenheit kennenlernen wollte, statt dessen
vermerkt er in Lire und Soldi die Summe des
Diebstahls, die er umgehend ersetzte.

Leonardo fuhr fort, jenes »Naturphänomen«
mit der gewohnten distanzierten Kühle des Forschers zu beobachten.

»Ferner als Meister Agostino da Pavia mir in besagtem Hause ein türkisches Leder für ein Paar Stiefel schenkte, stahl dieser Jacomo es mir innerhalb eines Monats und verkaufte es für 20 Soldi an einen Schuhmacher und kaufte sich von dem Geld, wie er mir selbst gestand, Anis und Konfekt.«

Nach den ersten widerborstigen Weigerungen, Tatbestände zuzugeben, war der Junge dahin gekommen, seine Übeltaten einzugestehen, jedoch nicht dahin, sie zu unterlassen.

»Er war bezaubernd an Anmut und Schönheit«, sagt Vasari, »hatte üppiges, reich gelocktes Haar, an dem Leonardo sich erfreute. Er lehrte ihn auch viele Dinge in der Kunst.«

Auf dem Gebiet der Kunst lernte er jedoch nicht viel, das stellte Leonardo bald fest. Er fuhr trotzdem fort, ihn im Malen zu unterrichten, wobei er eine unendliche Geduld bewies.

»Ferner, als Gian Antonio (Boltraffio) am 2. April einen silbernen Griffel auf einer seiner Zeichnungen liegenließ, stahl Jacomo ihm diesen. Er hatte einen Wert von 24 Soldi.«

Nach der Erinnerung Morgantes geschah es wahrscheinlich in dieser Zeit, daß Leonardo diesen seinen gefährlichen Adoptivsohn auf den Namen Salaì taufte.

Salaì war tatsächlich, nach Morgante del Pulci, der Teufel. Und genau mit dem mußten ihn auch die Gehilfen und Schüler des Hauses vergleichen, vom ältesten, Zoroastro, bis zum jüngsten, Marco d'Oggiono.

Sieben Jahre später wird Leonardo bei den genauen Aufzeichnungen der Ausgaben für die reiche Garderobe dieses Knaben, aus dem nunmehr ein anspruchsvoller und eitler Ephebe geworden ist, am Fuße der Liste mit lakonischer Bitterkeit anfügen: »Salaì stiehlt Geld.«

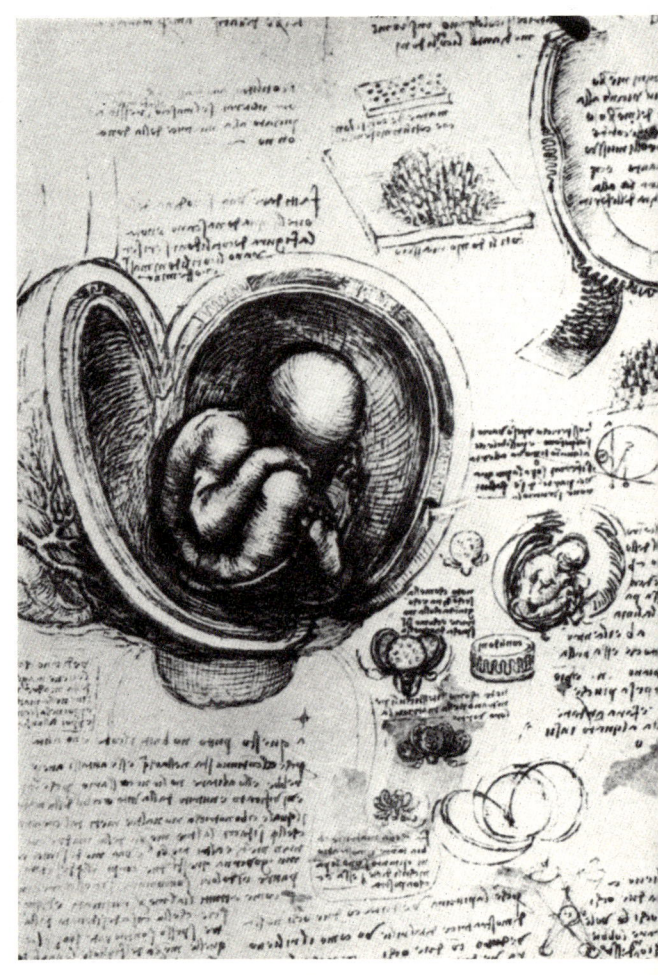

Anatomische Studie über die Lage des Fötus im mütterlichen Schoß.

Die Kirche Sant'Andrea zu Mantua, entworfen von Leon Battista Alberti.

»O Mathematiker, schafft Licht«

Leonardos ganzes Leben basiert auf »es scheint« und »man sagt«, und sehr oft wirft die zufällige Entdeckung einer Eigenschaft ein vollständiges Gebäude gelehrter Vermutungen endgültig über den Haufen.

So kann man nicht ganz unbefangen von einer Begebenheit zur anderen schreiten – zum Beispiel vom Porträt der Cecilia Gallerani zu jenem der Beatrice d'Este –, ohne den Zweifel, oder besser die Gewißheit zu haben, daß zwischen diesen beiden Episoden, von denen wir den Nachweis besitzen, viele andere liegen, die wir nicht kennen, die jedoch das verbindende Gewebe im täglichen Leben dieser schwer zugänglichen Persönlichkeit bilden.

Mailand bedeutet für Leonardo den Übergang von der Jugend zur Reife, und wenn diese Phase immer und für alle grundlegend ist, so ist sie für einen Mann wie ihn von allergrößter Bedeutung.

Mit den Studien und Entwürfen für die Kuppel des Domes von Mailand und für jenen von Pavia erweist er sich als Architekt mit einer wissenschaftlichen Vorbildung, die nicht nur auf der klassischen Quelle Vitruvs, sondern auch auf jener modernen des Leon Battista Alberti und des Francesco di Giorgio Martini beruht. Mit der »Felsenmadonna« und den anderen, heute verlorenen Madonnen, dann mit dem Porträt der Cecilia führt er in die lombardische Malerei einen neuen Stil ein, ja, man kann direkt von einer Revolution sprechen, und er findet dabei natürlicherweise sofort die Zustimmung der Jungen. Mit gutem Recht kann er daher behaupten, eine eigene Schule zu haben, welche sich dank der

Porträt des Alberti auf der mit Miniaturen geschmückten Seite eines seiner Bücher.

den Literaten seiner Zeit, sich selbst als »Mann ohne Bildung« zu bezeichnen.

Doch das genügt nicht. Mit dem Sezieren der Leichen und der Absicht, ein Traktat über Anatomie zu schreiben, nimmt er den Vesalio vorweg. In seiner experimentellen Methode, die er bei den wissenschaftlichen Untersuchungen anwendet und die in Beweis und Gegenbeweis bestehen, ist er Galileo voraus. Auf dem Gebiet der Hydraulik bereitet er den großen Technikern des folgenden Jahrhunderts den Weg. In der Mechanik ist er den Entdeckungen und Errungenschaften unserer sogenannten »technischen« Zivilisation um mindestens vier Jahrhunderte voraus.

Doch dies alles ist nur durch kurze Worte, durch Zeichen, wie in einer Sprache für Eingeweihte, bezeugt und außerdem, wie wir schon sahen, nur mittels Vereinfachung übersetzbar; der Reflex eines Bildes und eines Zeichens in einem Spiegel – wie ein »Ich«, das sich über sich selbst hinaus und außerhalb von sich selbst proji-

»Greise und Putten« in einer Studie Leonardos

weitgespannten »menschlichen« Interessen, auf die sie ihre Untersuchungen ausdehnt, nach dem Vorbild der florentinischen als »Akademie« bezeichnen könnte.

Mit den in Florenz ausgeführten Flachreliefs und Köpfen, und vor allem mit dem in Vorbereitung befindlichen immensen Pferde beweist er sich wieder als der bedeutendste unter denen, die das Werk des Verrocchio fortsetzen.

In seinen Schriften findet er, der Autodidakt, der sich der Wirkung der eigenen Ausdrucksmittel bewußt ist, eine eigene Sprache und einen eigenen Stil; er erlaubt es sich in der Polemik mit

Zeichnung für eine Madonna mit Fruchtschale.

ziert, um sich wiederzugewinnen und wiederzu-
erkennen.

Der Chronik und der Geschichte werden keine
Konzessionen gemacht.

Zu dieser Zeit, im Jahre 1488, ist inzwischen in
Venedig Andrea del Verrocchio schon verstorben, der treue Lorenzo di Credi hat dessen sterb-
liche Überreste nach Florenz zurückgebracht.
Im Jahre 1492 stirbt in Careggi Lorenzo il Magnifico. In ganz Italien beginnt man, von einem
reformatorischen Mönch zu sprechen, der von
der Kanzel des Florentiner Domes aus die römische Kurie bedroht. Papst Innozenz VIII. stirbt,
und auf den Stuhl Petri wird ein Antichrist mit
Namen Alexander VI. gewählt. In Mailand ist
Lodovico il Moro dabei, den bedeutendsten An-
griff auf die territoriale Freiheit Italiens in die
Wege zu leiten, indem er den jungen und ehrgei-
zigen König von Frankreich, Karl VIII., einlädt,
die Alpen zu überschreiten, um das Königreich
von Neapel zu erobern. Ebenfalls in Mailand ist

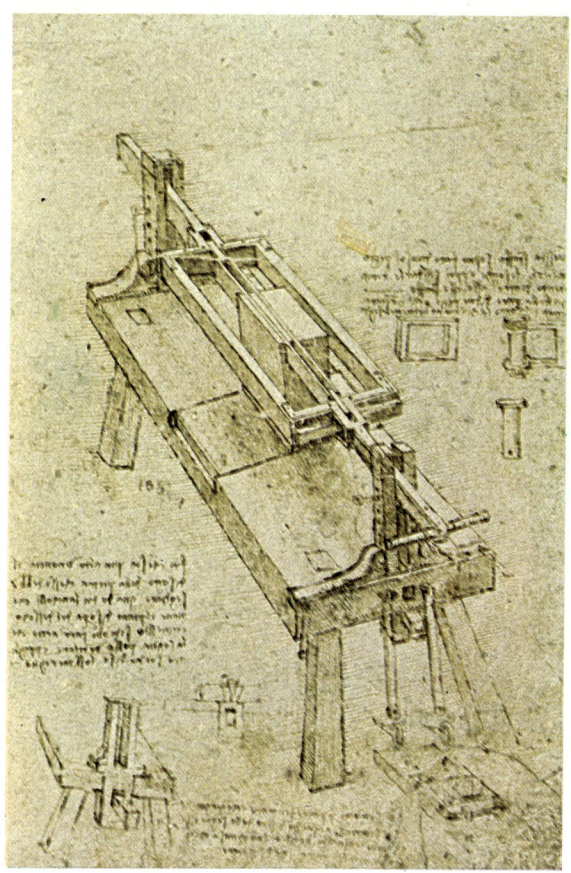

Entwurf einer Steinsäge.

eine Art »kalter Krieg« zwischen den beiden ersten Damen des Herzogtums im Gange, zwischen Isabella von Aragon und Beatrice d'Este.

Leonardo, den das alles nichts angeht, widmet
sich dem Studium der Geisterbeschwörung und
all ihren spiritistischen Erscheinungen und Ver-
wandlungen. Er nimmt an medialen Sitzungen
teil, sucht die Ursachen dieser Gabe, stellt auch
hier das Vorhandensein von dunklen und unbe-
stimmten Phänomenen fest. Später verzichtet er
darauf, auf diesem Gebiet ohne handgreifliche
Beschaffenheit weiterzuschreiten, kehrt zur
»Sonnenwissenschaft« zurück und schreibt mit

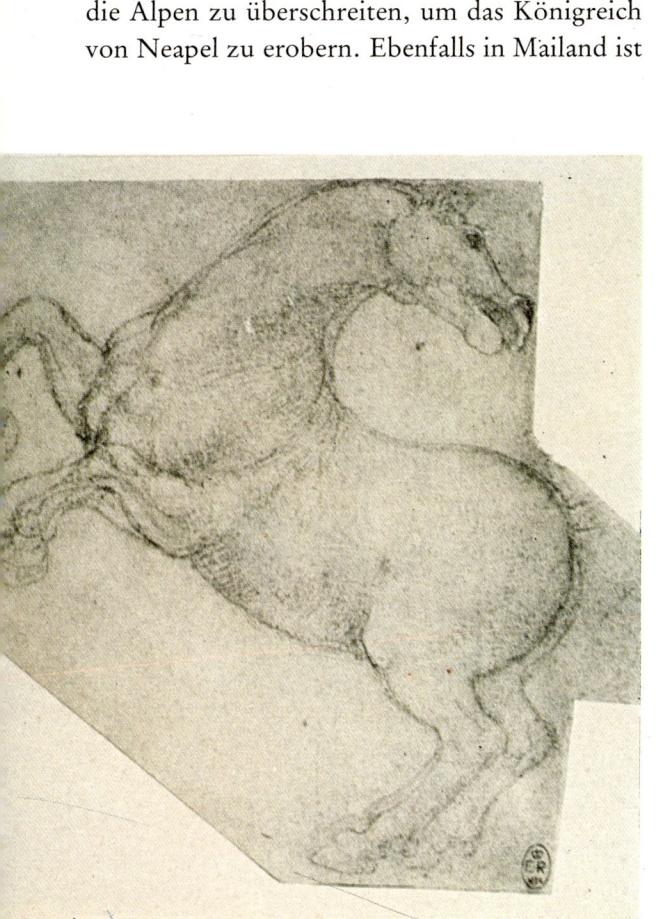

Skizze eines sich bäumenden Pferdes.

Der berühmte Mathematiker Luca Pacioli in einem in Neapel befindlichen Gemälde des Jaco Bari.

einem Gefühl von Befreitsein: »Die Nekromantie, wehende Standarte oder Flagge, vom Winde bewegt, ist die Führerin der törichten Menge... und behauptet, daß die Menschen sich in Katzen, Wölfe und andere Tiere verwandeln, obwohl zuerst die zu Tieren werden, die diese Sache behaupten. O Mathematiker, bringt Licht in diesen groben Irrtum!«

Diese Mathematiker, im weitesten Sinn verstanden, sind seine wahren Freunde, mit denen er sich häufig trifft, um die sichtbare und unsichtbare Natur der Dinge zu untersuchen. Es sind Luca Pacioli, Fazio Cardano, Pietro Monti, Giacomo Andrea da Ferrara, die beiden Ärzte Marliani.

Im fröhlichen und zum Feiern aufgelegten Mailand jener Jahre haftet ihrer Vereinigung etwas Symbolisches an: Jeder dieser Freunde verbirgt seine wissenschaftlichen Kenntnisse unter der Maske der Ignoranz. Sie reden vom Menschen und seinem Werden, über Physik und Alchimie, über Medizin und Mathematik, über Astrologie und Mechanik. Im Namen der Wissenschaft und der Vernunft verschwören sie sich gemeinsam gegen jeden Aberglauben.

Der Hof Beatrices

»... Genieße es, Mailand, daß du heute die Ehre hast, in deinen Mauern unter den ausgezeichne-

Die Dekoration der Decke der Sala dell'Asse im Kastell.

ten Männern den Vinci mit seinen Zeichnungen und Farben zu haben, den die modernen und die alten fürchten.«

Unnötig, hinzuzufügen, daß diese Worte von Bellincioni stammen, der sich von dem Augenblick an fast als Mitarbeiter Leonardos fühlte, als er mit seinen Improvisationen die schöne und junge Herzogin von Kalabrien, die Gemahlin des Moro, unterhielt, während der Florentiner Maler ihr Porträt malte.

Auf Einladung des Herzogs Lodovico waren in der Tat zahlreiche »ausgezeichnete« Männer eingetroffen, vor allem, seit er an der Universität neue Lehrstühle errichtet hatte. Der Jurist Giasone del Maino zog italienische und ausländische Studenten mit seinen Vorlesungen an. Benedetto Ispano, Demetrio Calcondila und Giorgio Mèrula taten dasselbe durch die hebräische und griechische Sprache. Ein Franziskanermönch aus Borgo San Sepolcro, Luca Pacioli, machte die mathematischen Wissenschaften geradezu populär.

Im Widerspruch zu dieser Freizügigkeit, doch als logische Folge der wahnsinnigen Ausgaben für die jüngstvergangenen Hochzeiten, hatte Lodovico die Ausgaben des Hofes aufs äußerste begrenzt und rationierte im Innern des Schlosses nicht nur die Lebensmittel, sondern auch Brennholz und Fackeln.

Nur wenn er »auf Grün« war, das heißt, wenn er die Fackel oder die Kerze bis zum grüngefärb-

ten Endstreifen verbraucht hatte, konnte jeder Höfling eine neue erhalten, wobei er den Stummel der schon verbrauchten abgab.

Leonardo mit seinem ausgewählten Hofstaat von Schülern, dem jetzt auch der so schöne Salaì angehörte, porträtierte die schöne und willensstarke Beatrice im Profil.

Wahrscheinlich war auch der Moro ziemlich oft anwesend, wenn es wahr ist, was ein Chronist aus der Zeit überliefert, daß, »als der Herzog die bewundernswerten Darlegungen Leonardos hörte, er sich so in seine Begabung verliebte, daß es ganz unglaublich war«.

Als tüchtiger Regisseur überwachte Leonardo vor allem sich selbst. »Die Worte, die das Ohr des Hörers nicht befriedigen, verursachen ihm immer Verdruß oder echten Ärger: Als Zeichen dafür wirst du solche Hörer oft gähnen sehen. Wenn du vor Männern sprichst, deren Wohlwollen du suchst, so kürze, sobald du diese Anzeichen von Verdruß siehst, deine Rede ab oder ändere das Thema.«

Beatrice liebte die Musik leidenschaftlich, und Leonardo spielte, wie wir wissen, Flöte und Leier. Man kann daraus folgern, daß während der Sitzungen für das Porträt der Salon der Herzogin sich oft in ein »Auditorium«, wenn nicht geradezu in ein Theater verwandelte.

»Bei Leonardo«, führt Giovo aus, »fielen Vorzüge von großer Vollendung auf, gesittete und edle Manieren, von einem besonders guten Aussehen begleitet. Und alsdann war er ein seltener und meisterhafter Erfinder jeder Art von Eleganz und ganz besonders von unterhaltsamen Theateraufführungen. Er beherrschte auch die Musik, die er auf der Leier in süßen Weisen ausübte. So wurde er allen Fürsten, die ihn kannten, in höchstem Grade lieb und wert.«

Die Scharaden, Rätsel, Fabeln, Schnurren und Prophezeiungen des Meisters Leonardo gingen in den Sälen des Kastells von Mund zu Mund.

– Wer sind die, welche die eigene Mutter häuten, indem sie ihr die Haut umwenden? –

– Wer bleibt wie tot auf den sterblichen Hüllen der Toten? –

Er spielte auf die Bauern an, die die Erde pflügen, und auf den Menschen, der auf den Federbetten schläft.

Die jungen Mädchen und Edelleute des Hofes unterhielten sich damit, die Rätsel des Vinci aufzulösen, seine Anekdoten und Märchen zu wiederholen, die sich rasch über die Mauern des Kastells hinaus in der ganzen Stadt ausbreiteten.

– Hast du gehört, was Meister Leonardo gestern zu seiner Exzellenz gesagt hat? Eine kleine Fabel um nichts, und doch wird der Herzog darüber nachdenken und einige Knoten an den Riemen der Geldbörse lösen müssen. –

– Und was hat er gesagt? –

– Während er am Porträt der Herzogin arbeitete, wurde Meister Leonardo vom Moro gebeten, irgendeine seiner wunderbaren Geschichten zum besten zu geben. Ohne den Pinsel wegzulegen, hat Leonardo die vom Königsadler erzählt. –

»Ein Jungadler steckte den Kopf über den Nestrand hinaus und sah viel Vögel um die Felsen fliegen.

›Wer sind die?‹ fragte er seine Mutter.

›Hab keine Angst, das sind unsere Freunde. Der Königsadler lebt einsam, braucht aber einen Hofstaat: Was wäre das sonst für ein König? Diese Vögel mit den bunten Federn sind unsere Höflinge.‹

Der kleine Adler, zufrieden mit der Erklärung der Mutter, setzte sich behaglich zurecht und machte sich daran, seinen Hofstaat zu bewundern. Mit einmal schrie er auf:

›Mutter, die haben mein Essen gestohlen!‹

›Aber nein‹, antwortete die Mutter, ›sie haben es nicht gestohlen, ich habe es ihnen gegeben. Und du mußt nun gut im Gedächtnis behalten, was ich dir jetzt sage: Ein Königsadler wird nie so viel Hunger haben, daß er nicht einen Teil seiner Beute den ihn umgebenden Vögeln überlassen kann. Sie würden in der Tat in dieser Höhe nichts

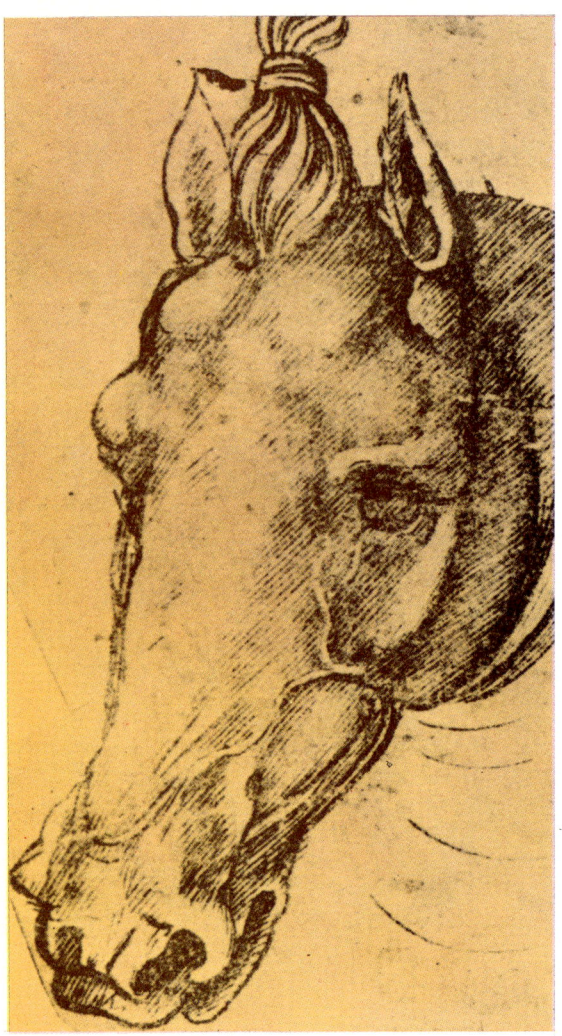

finden, wovon sie sich ernähren könnten, und müßten hinuntergehen, um nicht Hungers zu sterben. Wer einen Hofstaat halten will, muß immer großzügig und freigebig sein und seine treuen Höflinge als Ausgleich für all ihre Liebe und Ehrerbietung täglich ernähren.‹«

– Und der Moro? –

– Er hat sich erhoben, ist nahe an Leonardo herangetreten und hat ihm leutselig mit der Hand auf die Schulter geschlagen... –

Leonardo wohnte nicht weit vom Kastell. Als er eines Abends nach Hause zurückkehrte, fand er ein Billett ohne Unterschrift. Es war ein Lebewohl.

Am folgenden Tag erfuhr er im Kastell durch das übliche Getuschel in den Gängen, daß die Herzogin Beatrice ihrem Gemahl ein Ultimatum gestellt hatte:

– Entweder geht sie, oder ich gehe! In diesem Hause ist nicht Platz für zwei Ehefrauen! –

Die Staatsraison, doch nicht nur diese, hatte die Oberhand gewonnen. Cecilia war die Vergangenheit, die noch so junge Beatrice die Gegenwart. Und die sanfte Cecilia Gallerani ging auf Zehenspitzen, wie sie gekommen war, aus dem Kastell und aus dem Leben des Moro, um die Frau Lodovico Bergaminis, des Freundes des Sforza, zu werden.

Das Pferd

Aus der Hochzeit Bianca Marias mit dem Sohn des Matthias Corvinus war nichts geworden, da der Moro eine Ehe mit Maximilian, dem römischen König und Kaiser von Österreich, weniger für sie als für sich, vorteilhafter gefunden hatte.

Leonardo hatte sich unvorsichtigerweise verpflichtet, das Tonmodell des Reiterstandbildes anläßlich des Hochzeitsfestes aufzustellen; und diesmal konnte er die Arbeit nicht liegenlassen, da das Ansehen des Moro auf dem Spiele stand.

So sehen wir ihn daher wieder auf der Suche nach Modellen. Sein Zimmer ist mit Zeichnun-

Studien von Pferden.

Bildnis des Kaisers Maximilian. Deutsche Schule.

gen und Notizen bedeckt: Köpfe, Hälse, Mähnen, Muskeln, Nerven und Sprunggelenke. Die Schüler halfen ihm, soweit sie konnten, nämlich wenig oder gar nicht. Maso Masini, der treue Zoroastro, bereitete die »tragenden Gerüste« für das große Modell vor, während der Künstler am kleinen Modell die letzten Verbesserungen vornahm.

Ende November 1493 trafen die Gesandten des Kaisers in Mailand ein – unter ihnen der strenge Bischof Graf von Brixen –, um die Braut abzuholen. Die Stadt lag in Festglanz: Der große Schloßplatz war mit »bewundernswürdigen und schönen Bauten« geschmückt, in ihrer Mitte erhob sich majestätisch und prachtvoll das Reiterstandbild des Herzogs Francesco Sforza. Es war nur das Tonmodell, der findige Zoroastro hatte ihm jedoch eine besondere Patina gegeben, die es nicht nur aus Bronze, sondern aus Gold gemacht erscheinen ließ. Die Hofpoeten – Lazzaroni, Tacconi, Curzio, Bellincioni – ließen in Latein und Italienisch der Begeisterung und dem Lob freien Lauf. Tacconi sagte:

»... Sieh, wie er im Hof einen großen Koloß aus Metall errichten läßt zur Erinnerung an den Vater. Ich glaube bestimmt und irre mich nicht, daß weder Griechen noch Römer je einen größeren sahen. Schau nur, wie schön dieses Pferd ist! Leonardo da Vinci hat sich allein der Arbeit unterfangen. Er ist ein guter Maler, guter Geometer, ein Geist, so wie man vom Himmel ihn nur schwer erlangt ...«

Leonardo, der geheime Bewunderer Brunelleschis und Donatellos und Schüler Andrea del Verrocchios, hatte den Beweis seines Genies vorgezeigt, mehr noch, er hatte ihn auf den Platz gestellt. Diesmal hatte er auch in der Bildhauerei ein Neues geschaffen, das bis zu diesem Tage undenkbar war: ein Pferd, das vom Kopf bis zur Basis 7,13 m hoch war, das für seinen Guß – nach den komplizierten Berechnungen des Luca Pacioli – 200000 Pfund, das sind etwa 653 Doppelzentner, Bronze benötigte.

»Er schuf für Lodovico il Moro«, schrieb Giovo, »ein kolossales Tonpferd, hernach in Bronze zu gießen, und darauf sollte noch die Statue von dessen Vater Francesco, dem berühmten Krieger, aus dem gleichen Material kommen.«

Wieder einmal wurden auf dem Schloßplatz Schauspiele, Turniere, Paraden und Festzüge veranstaltet, um die Gäste von jenseits der Alpen zu ehren. Die Börse des Moro öffnete sich aufs neue und schien unerschöpflich zu sein.

Am 30. November zelebrierte der Erzbischof Arcimboldi von Mailand im Dom die mit dem Bevollmächtigten geschlossene Ehe, und in den ersten Dezembertagen machte sich die Tochter des Galeazzo Sforza und der Bona von Savoyen »auf den Weg, um zu ihrem ersehnten Gemahl nach Deutschland zu gelangen«.

Bis nach Como begleitete sie ein außergewöhnliches Gefolge, darunter die Mutter, der Bruder, Herzog Gian Galeazzo – genannt der »kleine Herzog« – mit seiner Gemahlin Isabella von Aragon. Von Como aus erreichte der Zug mit einer Flotte von Booten Bellagio, und von da aus, das Valtellina hinauf, ging es auf Maultierrücken weiter in die Alpen hinein.

Bartollomeo Calco, der Sekretär des Moro, beschrieb als Augenzeuge die interessantesten Orte des »Lario«: Pliniana, Bellagio, Fiumelatte. Durch ein seltsames Zusammentreffen finden wir die gleichen Namen sorgfältig in den Heften Leonardos notiert.

»Im oberen Teil des Voltolina ist das Gebirge von Borme immer mit Schnee bedeckt. Hier kommen Hermeline vor.«

Dann findet sich eine Bemerkung über die Pliniana und über Fiumelatte, das im Dialekt Fiumelaccio heißt. Leonardo schrieb die Worte in der Tat, wie er sie aussprechen hörte: Borme statt Bormio, Voltolina für Valtellina, wie etwa die Emigranten im vergangenen Jahrhundert Brooklyn »Broccolino« nannten.

Wahrscheinlich nahm Leonardo an dem Ehrengeleit teil, das die junge Gemahlin Maximilians nach Deutschland begleitete. – Mit der jungen Frau reiste auch eine Karawane von Maultieren, mit einer märchenhaften Mitgift von 400000 Goldgulden.

Der Palazzo Marliani zu Mailand, der heute nicht mehr existiert. Hier traf Leonardo seine Freunde und widmete sich mit ihnen dem »geheimen« Studium der Alchimie.

Dies war der Preis des Ehrgeizes und der Macht. In der Tat ließ Maximilian umgehend, doch insgeheim Lodovico die Ernennung zum Herzog von Mailand zugehen.

So gab es in derselben Stadt zwei prächtige Hofhaltungen und zwei Herzoginnen, die begannen, einander scheel anzublicken. Aber der Mann der Isabella von Aragon war aus weichem Stoff gemacht und nicht gesund, daher wurde sie durch ihre Rivalin gezwungen, sich besiegt in das Schloß von Pavia zurückzuziehen.

Noch nicht ein Jahr später glaubte der fiebernde Gian Galeazzo (oder man ließ es ihn glauben), dadurch gesund zu werden, daß er eine gewaltige Portion Birnen, die mit einer Flasche

Wein getränkt worden waren, aß. Er starb am Tage darauf.

Machiavelli und Guicciardini interpretierten die allgemeine Meinung und sprachen von Gift. Heute denkt man eher an eine Darminfektion in diesem schon so geschwächten Organismus.

Lodovico eilte nach Pavia, ließ die Leiche des Neffen in den Dom von Mailand bringen, wachte an dem Sarkophag und befahl ein feierliches Begräbnis.

Als er später den Geheimen Rat ins Kastell zusammengerufen hatte, schlug er die Anerkennung des Sohnes von Gian Galeazzo, des kleinen Francesco, als legitimen Herzog und Erben vor.

Der Geheime Rat, der aus Leuten bestand, die Lodovico treu ergeben waren, nahm diesen Vorschlag nicht an. Der Geheime Rat widersetzte sich einmütig und verlangte den Moro zum Herzog von Mailand.

Lodovico versuchte, sich zu weigern, dann nahm er an, aus Ehrerbietung gegenüber der erlauchten Versammlung.

Unmittelbar anschließend durchritt er, in Goldbrokat gekleidet, in feierlichem Zug die Stadt, um in Sant'Ambrogio das Schwert und das herzogliche Szepter zu empfangen.

»Catelina«

»Am 16. Juli
kam Catelina am Tage
des 16. Juli 1493«.

Eine trockene, kühle Notierung. Aber man kann mit Recht darin einen Bruch, die Auswirkung einer sich in der Wiederholung des Tages und des Monats verratenden Erregung finden. Es ist keine Zerstreutheit, wie es scheinen könnte, eher das Gegenteil: Zeichen einer absoluten Konzentriertheit, die sich in Unruhe niederschlägt.

»Sie kam«: ohne Nachsatz, ohne Ergänzungen. In bezug auf seine Schüler oder seine Arbeiter schreibt Leonardo jedoch immer »er kam, um bei mir zu wohnen«, »er kam mit mir«, »er kam für 4 Dukaten im Monat«.

Dieses so allein stehende Wort kann viele Dinge einbeziehen: »kam« aus dem Ort Vinci, von weither, bis in diese Stadt. Und auf der Rückseite desselben Blattes eine Liste von Namen aus der Familie, gleichsam die Auswirkung einer durch ihre Gegenwart hervorgerufenen Erinnerung:

Antonio
Bartolommeo
Lucia
Piero
Lionardo.

Nein, jene Catelina, der Leonardo am 29. Januar 1494 zehn Soldi gibt, die er im Heft vermerkt, ist nicht die Hausgehilfin, die Dienerin, die das Essen kocht und Einkäufe macht. Es ist eine »Anwesenheit«, die in ein beredtes Schweigen gehüllt ist. Eine kurze Zeit darauf wird eine Notiz das Geheimnis, das sie umgibt, lösen.

Leonardo wird etwa fünf Jahre alt gewesen sein, als er begann, auf die Frau aufmerksam zu werden, die ihn beobachtete.

Jedesmal, wenn er mit Onkel Francesco oder mit Albiera vor dem Hause der Accattabriga vorüberging, ließ diese Frau sich an der Pforte sehen, als hätte sie jemand gerufen.

– Onkel Francesco, wer ist diese da? –

– Das ist Caterina –, antwortete der Onkel. Und Caterina blieb sie, auch als Leonardo in Florenz schließlich erfuhr, daß die Frau des Accattabriga seine Mutter war.

Jetzt war sie unerwartet in Mailand angekommen.

Und kurz darauf, ohne ein erklärendes Wort, notiert Leonardo in seinem Heft: »Ausgaben für die Beerdigung von Catelina«:

3 Pfund Kerzen	Soldi	27
für die Bahre	Soldi	8
Decke über die Bahre	Soldi	12
Tragen und Anbringen des Kreuzes	Soldi	4
für den Transport der Toten	Soldi	8
für 4 Priester und 4 Klerikale	Soldi	20
Glocke, Bibel, Weihwedel	Soldi	2
für die Totengräber	Soldi	16
für den Alten	Soldi	8
für die Genehmigung und die Beamten	Soldi	1
	Soldi	106
für den Arzt	Soldi	5
Zucker und Kerzen	Soldi	12
	Soldi	123

Hier haben wir den »Paravent« vor seiner Seele: Diese kurze Aufzeichnung, schrecklich in ihrer rein wirtschaftlichen Abfolge, verbirgt wie eine Maske Leonardos Herz vor jedem indiskreten Blick.

Vielleicht war sie schon krank in Mailand angekommen, oder ihr Leiden brach plötzlich aus, wie die bescheidene Ausgabe für den Arzt am Schluß der Liste glauben macht.

Das Wort, das aber vor allem verblüfft, ist das Wort »Beerdigung«. Nicht »Trauerfeier«, nicht »Leichenbegängnis«, wie man es bei verstorbenen Familienangehörigen tut. Man beginnt, sich einen trostlosen Trauerzug vorzustellen, mit der Leiche unbedeckt auf der Bahre, die schwarze Standarte, die der Bahre vorausgetragen wird, vier Priester und vier Kleriker und die Totengräber mit den brennenden Fackeln, denn die Leichenbegängnisse finden abends statt, wie noch heute in der Toskana. Und hinter der Bahre ein Mann allein mit undurchdringlichem Gesicht – Leonardo.

Beim Aufzeichnen der Ausgaben kamen ihm vielleicht Caterinas letzte Augenblicke in den Sinn, die während der letzten, langen Nacht brennenden Kerzen, der Zucker, der dem letzten Wassertropfen Geschmack geben sollte.

Aber nachdem er Caterina begraben hatte, konnte Leonardo endlich im Geheimsten seiner Seele einer Mutter, die vorher nicht da war, einen Platz einräumen.

Darstellung eines Begräbnisses im 16. Jahrhundert auf einem Fresko im Museum des Bargello in Florenz.

»Wenn du allein sein wirst, wirst du ganz dir gehören«

– Leonardo, wie weit bist du mit dem Pferd? –

– Exzellenz –, antwortete Leonardo, den diese Frage des Moro unvorbereitet traf, – ich bereite ein System mit vielen Schmelztiegeln vor, damit das geschmolzene Metall zu allen Teilen gelangen kann. –

– Und dann? –

Der Moro ist kurz angebunden, er hat keine Zeit zu verlieren.

– Dann habe ich einige Metallverbindungen fast fertig ausgetüftelt, eine aus Bronze und ausgeglühtem Kupfer und eine andere aus mit Arsen gemischter Bronze, die beide sehr gute Resultate versprechen. –

– Und wieviel Bronze braucht man dazu? –

– Zweihunderttausend Pfund. –

– Und wie viele Kanonen könnte man aus all dieser Bronze machen? –

Leonardo, auch von dieser Frage überraschend getroffen, schaute den Moro an, ohne zu antworten.

– Es wird besser sein, Leonardo, wenn du einen Blick auf das Kloster von Santa Maria delle Grazie wirfst, wo Bramante seine Arbeit beendet hat. Dort müßte das Refektorium der Dominikanerpatres ausgeschmückt werden, und sie würden gerade von dir gern ein »Abendmahl« haben. Später, wenn wir die Venezianer zur Ruhe gebracht haben, werden wir die Bronze für das Pferd besorgen, und wenn dann dein Schmelzsystem bereit ist, wirst du es gießen können. –

Leonardo findet sich, ohne zu wissen wie, im Schloßhof wieder. Solange es die anderen waren, die ihn drängten und ihm die Verzögerungen vorwarfen, schien ihm alles in Ordnung zu sein. Jetzt aber, nach vierzehn Jahren des Wartens, ist es der Moro, der ihn sich gedulden heißt, und er kommt sich fast betrogen vor. Er hat das unbestimmte Empfinden, daß dieses Pferd nie fertig werden, daß es nie in Bronze gegossen werden wird. Es ist, als würde er unversehens von einem unsichtbaren Thron gestoßen. Die Retorten, Destilliergefäße, Brenner, alle Versuche hinsichtlich der Legierungen scheinen ihm jetzt unnütz. Er begreift, er hat zu viel Zeit verloren, kostbare Jahre, und die Geduld aller mißbraucht.

Er weiß niemanden, dem er das sagen kann, wird sich bewußt, daß er ohne einen echten Freund ist. Er kennt nur sein verzweifeltes Bedürfnis »zu wissen«, die ihn bedrängende Folge von »warum«, der er antworten muß, das unwiderstehliche Bedürfnis, nachts mit einer Fackel in der Hand herumzugehen, um dahin Licht zu bringen, wo noch das Dunkel wohnt.

Auch die Schüler, die unter seinem Dach leben, sind Egoisten. Sie achten nur auf seine malende Hand, auf seine sie korrigierenden Worte. Und Caterina ist in das Reich seliger Geister gegangen.

Allein! Plötzlich fühlt er sich allein inmitten der Menge. Vielleicht liegt die Schuld bei ihm. Er hat sich tausendfältig verzettelt, ist zu vielen Visionen gefolgt, hat sich für zu viele Dinge begeistert, und nun sieht er, daß er in der verdünnten Luft einer Welt lebt, in die niemand ihm folgt.

Eine der genauesten Skizzen für das »Abend-
mahl«, das die Mönche von S. Maria delle Grazie
bei Leonardo bestellt hatten.

»Und wenn mein ganzes Leben ein Irrtum gewesen ist, weil ich nicht nur malen wollte?«

Leonardo ist zu Hause angekommen, er öffnet
die Pforte, betritt die Werkstatt. Unter dem Fenster steht der Tisch, er setzt sich, öffnet willkür-
lich eines seiner Hefte und liest: »Wenn du allein
sein wirst, wirst du ganz dir gehören…« Er
nimmt ein Blatt Papier und beginnt einen Christus zu zeichnen, einsam – auch er – inmitten der
Apostel, mit denen er über die letzten Dinge in
seinem Innern nicht sprechen kann.

Das Abendmahl

Auf der Wand im Refektorium von Santa Maria
delle Grazie ist das »bewegende« Zentrum, das
zusammenfaßt und ausstrahlt, bereits Wirklichkeit geworden.

Im Schwung seiner ersten Eingebung hat Leonardo das große Gemälde begonnen – neun Me-

ter Breite zu vier Meter Höhe – und innerhalb einer strengen Geometrie die Umrisse der Figuren
skizziert.

Zum Unterschied von allen seinen Vorgän-
gern – von Giotto zu Lorenzetti, von Andrea del
Castagno zu Ghirlandaio –, welche die »Kom-
munion« in der schwermütigen Innigkeit des
Abendmahls dargestellt hatten, ruft Leonardo
den dramatischen Moment der Ankündigung ins
Bewußtsein, der die Einheit der Apostel für immer sprengt: »Einer von euch wird mich verraten«, und prägt ihren Gesichtern Verblüffung,
Verwunderung, Ungläubigkeit, Entrüstung und
Schrecken ein. Die ganze Szene bewegt sich um
Christus und teilt sich zugleich in vier Gruppen
auf, deren jede durch die Gesichter, die Gesten
der Hände, die Bewegung jeder Person, sogar
durch die Füße, die unter dem Tisch vorstoßen,
ein bestimmtes Gefühl ausdrückt.

»Jene Figur verdient das meiste Lob«, hatte
der Künstler darunter geschrieben, »die durch
ihre Geste die Leiden ihrer Seele am besten zum
Ausdruck bringt.«

Christus sitzt nach der unheilvollen Ankündigung ruhig, ganz verinnerlicht inmitten dieses
Wirbels von unterschiedlichsten Leidenschaften:

*Das »Abendmahl« des Lorenzetti in einer Kreis-
komposition; im Vergleich zur Dramatik jenes
des Leonardo wirkt es elegisch.*

Mensch und zugleich göttliches Wesen, von un-
erreichbarer Einsamkeit umhüllt. Leonardo malt
und zeichnet, baut seine Gruppen in einer Serie
von Studien auf und verändert sie wieder. Er füllt
die Seiten seines Notizbuches, oft mitten auf der
Straße plötzliche Einfälle notierend.

»Einer, der trank und das Glas in seiner Stellung beließ, während er den Kopf einem ihn Fra-
genden zuwandte.«

»Ein anderer legt die Finger der Hände aneinander und wendet sich mit starrem Blick dem Gefährten zu. Der andere weist seinem Nachbarn
mit erstaunt geöffnetem Munde die geöffneten
Handflächen.«

»Einer sagt dem andern etwas ins Ohr, und jener, der zuhört, dreht sich zu ihm und neigt ihm
das Ohr zu, während er in einer Hand ein Messer
und in der andern das von diesem Messer halb
durchgeteilte Brot hält...«

Wie man in einem Brief Lodovicos il Moro lesen kann, ist das Werk im Jahre 1497 schon weit
fortgeschritten: »... ferner habe ich Leonardo,
den Florentiner, anzutreiben, damit er das Werk
im Refektorium Santa Maria delle Grazie be-
ende...«

Leonardo jedoch hört nach dem ersten schöp-
ferischen Impuls auf, wendet sich anderen Dingen zu, hat vor, neue Maltechniken zu suchen. Er
bereitet einen Bewurf von drei verschiedenen,
übereinanderliegenden Putzschichten vor, die
ihm – wie er jedenfalls glaubt – erlauben sollen,
in Öl in einer Art zu malen, die er »sfumato«
nennt, das heißt mit jenem Reichtum an Detail
und der Möglichkeit zu immer erneutem Über-
denken, die ihm Bedürfnis sind.

Die klassische Technik des Freskos, die ein ra-
sches Auftragen der Farbe auf der frisch verputz-
ten Fläche erfordert und keine Korrektur erlaubt, ist nichts für ihn. Wenige Jahre später wird
Michelangelo mit entschiedenen Pinselstrichen
wie mit Schlägen des Steinmetzhammers die
ganze Deckenwölbung der Sixtina in Fresko
ausmalen. Leonardo ist eine problematische Natur, er unterwirft jeden Strich, jede Farbe – wie
auch jeden Gedanken – ernsten Nachprüfungen.
Er muß korrigieren können, ohne alles noch einmal machen zu müssen. Das Fresko erlaubt jedoch
nur zu zerstören, um aufs neue zu beginnen.

In das Gedächtnis des Matteo Bandello, der in
dieser Zeit Novize im Kloster S. Maria delle Grazie ist, prägt sich ein Bild »der Wirklichkeit« des
Leonardo ein, während er das »Abendmahl«
malt:

»Er pflegte des öfteren«, wird der Novellist
später schreiben, »morgens zu früher Stunde auf
die Gerüste zu steigen – wobei ich ihn einige
Male gesehen und beobachtet habe –, denn das
Abendmahl ist ziemlich hoch über dem Boden.
Er pflegte, sage ich, vom Sonnenaufgang bis zum
sinkenden Abend den Pinsel nicht aus der Hand
zu legen und im fortgesetzten Malen das Trinken
und das Essen zu vergessen. Danach konnten
zwei, drei oder vier Tage vergehen, ohne daß er
Hand anlegte und doch ein oder zwei Stunden
des Tages dort verbrachte, seine Figuren bei sich
selbst prüfte und beurteilte.«

Christus ist im Schnittpunkt aller Linien das Zentrum der ganzen Komposition.

»Je nachdem welche Laune oder welcher seltsame Einfall ihn ankam«, sagt der Bandello noch, »habe ich ihn mittags, wenn die Sonne am höchsten steht, aus der Corte Vecchia, wo er das großartige Pferd aufrichtete, direkt nach S. Maria delle Grazie kommen sehen. Er bestieg das Gerüst, nahm den Pinsel, machte ein oder zwei Pinselstriche an einer der Figuren und verließ es sofort wieder, um woanders hinzugehen.«

Auch wenn er zu niemandem darüber spricht, hat Leonardo bemerkt, daß die Wand schlecht präpariert ist. Die drei Schichten, deren jede aus anderen Materialien zusammengesetzt ist, reagieren nicht in gleicher Weise auf Luft und Wärme. Es ist, als ob sich in der Wand ein Krebs verberge. Leonardo entdeckt mit Schrecken ein Netz feinster Risse, die noch fast unsichtbar sind, die die Zeit aber verstärken wird, wie Runzeln in einem Gesicht. Er versucht, durch Übermalung zu verbessern, fühlt aber, daß dies, sein Meisterwerk, gebrechlich ist, wie das noch zu gießende Pferd. Da zieht er sich von neuem von der Arbeit zurück, um Verbesserungen zu studieren, um eine nicht vorhandene Medizin zu suchen. Vielleicht geschieht es in einem dieser Augenblicke der Niedergeschlagenheit, daß ihn Bandello – und mit ihm viele andere Brüder – bewegungslos vor jenen Figuren überrascht.

»Man sagt, daß der Prior delle Grazie«, schreibt Vasari, eine von Giambattista Giraldi erzählte Anekdote ausschmückend, »Leonardo auf sehr lästige Weise antrieb, das Werk zu vollenden. Ihm schien es seltsam, Leonardo zuweilen einen halben Tag in Nachdenken verloren zu sehen. Er hätte gern gehabt, wenn er gleich den Arbeitern, die den Gemüsegarten umhacken, den Pinsel nie aus der Hand gelegt hätte.

Da dem Prior nicht Genüge geleistet wurde, beklagte er sich bei dem Herzog und drängte ihn so lange, bis dieser sich gezwungen sah, Leonardo rufen zu lassen, um ihn liebenswürdig anzutreiben, wobei er ihm versicherte, daß er dies nur wegen der Beharrlichkeit des Priors tat. Leonardo, der den klaren Verstand und Takt dieses Fürsten kannte, entschloß sich (was er nie mit jenem Prior getan hätte), mit dem Herzog ausgiebig über alles zu sprechen. Er äußerte sich weitläufig über die Kunst und machte anschaulich, daß die erhabenen Geister zuweilen am meisten schaffen, wenn sie am wenigsten arbeiten, nämlich, wenn sie erfinden und vollkommene Ideen ausbilden, die sie dann, als im Geiste schon konzipiert, mit den Händen ausdrücken und darstellen. Und er fügte hinzu, daß ihm noch zwei Köpfe fehlten: der des Christus, den er nicht auf Erden suchen wollte und bei dem er nicht glaubte, daß seiner Einbildungskraft jene Schönheit und himmlische Anmut vorschweben könnte, die der menschgewordenen Gottheit geziemt. Dann fehlte ihm jener des Judas, der ihm ebenfalls Sorgen bereitete, da es ihm unmöglich schiene, passende Gesichtszüge für jenen zu erfinden, der nach so vielen empfangenen Wohltaten sich in seinem trotzigen Geist entschloß, seinen Herrn, den Schöpfer der Welt, zu verraten. Er würde indes nach diesem letzteren suchen, und wenn er am Schluß nichts Besseres finden sollte, so bleibe ihm der des hartnäckigen und zudringlichen Priors gewiß.

Dies brachte den Herzog wunderbarerweise zum Lachen, und er sagte, er habe tausendmal recht. Der verwirrte Prior befleißigte sich daraufhin, die Arbeiten im Gemüsegarten anzutreiben, und ließ Leonardo in Frieden. Dem gelang es, den Kopf des Judas so gut zu beenden, daß dieser das wahre Bild von Verrat und Unmenschlichkeit zu sein scheint.«

Diese lange Passage bestätigt die Vertrautheit, die mittlerweile zwischen Lodovico il Moro und Leonardo entstanden war. In derselben Zeit stattet der Künstler für den Herzog im Kastell die Saletta Negra und die Sala delle Asse aus, wie ein Brief des Gualtiero di Bescapè an Lodovico bezeugt: »...mit der Saletta Negra verliert man nicht viel Zeit, und am Montag wird die große Sala delle Asse ausgeräumt, die im Turm. Meister Leonardo verspricht, sie bis zum September zu

Das »Abendmahl« des Andrea del Castagno in Sant' Apollonia in Florenz.

Die Frucht der Unwissenheit

beenden...« Und genau in dieser Zeit gibt der Herzog – vielleicht bei der Rückkehr aus Genua, wohin er sich in Begleitung von Leonardo begeben hatte, um die dortigen Befestigungsanlagen zu studieren – schließlich einer alten Bitte des Künstlers nach und schenkt ihm einen Weinberg von 16 Ruten vor dem Tor von Vercellina, nahe dem heutigen San Vittore.

Es handelt sich um ein alles andere als fürstliches Geschenk, denn eine »Rute« mißt 600 qm; daher ist der ganze Weinberg noch keinen Hektar groß.

Leonardo ist trotzdem zufrieden, daß auch er, wie der Großvater Antonio, ein Stück Erde besitzt und daß er dies an den alten Ser Piero nach Florenz schreiben kann. Er zeichnet sofort einen großen Plan und arbeitet viele Projekte für Veränderungen aus, die niemand je durchführen wird. Dann sucht er einen Bauern, dem er das Land verpachten kann, damit es bearbeitet wird. Ein gewisser Giovanni Caprotti da Oreno übernimmt es, der Vater des Salaì.

Leonardo sucht also in den Straßen von Mailand einen Heiligen und einen Mörder als Modelle. Bis vor einigen Jahren ermahnten manche Beichtväter die Buben, indem sie folgende Geschichte erzählten: Als Leonardo schließlich ein Modell für den Judas gefunden hatte – einen Mann, dessen Gesicht so verwüstet war wie seine Seele –, fragte er ihn eines Tages, wer er sei. Da zeigte jener auf die strahlende und heitere Gestalt Jesu und antwortete:

– Ich bin dieser da. Bevor ich der wurde, der ich jetzt bin, war ich das Modell für dieses Gesicht. –

Natürlich hat diese Anekdote mit der Wirklichkeit nichts zu tun. Leonardo suchte seinen Judas in den Tavernen, in den Kasernen, auf den Baustellen, wie er seinen Jesus unter der Jugend beiderlei Geschlechts suchte.

»Giovannina, mit einem phantastischen Gesicht, wohnt in Santa Caterina beim Hospital«, »Cristoforo da Castiglione bei der Pietà hat einen guten Kopf«, »Cristo-Giovan Conte, jener des Kardinal del Mortaro«.

Schließlich haben nach Finden und Verwerfen,

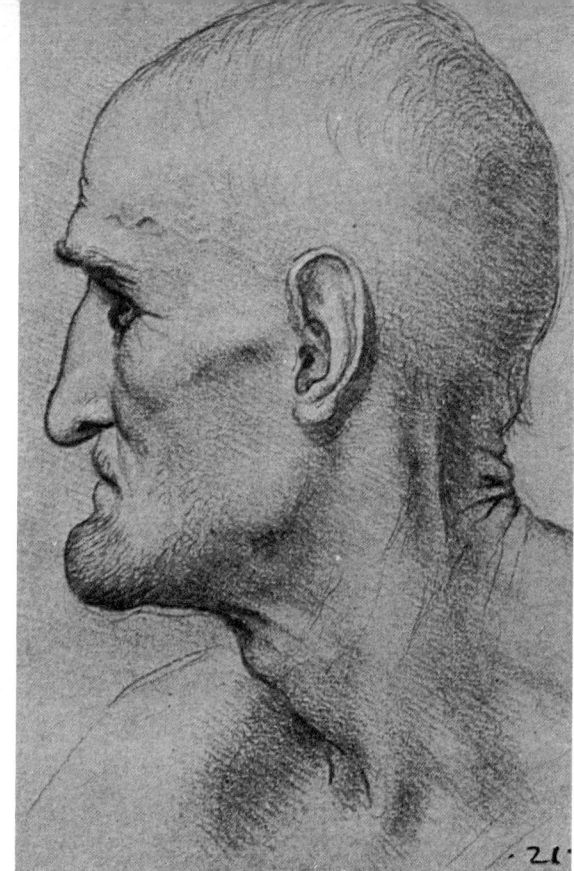

Illusionen und Enttäuschungen auch die Gestalten Jesu Christi und seines verräterischen Jüngers eine Seele und ein Gesicht. Das Werk ist fast vollendet, und es ist großartig. Es hat keine vergleichbaren Vorläufer, ist eine Einheit in Malerei und Perspektive, ein lichterfülltes, grandioses Bild der »göttlichen Proportion« – es ist die Schule der Welt.

Leonardo ist sich dessen bewußt und weiß, daß sich nur die Zeit und nicht die Menschen gegen diese nach Norden gerichtete Wand verschwört.

Jetzt, wo er die letzten Korrekturen anbringt, häufen sich die Besuche. Nach dem Moro und den Edelleuten vom Hof steigen auch die mißtrauischen Prälaten in das Refektorium herab, die bisher nur die verzweifelten Gesten des Priors gesehen hatten.

Eines Tages – berichtet Bandello noch – will der alte Kardinal Raimondo Térault, Titularbischof von Gurk, der auf der Rückreise aus Deutschland über Mailand kommt, »in das Refektorium hinabsteigen, um das vielbesungene Werk zu sehen«.

Leonardo ging ihm zuvorkommend entgegen und zeigte ihm und den Herren seines Gefolges »das, was er bis dahin von seinem Abendmahl gemacht hatte«. Diese »moderne Malerei« rief jedoch als Reaktion in der Seele seines Besuchers die Erinnerung an antike Malerei wach, und an seine Begleiter gewandt »beklagte sich der Kardinal, daß die Zeit und die Geschehnisse die Meisterwerke der Alten zerstört und damit jegliche Möglichkeit genommen hätten, die vergangene mit der gegenwärtigen Kunst zu vergleichen«. Danach fragte er Leonardo unvermittelt, wieviel er vom Herzog von Mailand für seine Dienste bezahlt bekäme. »Der Vinci antwortete, daß er in der Regel im Jahr fünfhundert Dukaten erhielt, nicht gerechnet die Prämien und Sonderzuwen-

dungen, die der Moro ihm von Zeit zu Zeit freigebig machte.«

Der Kardinal erhob sich empört und ging hinaus, ohne sich noch einmal umzuwenden.

– Seht ihr das? –, sagte Leonardo zu seinen
Schülern –, das ist die Frucht der Unwissenheit.
Ich meine die Unkenntnis der guten klassischen
Autoren, aus denen, wenn er sie gelesen hätte,
Seine Eminenz der Kardinal erfahren hätte, wie
hoch die Malerei selbst zu den Zeiten des Gelon
von Syrakus gewertet wurde. »Und er erzählte«,
fährt Bandello fort, »eine Anekdote des Apelles
und eine andere des Lippo Lippi unter den Türken, die geizigen Männern wie dem aus Gurk
Unrecht gaben.«

Kurze Zeit darauf gab der Prior von Santa Maria delle Grazie die Vollendung des Werkes bekannt.

Giovo, der es noch intakt gesehen hat, schrieb,
daß ganz Mailand kam, um es zu bewundern.
Aber schon fünfzig Jahre später schrieb Lomaz-
zo, daß jene Malerei »heutigentags ganz ruiniert
ist und daß man nicht mehr als einen nachgedun-
kelten Fleck erblickt«.

Meister Luca

Luca Pacioli war, wie alle Mathematiker, etwas
merkwürdig. Wie Leonardo war er um die Mitte
des 15. Jahrhunderts – aber in Borgo San Sepolcro – geboren und hatte in Venedig und Rom
studiert. Er hatte zunächst einen Lehrauftrag in
Perugia und wurde sofort durch ein Traktat über
Algebra berühmt. Er wurde berufen, in Zara zu
lehren, danach kehrte er nach Rom zurück,
nachdem er die Theorie der »regelmäßigen und
der abhängigen Polyeder« aufgestellt hatte, die in
Melozzo da Forlì ihren ersten Anhänger oder
auch ihr erstes Opfer fand, da sie den Maler veranlaßte, sie beim Dekor der Kapitelle des Palastes
für den jungen Kardinal Girolamo Riario anzu-
wenden.

Im Jahre 1483 wurde er nicht aus Berufung,
sondern weil es ihm gelegen kam, Franziskaner

und ging nach Neapel, um Euklid zu kommentieren. Hier lernte er den Condottiere Gian Giacomo Trivulzio kennen, mit dem er die Anwen-
dung der Mathematik in der Kriegskunst studierte. Wieder in Rom, verkehrte er im Hause des
Pier Leoni, der ihn mit den Werken des Cusanus
bekannt machte. Schließlich ließ er im Jahre 1493
in Urbino seine »Summa de aritmetica, geome-
tria, proportioni et proportionalità« drucken.
Leonardo bestellte sich von Mailand aus sofort
ein Exemplar, zusammen mit einer Bibel und mit
der Chronik des Isidor von Sevilla.

Stellen wir uns nun das Zusammentreffen zwischen dem berühmten Autor und seinem berühmten Leser vor, als Lodovico il Moro den
Franziskaner nach Mailand berief, um hier Mathematik zu lehren.

Ihre Freundschaft begann wie eine heftige

*Ein von Leonardo gezeichneter Buchstabe des
Alphabetes für das Traktat seines Freundes, des
Mathematikers Luca Pacioli, über die »Göttliche
Proportion«.*

Krankheit. Von einer ersten und distanzierten Bemerkung: »Laß dir vom Mönch der Brera das ›De Ponderibus‹ zeigen«, geht es rasch zu dem vertrauteren: »Lerne von Meister Luca die Multiplikation der Wurzeln.«

Leonardo brachte den Freund nach Santa Maria delle Grazie und zeigte ihm das unvollendete Abendmahl. Er führte ihn in die Corte Vecchia und zeigte ihm das Pferd. Er lud ihn in sein Haus ein, in seine mit Papieren und Instrumenten vollgestopfte Werkstatt und zeigte ihm – als höchstes Zeichen seiner Wertschätzung und Freundschaft – seine Notizen für das »Traktat über Licht und Schatten«, jene für das Buch über die »Proportionen und Anatomie des menschlichen Körpers« und jene wesentlich umfangreicheren für das »Traktat über die Bewegung des menschlichen Körpers und aller Kräfte, wie Anstöße und

Studie einer Festung, wahrscheinlich veranlaßt durch die besondere Lage, in der sich die Stadt Mailand dank der unvorsichtigen Politik des Moro befand.

Schwerkraft, das heißt der wirksam werdenden Kräfte«.

Die Bewunderung des Mönches verwandelte sich in grenzenlose Begeisterung: das Abendmahl, das Pferd, die »unnachahmlichen Werke« über Anatomie, Perspektive und Mechanik brachten ihn zur Überzeugung, sich dem größten Genie aller Zeiten gegenüberzusehen. Und während Leonardo Luca als seinen Lehrer auffaßte, dem er seine Probleme im Bereich der Proportionen und Berechnungen darlegte, erklärte andererseits der Mönch Leonardo seinen Plan zu einem Werk, betitelt »De divina proportione«, das nicht nur die wichtigsten Mitteilungen über die regelmäßigen Polyeder enthielt, sondern auch eine analytische Überprüfung der freien Künste in Entsprechung zu Leonardos Ideen.

Es war Freund Luca, der das genaue Volumen des Pferdes, die für das Gießen notwendige Bronzemenge und das Gewicht des Monumentes berechnete. Es war Freund Leonardo, der mit seiner für alle mathematischen Disziplinen wohlgeeigneten »unbeschreiblichen linken Hand«, wie der gleiche Pacioli schrieb, das Traktat »De

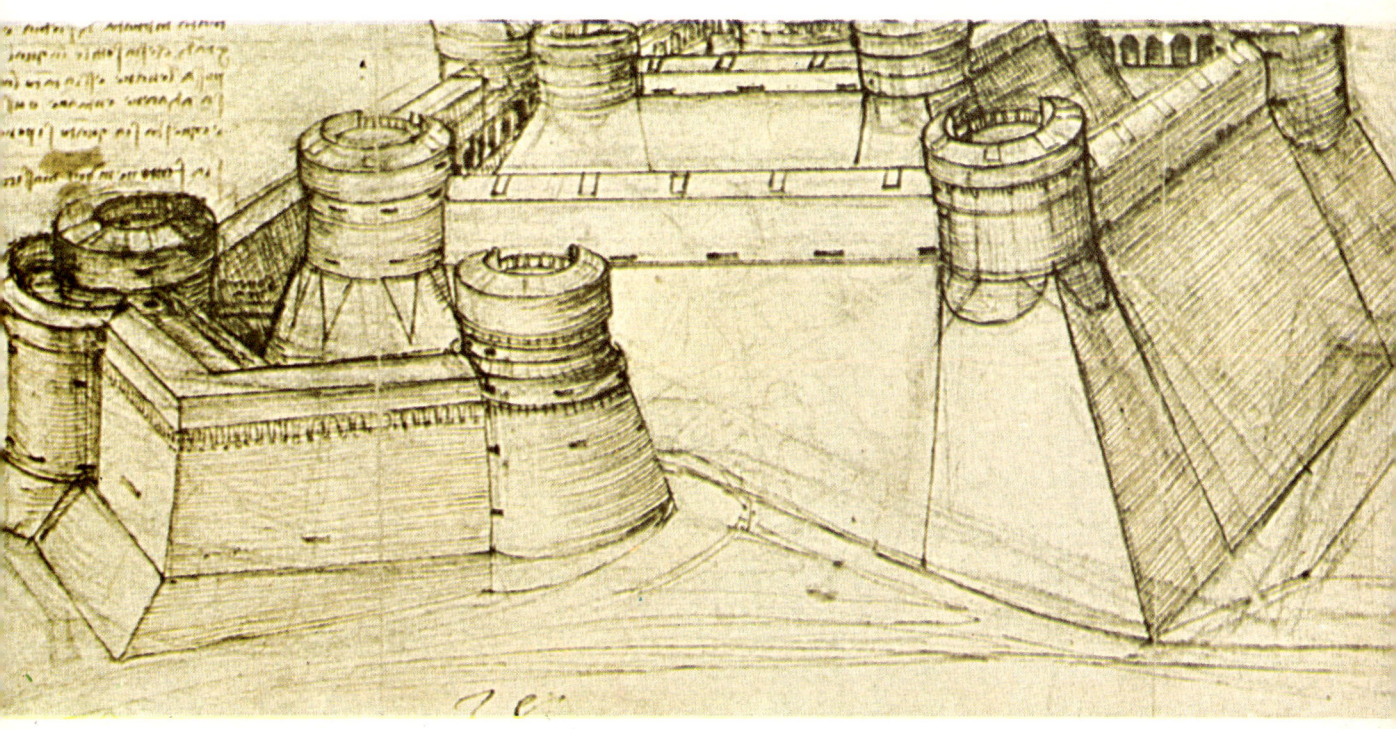

divina proportione« illustrierte, nämlich »die regelmäßigen und abhängigen platonischen und mathematischen Körper, die man auf der Welt in ihrer perspektivischen Zeichnung nicht besser machen kann«.

Die Armbrustschützen aus der Gascogne

Bevor Leonardo das Porträt der schönen und willensstarken Beatrice malte, hatte diese ihrem ungeduldigen Gemahl schon einen Erben geboren, der nach seinem Großvater, dem Herzog von Ferrara, Ercole und sodann Massimiliano genannt wurde, nachdem der mild gestimmte Kaiser von Österreich die Patenschaft angenommen hatte.

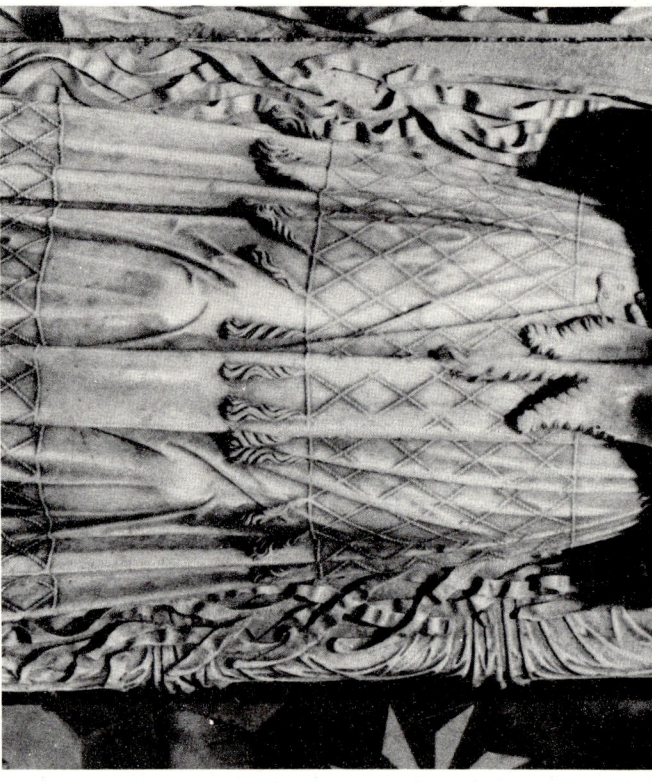

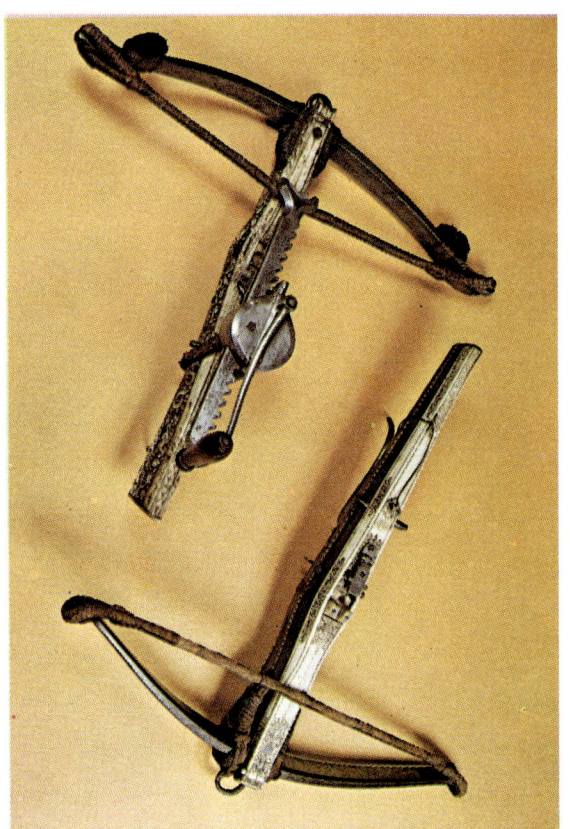

Der Grabstein der Beatrice d'Este, der Gemahlin des Lodovico il Moro, in der Kirche von Santa Maria delle Grazie in Mailand.

Wie ihr Gemahl war auch Beatrice abergläubisch und unternahm nichts, bevor sie nicht die Meinung von Meister Ambrogio da Rosate gehört hatte, der, wie wir wissen, eine besondere Vorliebe für die Zahl 17 hatte. Daher gestattete er Beatrice, nach Befragung der Sterne, am 17. Mai 1494 um 17 Uhr nach Venedig abzureisen, um diese Republik im Hinblick auf den Einfall Karls VIII. in Italien ruhig zu halten.

– Glaube mir –, sagte der untröstliche Ambrogio, indem er das nutzlose Bildnis des Matthias Corvinus auf dem nicht zur Aufführung gelangten Hochzeitsgedicht betrachtete, – die Frau des »kleinen Herzogs« hat den neapolitanischen

Armbrüste zum Kriegsgebrauch, ähnlich jenen, die die Soldaten aus der Gascogne benutzten.

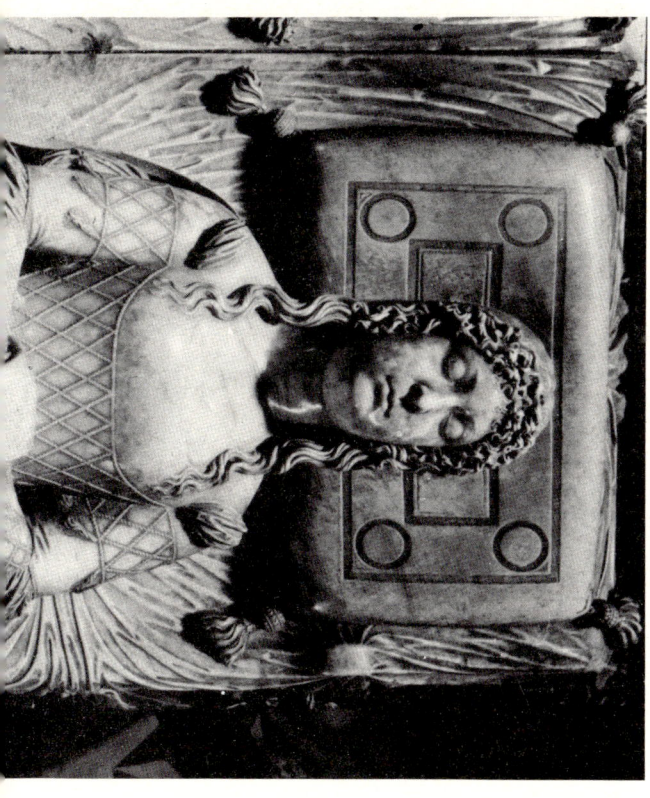

Stolz, und die Frau des Moro ist durchtrieben und intrigant wie alle aus der unteren Poebene: Eine wird bei ihrem Großvater Ferdinando, dem König von Neapel, weinen, und die andere wird das gleiche bei ihrem Vater, dem Herzog von Ferrara, tun – so wird es für alle übel enden. –

Tatsächlich hatte Karl VIII. auf Einladung des Moro hin bereits die Alpen überschritten, um angeblich das Königreich Neapel zu erobern, in Wirklichkeit aber, um in Italien Fuß zu fassen, in dem die interne Uneinigkeit, die dem Tode Lorenzos il Magnifico folgte, stets unverhoffte Möglichkeiten bieten konnte.

Am 2. Januar 1497 wurde nach der Trauerzeit wegen des frühen Todes Biancas, der Tochter des Moro und Frau Sanseverinos, im Schloß zu Pavia ein großes Fest gegeben. Dabei wurde Beatrice, die ihr drittes Kind erwartete, plötzlich von einem Unwohlsein befallen.

Innenraum der Kirche S. Maria delle Grazie.

– Es handelt sich um eine vorübergehende Unpäßlichkeit –, sagte der Moro zu den Gästen, – fahrt ruhig fort, euch zu vergnügen. –

Drei Stunden später brachte die zweiundzwanzigjährige Beatrice einen toten Knaben zur Welt. Eine Stunde danach verschied auch sie an einer inneren Blutung.

Die Leiche wurde nach Mailand gebracht, und die Trauerfeierlichkeiten waren großartig.

Der Moro, zutiefst getroffen, schien nur noch der Schatten seiner selbst zu sein: Nach der Verzweiflung wurde er von Melancholie befallen, aus den Tränen ging er in Schweigen über. Er verbrachte viele Tage in seinem Zimmer eingeschlossen, ohne jemanden zu sehen, weder Familienangehörige noch fremde Gesandte. Er ging nur aus, um in Santa Maria delle Grazie am Grabe seiner jungen Gemahlin zu beten.

Er war ein brutaler Ehemann gewesen – »von hier gibt es nichts anderes Neues, das wert wäre, berichtet zu werden, außer daß der Herzog von

Ansicht der Stadt Venedig aus der Vogelperspektive, ein zeitgenössisches Bild.

Mailand seine Frau geschlagen hat«, wie ein Gesandter schrieb –, war ihr auf seine Weise aber auch in Liebe zugetan.

Ganz ostentativ betrog er sie mit einer Tochter der Familie Crivelli mit Namen Lucrezia, die eine Freundin und Altersgenossin seiner verstorbenen Tochter Bianca war. Doch er sagte und meinte, sie doch mehr als alle anderen zu lieben, nicht nur, weil sie die Mutter seiner Söhne Massimiliano von 6 Jahren und Francesco von 4 Jahren war, sondern weil er sich auch an ihrer Seite beschützt und sicher fühlte.

Als man ihm berichtete, daß Beatrice am Tage vor ihrem Tode lange im Gebet am frischen Grabe der Bianca verblieben war, begann der Moro zu schluchzen »mit Naturlauten, die Steine erweichen konnten«.

Wenige Monate später beauftragte der Moro Leonardo mit dem Porträt der Lucrezia Crivelli, die er bereits mit Land und Türmen an den Seen von Como und Verbano beschenkt hatte; auch hatte sie das Recht, diese an die Frucht ihrer verborgenen Liebesbeziehung, den kleinen Giovan Paolo, Grafen von Caravaggio, zu übereignen.

Kurz darauf starb Karl VIII. in Amboise.

Lodovico meinte, endlich von der französischen Bedrohung und der Reue, diese provoziert zu haben, befreit zu sein, und nahm Venedig gegenüber die gewohnte feindselige Haltung ein.

Ludwig XII., der Nachfolger Karls VIII., ernannte Trivulzio zu seinem Statthalter in Italien. Ein schlechtes Zeichen. Filiberto von Savoyen verbündete sich mit Venedig, Papst Alexander VI. beteiligte sich an der Liga gegen den Sforza, und der Marchese von Mantua löste sich von Mailand und seinem Schwager, um in den Dienst der Venezianer zurückzukehren.

Der Moro war umstellt.

Sanseverino, der große Sieger in Turnieren, verließ die Stellungen, noch ehe sie angegriffen wurden. Als Lodovico das Herzogtum unter seinen Füßen zusammenstürzen fühlte, verschenkte er seinen Besitz an das Kloster Santa Maria delle Grazie und vertraute seine Söhne seinem Bruder, dem Kardinal, an. Und während die Nachbarstädte wie Kartenhäuser fielen, schlug er den Weg durch die Alpen ein.

Dies geschah im Herbst 1499.

Nachdem Leonardo 600 Golddukaten auf die Bank des Giovan Battista Goro eingezahlt hatte, damit sie ihm beim Hospital von Santa Maria Nuova in Florenz kreditiert würden, reiste er in Begleitung von Salaì, Zoroastro und Luca Pacioli nach Venedig ab.

Als sie im Morgengrauen die Stadt verließen, hatten die Truppen Trivulzios bereits das Kastell geplündert, und einige Armbrustschützen aus der Gascogne hatten sich in der Corte Vecchia darangemacht, auf ein riesiges Gipspferd zu schießen.

DRITTER TEIL

Von Mantua nach Venedig

Die erste Station hieß Mantua. In jener Stadt lebte eine kluge und kultivierte Marchesa, Freundin und Liebhaberin der Künste und eine Bewunderin Leonardos. Es wäre Torheit gewesen, nicht wenigstens so lange bei ihr anzuhalten, bis die Menschenjagd der Franzosen beendet war.

Und Leonardo hielt mit Luca und den anderen an und bat um Gastfreundschaft.

Isabella Gonzaga hatte vor kurzer Zeit und nur widerwillig das prachtvolle Porträt Leonardos seiner rechtmäßigen Besitzerin, der Contessa Bergamini, ehemals Cecilia Gallerani und Rivalin ihrer verstorbenen Schwester, zurückgegeben.

Die Ankunft Leonardos hätte sie daher vor Freude jubeln lassen müssen, wenn es wahr ist, wie man sagt, daß diese Frau sich auf der Jagd nach Meistern und Meisterwerken für vier zu schaffen machte. Fürsten und Herrscher betraten ihr Gebiet, damit die blonde Marchesa sie persönlich durch ihre Sammlung führte, auf die sie stolz war und die außer vielen zeitgenössischen Kunstwerken auch seltene Stücke antiker Kunst enthielt.

Doch diesmal empfing die Marchesa Leonardo mit einem verzerrten Lächeln auf den Lippen. Sie gewährte ihm Gastfreundschaft, ohne jedoch ihre Besorgnis zu verbergen, und sagte ihm, daß

Mantua, die gut bewehrte Festung der Gonzaga.

auch für sie die Zeiten schwierig geworden seien. Sie lud ihn ins Schloß ein, gab ihm aber zu verstehen, daß seine Anwesenheit gefährlich werden könnte.

Danach forderte sie ihn natürlich auf, sofort ein Porträt von ihr zu malen; sie war bereit, auch nachts dafür zu sitzen. Ein Porträt, schön wie jenes der Donna Cecilia, auch wenn ihr Alter gleichfalls nicht mehr »unreif« war.

Rücksichtsvoll, wie es sich für einen Mann vom Hof geziemt, ging Leonardo teilweise auf das Ansinnen ein: Er machte ihr sofort ein mit Kohle gezeichnetes Porträt, ja, sogar zwei. Als er diese beendet hatte – was eine Angelegenheit von zwei Tagen war –, verabschiedete er sich. Er überließ der Marchesa eine Zeichnung, die andere nahm er mit sich, um – so sagte er wenigstens, war vielleicht aber vom Gegenteil überzeugt – das Porträt in Malerei auszuführen.

In ihrer Angst vor den Franzosen in Mailand, die ihr vielleicht vorwerfen könnten, den entflohenen Freunden des Moro Unterschlupf zu gewähren, ließ Isabella ihn abreisen. Und sie tat schlecht daran. Sie bereute es auch, aber zu spät. Mit dieser Handlungsweise hatte sie ihre wahre, eher feige, dazu gierige und anmaßende Natur gezeigt. Im übrigen hatte sie nicht einmal Ursache, etwas zu fürchten: ihr Gemahl, der Marchese, hatte in der Tat im letzten Augenblick das Vertrauen des Moro getäuscht und sich mit den Streitkräften des mit den Franzosen verbündeten Venedig vereint.

Das Bildnis der Marchesa Isabella Gonzaga, das Leonardo von ihr zeichnete.

Von diesem Tage an wurde Leonardo das Opfer einer wahren Verfolgung: Die Marchesa gab keine Ruhe, sie bedrängte ihn mit Briefen und Botschaften, sie setzte ihm ihren Gesandten in Florenz, den Mönch Pietro da Novellara, auf die Fersen, um – wenn nicht ihr eigenes Porträt – wenigstens eine Madonna zu erhalten.

Leonardo versprach natürlich immer, doch in unbestimmter Form.

Schließlich machte sie sich selbst unter dem Vorwand eines Staatsbesuches von Mantua aus auf. Sie forderte ein Bild von ihm, irgendeines, auch in ganz kleinem Format. Leonardo, immer höflich, versprach und hielt nicht Wort.

Da ist nun die Gesellschaft in Venedig. Luca

Pacioli kannte die Stadt gut. Er erinnerte sich auch an die Hungerjahre, als er, um seine Studien durchzuhalten, im Hause eines Patriziers Lehrer gewesen war, »unter dessen väterlichem und brüderlichem Schatten«, so sagte er Leonardo, »ich mich in seinem Hause wieder erholte«. Der Mathematiker begann sofort mit Begeisterung in S. Bartolommeo wieder Vorlesungen zu halten und verschaffte seinem Freunde Leonardo Zutritt zu den Häusern seiner alten Freunde und neuen Schüler. In der Tat wissen wir aus den Notizbüchern, daß die Mailänder Flüchtlinge überall mit großer Wärme aufgenommen wurden.

Leonardo trat auf diese Weise in Verbindung zu dem gelehrten Sieneser Paolo Vannozzo, einem Hörer der Vorlesungen Paciolis, zu einem gewissen Salamon – vielleicht Alvise, dem Kapitän einer Galeere –, zu einem Pier Pagolo aus Como, dem Veroneser Fra'Giocondo, dem Kanonikus Stefano Ghisi aus der Pfarrei SS. Apostoli. Er verfertigte außerdem die Skizze eines Ritters inmitten allegorischer Figuren mit der belehrenden Unterschrift »Der Venezianer Messer Antonio Grimani, der Gefährte des Anton Maria« (des berühmten, 1499 bei Lepanto gefallenen Dogen). Wie es seine Gewohnheit war, hatte er inzwischen begonnen, systematisch die Stadt und die Lagune zu erkunden, und hatte auf seinem hohen Piedestal das Reiterstandbild des Bartolommeo Colleoni sehen und bewundern können, den Schwanengesang seines Lehrers Andrea del Verrocchio.

Seine Neugier veranlaßte ihn auch, das Phänomen der Gezeiten zu studieren, »die Flut macht in Venedig zwei Ellen aus«. Als er weiter landeinwärts Muscheln zwischen den Steinen bemerkte, stellte er fest, daß der Strand, das Wasser zurückdrängend, so vorrückte, »wie der Po in kurzer Zeit das Adriatische Meer ebenso austrocknet, wie er einen großen Teil der Lombardei ausgetrocknet hat«, und er beschloß gemeinsam mit Luca Pacioli seine Untersuchungen, indem er feststellte, daß dort, »wo Erde war, einst Meer gewesen ist, und wo Meer war, einst Erde gewesen ist«.

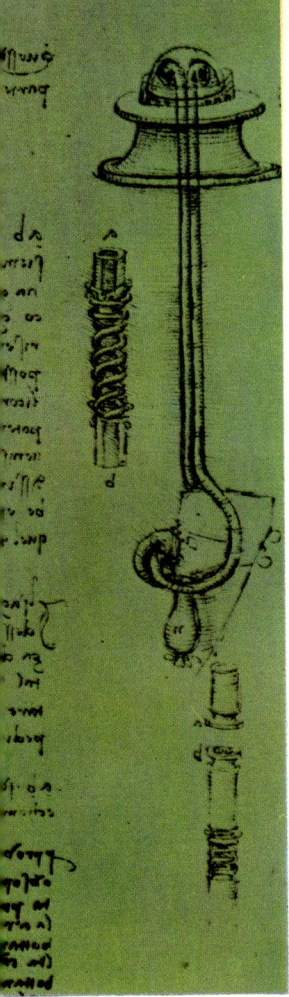
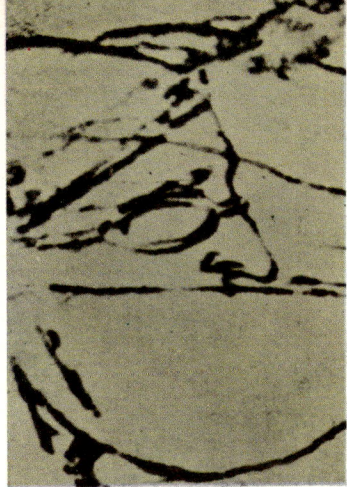
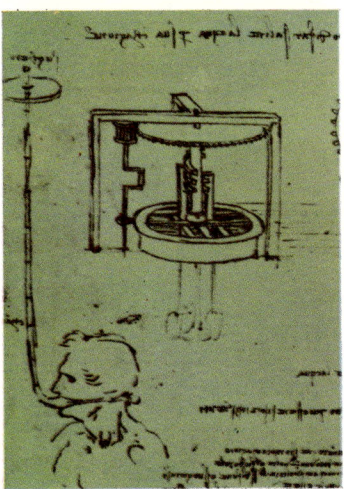

In Venedig studierte und realisierte Leonardo, wie man sich unter Wasser aufhalten kann.

»Meine hochverehrten Herren, nachdem ich festgestellt habe, daß die Türken nicht über das Festland nach Italien gelangen können, außer, sie überschreiten den Fluß Isonzo... ist mir klar geworden, daß man an keiner anderen Stelle ein Bollwerk von wirklichem, das Ganze betreffendem Wert anlegen kann als an besagtem Fluß...«

Diese Notiz bezieht sich wahrscheinlich auf einen von der Serenissima an Leonardo erteilten Auftrag, im Tal des Isonzo Erkundungen durchzuführen. Indem die Türken bis unter die Mauern von Vicenza vorgestoßen waren, hatten sie gezeigt, daß der schwache Punkt der venezianischen Verteidigung im Norden lag, eben in der Talebene des Isonzo.

Eine Tatsache war nunmehr allen deutlich geworden. Venedig durfte nicht länger nur auf der Seeseite verteidigt werden, denn der Feind konnte es leicht auch vom Festlande aus angreifen.

Nachdem Leonardo von seinem Erkundungsauftrag zurückgekehrt war, verbrachte er den größten Teil seiner Zeit auf der Mole, um »die Schiffe und die Bewegung der Wellen«, das Steigen und Fallen der Gezeiten, den Flug der Möwen, das plötzliche Heraufschnellen der Fische an die Wasseroberfläche zu beobachten.

Er wurde eins mit der Natur, er versenkte sich sozusagen in die ureigensten Kräfte der Elemente, mit angespannten Sinnen lauschend, bereit, ein Geheimnis zu begreifen, auf unmögliche Fragen eine Antwort zu finden.

Schließlich blitzte in seiner Phantasie die verwegene und geniale Idee auf: Er sah und erfaßte in einem Augenblick intuitiv die Lösung aller Probleme, die den Senat der Republik quälten, seit Lodovico il Moro die Türken zu Hilfe gerufen hatte.

Seine Notizen besagen: »Lehre das niemand, und du wirst es allein vortrefflich ausführen«, »Laß dir die Bekleidung zu Hause machen«, »Alles unter Wasser, nämlich den ganzen Verschluß...«, und dann in mehr technischen Ausdrücken: »... Einen gepanzerten Anzug«, »... Eine Maske, deren Augen mit Glas gefüllt sind...«

Mit anderen Worten, Leonardo hatte die Möglichkeit entdeckt, mittels eines »Spezialanzuges« und einer Taucherausrüstung unbestimmte Zeit unter Wasser zu bleiben. Jeder, der mit einem Mundstück und einem luftspendenden Gerät ausgerüstet wäre, hätte unter Wasser schwimmen und Minen »mit verzögerter Zündung« unter den türkischen Galeeren anbringen können, falls diese vor dem Hafen ankern sollten.

Leonardo riegelte sich in seinem Zimmer ein, er prüfte und analysierte seine Entdeckung. Unter all den vielen Instrumenten und Kunstwerken, die er schon entworfen und hergestellt hatte, konnte keines den Vergleich mit diesem aufnehmen. Er vergaß Hunger und Müdigkeit und probierte in einem Wasserbehälter die Wasserdichtigkeit der Maske mit den Augengläsern, das Fassungsvermögen des Luftschlauches, die Funktionstüchtigkeit des Ventils am Luftspender, die Zweckmäßigkeit der Unterwasserkleidung aus.

– Ich werde reich werden –, sagte er zu sich selbst. – Diese Republik wird mir jeden Preis zahlen, denn die Türken können von einem Tag auf den andern hier sein. Und meine Erfindung stellt nicht die Verteidigung, sondern die Rettung dar. –

– Ich werde die Summe den Händen Manettos anvertrauen lassen (vielleicht Alvise Manetti, der Florentiner Bankier in Venedig) –, fuhr Leonardo zu träumen fort, – und dann werde ich das Geld an den Verwalter des Hospitals von Santa Maria Nuova in Florenz schicken lassen, damit es mir für mein ganzes Leben reicht, und ich genug habe, um dem zu geben, der nicht hat, denn diese Regierung wird mir für jede »Ausrüstung« etwas zahlen, und ich werde sie selbst herstellen lassen, um ihre Brauchbarkeit zu kontrollieren. Die Türken werden meine Erfindung auf ihre Kosten ausprobieren und werden nie wieder wagen, sich der Lagune zu nähern... –

Das Selbstgespräch Leonardos währte die ganze Nacht bis zum Morgengrauen. Doch mit dem Vergehen der Stunden wich seine Begeisterung dem Zweifel, die Zufriedenheit der Angst. Der Künstler beurteilte seine Entdeckung im Lichte aller möglichen Anwendungen und Folgen und begriff mit Gewißheit und Entsetzen, daß die Menschen sich ihrer in verbrecherischer Weise bedienen würden, nicht nur in berechtigter Verteidigung gegen die türkische Flotte, sondern um den andern zu schaden, indem sie eine neue und viel gefährlichere Piraterie einführten.

So nahm er seine Erfindung wieder in ihre Bestandteile auseinander und verwahrte sie in einer Truhe. Er zerstörte den Anzug und die Maske und zerriß die Zeichnungen. Im Licht der Sonne, die das Zimmer schon erhellte, nahm er dann sein Notizbuch und schrieb:

»Wie und warum ich meine Weise, unter Wasser zu bleiben, nicht beschreibe... Ich veröffentliche und verbreite sie wegen der bösen Natur der Menschen nicht, denn jene würden die Möglichkeiten zum Mord auf dem Meeresgrund benutzen, um die Schiffe von unten zu zerstören und sie mit den darin befindlichen Menschen zu versenken...«

Die Taucherausrüstung, der Vorläufer der heutigen »Taucheranzüge«, wird erst vier Jahrhunderte später wiedererfunden werden.

Der Herzog verlor den Staat

Als Leonardo eines Tages durch eine enge und einsame Gasse ging, traf er Lorenzo Gusnasco aus Pavia, einen alten Freund, der Holzschnitzer und Hersteller von Musikinstrumenten am Hofe der Sforza gewesen war.

– Meister Leonardo, habt Ihr die Nachrichten aus Mailand gehört? –

– Nein, was gibt es Neues? –

– Der Moro ist zurückgekehrt. Er ist mit großem Jubel empfangen worden. –

– Wirklich? –

– Ja. Nachdem er von seinen italienischen Verbündeten verraten worden war, ist er mit 16000 Schweizern und 1000 burgundischen Rittern nach Mailand zurückgekehrt. Zuerst hat er Vigevano besetzt, dann hat er Mailand betreten, nachdem sein Bruder Kardinal Ascanio ihm vorausgezogen war. –

– Und woher wißt Ihr das? –

– Ich war dort –, antwortete Meister Lorenzo. – Ich habe mit meinen Augen gesehen, wie das Volk dem Herzog zujubelte. Nach drei Monaten französischer Besatzung waren sie bedient. Die Soldaten hatten nur ein Ziel gehabt, Jagd auf Frauen zu machen, und der Trivulzio nur die Absicht, Geld herauszupressen. Täglich erließ er eine neue Steuer. –

Leonardo kehrte nach Hause zurück und teilte den Freunden diese Nachrichten mit.

– Schlimm, sehr schlimm –, sagte Luca Pacioli, – Francesco Sforza schuf sich mit dem Schwert

Raum, sein Sohn bahnt sich seinen Weg mit Geld. Und wenn er kein Gold mehr haben wird, werden ihm die Schweizer den Rücken kehren. –

In der Tat traf kurze Zeit später in Venedig die Nachricht ein, daß ein gewisser Tuzmann aus Uri, der Kommandant der Schweizer Söldner, den Moro verlassen und sich an Ludwig XII. verkauft hatte. Der Moro flehte ihn an, bei ihm zu bleiben, und versprach ihm alles, was er besaß. Er erhielt nur die zynische Erlaubnis, sich als Schweizer Soldat zu verkleiden, um sich in der Infanterie zu verbergen, die sich aus den Grenzen des Herzogtums zurückzog. Armer Lodovico. Für wenige Münzen zeigten die Schweizer Soldaten ihn den Franzosen, während er mitten in der Kompagnie zu Fuß marschierte, gekleidet und bewaffnet wie einer von ihnen. Er wurde ergriffen und gefangengenommen, dann nach Lyon gebracht und in einer Festung eingeschlossen. Er versuchte, zu fliehen, und wurde in Ketten gelegt. Seine letzten Worte schrieb er auf die Mauern der Zelle.

Der König von Frankreich, nun Herr des Herzogtums Mailand, ließ in allen Kirchen des Reiches ein »Te Deum« singen, Papst Alexander VI. machte es ihm nach, Venedig und Florenz stimmten in den Chor ein.

Leonardo nahm hilflos und erschüttert an dieser Abfolge tragischer Ereignisse teil. Er sammelte seine Nachrichten hier und dort, aus den Unterhaltungen seiner venezianischen Freunde, in den Erzählungen der Flüchtlinge aus dem Herzogtum.

»Das Schloß ist Gefängnis geworden« – vielleicht das von Vigevano oder von Pavia –, »Der Visconti verschleppt, und dann starb sein kleiner Sohn«, – das ist sein Freund Gaspare, der Hofpoet. »Gian della Rosa nahmen sie sein Geld«, das ist der Astrologe der Sforza, der Freund der Zahl 17.

Bildnis Ludwigs XII., des Königs von Frankreich, von einem unbekannten Meister.
Papst Alexander VI. Borgia auf einem Fresko des Pinturicchio.

Sie beschlagnahmten den Besitz, sie verfolgten die Personen. Der Weinberg vor der Porta Vercellina wurde konfisziert.

– Was wird aus Giacomo Andrea, aus Ambrogio De Predis, aus den Marliani geworden sein? –

Leonardo war schmerzerfüllt vom Allgemeinen zum »Besonderen« zurückgekehrt, er war mit Herz und Sinn erneut auf die Erde herabgestiegen, hingewandt nach Mailand, das eins war mit der Tragödie Italiens.

– Der Moro ist gefangen worden, während er als Schweizer verkleidet fliehen wollte –, sagte ihm Luca Pacioli. – Sie bringen ihn als Gefangenen nach Frankreich. –

Der Moro: der für den Einfall Karls VIII. so unvorsichtige Verantwortliche, der den Sultan herbeigelockt hatte, der doppelzüngige Herausforderer der Liga.

»Der Herzog verlor den Staat, den Besitz und die Freiheit...«, schrieb Leonardo in sein Heft. Und in der ihn peinigenden Erinnerung an das Pferd, den Tambour des Domes, an die Kanalisation des Naviglio, die alle unvollendet blieben, fuhr er fort: »... und kein Werk, das er unternommen, wurde zu Ende geführt«.

Eine der vielen Darstellungen der Verkündigung, die in Florenz in der Kirche der SS. Annunziata verehrt wird. Von einem unbekannten Meister.

Von Venedig nach Florenz

Da ist Florenz, unten im Tal! Plötzlich sieht man wie eine neue und zugleich vertraute Erscheinung die Glockentürme und die übrigen Türme, den noch geschwollenen Arno, der in das Grün der Cascinen untertaucht. Leonardo hält nicht an, um sich zu besinnen, er schaut nicht, ob die Hühnergeier noch am Himmel kreisen. Die achtzehn Jahre des Fernseins sind jenseits des Passes geblieben. Ihm scheint, er ist erst gestern aufgebrochen, er erkennt das Licht, die Farben, die Luft der Heimat wieder.

Er reitet an der Spitze der Gesellschaft die Straße hinab, die von Zypressen gesäumt wird, hinter denen sich die lichten Olivenhügel in immer sanfterer Neigung zu Tal senken.

Es ist Frühling wie an dem Tage, als er zusammen mit dem jungen Attavante und mit Zoroastro den Weg über den Appenin nahm. Damals fühlte er sich wie ein Träumer, der aus seiner Stadt verjagt wird. Jetzt kehrt er erfolgreich zurück, sein Ruhm eilt ihm voraus, er ist sich seines Genius bewußt und entschlossen, ihn zu zeigen.

Der Empfang durch seine Mitbürger war herzlich. Die Nachricht von der Rückkehr Leonardos verbreitete sich mit Windeseile von der Werkstatt Ghirlandaios bis zu der Piero di Cosimos, von den Serviten der SS. Annunziata bis zum Kloster Santa Maria Novella. Der junge Dominikaner Bartolommeo von San Marco verlangte sofort, sein Schüler zu werden. Giuliano da Sangallo, der gerade dabei war, die Häuser der Via della Prestanza abzureißen, um den Palast für Piero Gondi zu bauen, eilte herbei, ihn wie in Mailand mit Herzlichkeit zu bewillkommnen. Und ge-

Die Basilika von San Miniato mit dem mittelalterlichen Turm zur Verteidigung der hochgelegenen Burg.

nauso verhielten sich Filippino Lippi, der das Altarbild für die Mönche in San Donato in Scopeto zu Ende geführt hatte, die alten Werkstattgefährten Lorenzo di Credi und Sandro Botticelli und auch die flüchtiger bekannten, wie Perugino und Luca Signorelli.

Leonardo fand seine Freunde die Miniaturmaler Attavante und Gherardo wieder, er lernte die ganz Jungen kennen, Francesco Granacci, Andrea Contucci, Monte und San Savino, Jacopo del Pollaiuolo, Giulano Bugiardini, Baccio d'Agnolo und Lorenzetto.

Alle diese Künstler gewahrten jedoch überrascht und enttäuscht, daß Leonardo sie auf einen gewissen Abstand hielt, indem er zwischen sich und ihnen die Mauer seines enzyklopädischen Wissens errichtete.

– Dies ist kein Maler, das ist ein Mathematiker –, sagten die Jüngeren gekränkt, – was sucht er nun in Florenz, wozu ist er zurückgekehrt! –

Auch damals, mitten in der Renaissance, war die Unwissenheit der Künstler sprichwörtlich. Wir können uns daher die Wirkung vorstellen, die Leonardo mit seiner Eleganz, die über das Übliche hinausging, und seinem Wissen, das das gewöhnliche überschritt, hervorrief. Seine Reden ließen alle mit offenem Munde stehen, und niemand war in der Lage, ihm zu widersprechen, nicht einmal die gelehrten Humanisten, wenn er die Verblendung einer Kultur wie der damaligen anprangerte, die servil auf die Urteilssprüche der griechischen Philosophen oder der mittelalterlichen Theologen schwor.

Am 24. April begab sich Leonardo zum Hospital von Santa Maria Nuova, um 50 der 600 Golddukaten abzuheben, die er in Mailand eingezahlt hatte.

Mit Dringlichkeit stellte sich ihm das Problem des Lebensunterhaltes, bevor er dahin kam, seine Reserven zu verausgaben. Es brauchte nicht viel, um es zu lösen.

»Die Servitenmönche«, berichtet Vasari, aber vergessen wir nicht, daß der alte Ser Piero der Prokurator des Klosters war, »hatten dem Filippino Lippi das Tafelbild für den Hauptaltar der Annunziata übertragen. Dazu äußerte Leonardo, er hätte auch gern etwas ähnliches gemacht. Als Filippino dies erfuhr, trat er, liebenswürdig wie er war, von dem Auftrag zurück, und die Mönche nahmen Leonardo bei sich auf, damit er das Bild auch wirklich male, und trugen die Kosten für ihn und alle die Seinen.«

Der Priester Alessandro

Im Hause des Kanonikus Alessandro Amadori, des Bruders der guten Albiera, in Fiesole wurde Leonardo bald über alle Ereignisse in Florenz und über die in seiner Familie unterrichtet.

Eine der ersten Florentiner Eintragungen in seinem Tagebuch galt dem Vorsatz zu erkunden, »ob der Priester Alessandro Amadori noch lebt oder nicht«.

Er lebte, wohnte in Fiesole, und Leonardo suchte ihn bald auf.

– Florenz hat sich nicht verändert –, sagte ihm der Kanonikus, – und wird sich nie verändern. Als du abreistest, befand es sich im Kriege. Du kehrst nach fast zwanzig Jahren zurück und findest es wieder im Kriege. Die Florentiner haben die Medici verjagt, weil sie die Freiheit wollten. Jetzt, wo sie die Freiheit haben, möchten sie die Medici. Da sind die »Palleschen« und die »Piagnonen«, die »Bigi« end die »Arrabbiaten«, die Personen sind aber immer die gleichen: grau (bigi), wenn sie Angst haben, wütend (arrabbiati), wenn sie die Bevölkerung aufhetzen und an der Macht sind. –

Leonardo hörte zu und lächelte. Die Geschichte war immer und überall gleich, und Mailand war darin Florenz ebenbürtig: Der gemeine Pöbel, der den Franzosen zugejubelt, war der gleiche, der Lodovico il Moro die Tore wieder geöffnet hatte.

Blick in die Kuppel des Brunelleschi in der Kirche von Santa Maria del Fiore, dem Dom von Florenz. In diesem Dom hielt der Mönch Girolamo Savonarola des morgens vor Sonnenaufgang seine flammenden Predigten.

Der Priester Alessandro erzählte Leonardo, was sich nach dem Tode des Magnifico in der Stadt zugetragen hatte: Sein Sohn Piero hatte sich sofort als Irrwisch erwiesen, und Savonarola hatte mit seinen Predigten die Bürger in zwei große Lager geteilt.

– Glaube mir, Savonarola war ein heiliger Mann, doch er ging fehl, weil er Florenz nicht begriff. Die Anklagen, die man beim Prozeß gegen ihn vorbrachte, waren alle falsch. Aber der Papst wollte seinen Tod, und so mußte man ihn umbringen. Seine wirkliche Schuld war eine andere: Er wollte den Lauf der Geschichte anhalten und uns alle ins Mittelalter zurückversetzen. Doch im Prozeß hielt er sich gut bis zuletzt. Er starb wie ein Märtyrer, verzieh allen und bat auch alle um Vergebung, die die Piazza Signoria füllten, um dem Schauspiel seines Todes beizuwohnen, und die die gleichen waren, die den Dom gefüllt hatten, um ihn predigen zu hören.

Du weißt, daß die Stadt auch heute noch entsprechend ihrer Verfassung von einem Großen Rat und von einem Kleinen Rat der »Achtzig« regiert wird. Er ließ den Großen Ratssaal wieder herrichten, er leistete Karl VIII. Widerstand, als dieser nach Florenz kam, und als die Medici abzogen, war er es, der die rachelüsternen Florentiner im Zaum hielt.

Du hast viel versäumt, da du ihn nicht predigen hörtest. Er war kein guter Redner und hatte dazu noch einen fremden Akzent. Und doch nahmen mehr als fünfzehntausend Personen täglich des Morgens früh an der Messe teil, bevor sie zur Arbeit gingen. –

– Massensuggestion –, sagte Leonardo.

– Mag sein, jedoch hatten die Dinge, die er sagte, eine unmittelbare Wirkung auf die Seele der Leute. Alle bereuten ihre begangenen Sünden und nahmen sich vor, besser zu werden. –

– So besser zu werden, daß sie dann seinem Sterben zuschauten, ohne einen Finger zu rühren. –

– Auch das ist wahr –, seufzte der Priester Alessandro. Dann wechselte er das Thema und bat Leonardo um Nachrichten von seinem Vater.

– Ich habe ihn gesehen, es geht ihm gut. Doch mit all diesen zu stopfenden Mäulern fehlt es ihm nicht an Sorgen. Er hat mir gesagt, daß Onkel Francesco in seinem Alter von fixen Ideen besessen ist, wie z. B. von jener, fliegen zu wollen, und er ist immer dabei, die Vögel beim Fliegen zu beobachten. –

Leonardo war noch nicht nach Vinci gegangen. Nach Florenz zurückgekehrt, hatte er sofort Ser Piero aufgesucht, dem er im übrigen in langen, doch regelmäßigen Abständen immer geschrieben hatte, um ihm Nachrichten zu geben und solche von ihm zu erhalten. Margherita war

Eine weniger bekannte, aber der Wahrheit entsprechendere Darstellung der Hinrichtung des Fra' Girolamo Savonarola auf der Piazza della Signoria in Florenz. Mit ihm zusammen wurden am 23. Mai 1498 seine Mitbrüder die Dominikaner Silvestro Maruffi und Domenico da Pescia öffentlich erhängt und dann verbrannt. Die Signoria von Florenz hatte schließlich dem Befehl des Papstes Alexander VI. aus der Familie Borgia nachgegeben, der den Mund des Reformators für immer schließen wollte. Die ernsten Beschwerden des Savonarola werden wenige Jahre später von einem anderen Mönch, dem deutschen Augustiner Martin Luther wieder aufgenommen werden.

gestorben, der Vater hatte sich in vierter Ehe mit einer gewissen Lucrezia Cortigiani verheiratet. Sie war 35 Jahre jünger als er und hatte ihm mit gewöhnlicher Pünktlichkeit weitere fünf Kinder beschert: Margherita im Jahre 1491, Benedetto 1492, Pandolfo 1494, Guglielmo 1496 und Bartolommeo 1497. – Im Jahre 1504 sollte das zwölfte Kind, der letzte Sohn Ser Pieros, Giovanni, zur Welt kommen.

Die erste Frage des Vaters richtete sich aufs Praktische:

– Und was willst du nun tun? –

– Ich weiß nicht, ich werde versuchen, irgendein Tafelbild zu malen. –

– Hast du etwas in Aussicht? –

– Nichts Bestimmtes. Ich würde sehr gern ein Tafelbild malen, das die Serviten der Annunziata dem Filippino Lippi in Auftrag gaben. Er weiß noch nicht, was er malen soll, und es kann sein, er überläßt es mir. –

– Ich habe verstanden. Ich werde mit dem Prior sprechen. –

Immer praktisch, immer der gleiche, der Notar Ser Piero. Alle diese kleinen Kinder im Hause, besonders jene der Lucrezia, gaben ihm etwas Jugendliches. In Florenz war er jetzt eine Autorität: Prokurator der Signoria seit 1484 und Notar der ersten und reichsten Florentiner Familien.

– Ja –, sagte der Priester Alessandro, – dein Vater ist wie eine Eiche. Vier Frauen und elf Kinder, du eingeschlossen, und die Reihe ist noch nicht beendet. –

Leonardo lächelte, als er an den Vater dachte, der so verschieden von ihm war und so zufrieden mit allem – mit seinem Beruf, mit seinen Häusern und seinen Ländereien in Vinci, mit seinen Klienten, mit seinem fast mit Rücksichtslosigkeit erworbenen Vermögen. Er hingegen war noch auf der Suche nach der entscheidenden Antwort. Er war gleichsam auf der Pilgerschaft zu sich selbst hierher zurückgekehrt, um in der Stadt, die ihn hatte aufwachsen und sich entwickeln sehen, sich selbst zu suchen.

Doch was konnte Florenz ihm Neues bieten? Die skeptische und verschlagene Neugier seiner Künstler, das Mißtrauen seiner Kaufleute, die Gleichgültigkeit seiner Beamten.

Und jetzt wie damals Streit zwischen den Parteien: an die Stelle derer »del Monte« (vom Berge) und »del Piano« (der Ebene) waren die Anhänger Savonarolas und der Medici getreten, die »bigi« und die »arrabbiati«.

Bei seiner Rückkehr in die Stadt suchte Leonardo den Prior der Serviten auf, der ihn erwartete, um mit ihm über das Tafelbild für den Hauptaltar zu sprechen. Er wollte sich eine Vorstellung von der Komposition machen, damit er den Mönchen darüber berichten könnte. Unvorsichtigerweise versprach Leonardo, ihm bald den Karton davon zu zeigen.

Er mag den Pinsel nicht mehr leiden

– Hört auf mich, der ich ihn gut kenne, und macht euch keine Illusionen –, sagte der alte Botticelli zu den Serviten der Maria, – Leonardo wird euch nie das Tafelbild für den Hauptaltar malen. Er wird schöne Zeichnungen machen, das ja, dann wird ihm irgendeine Teufelei in den Sinn kommen, und er wird euch das Bild halbfertig stehen lassen. Oder hat er es etwa mit dem Magnifico nicht genauso gemacht? Und mit den Mönchen von San Donato in Scopeto? Und beide Male war es Filippino Lippi, der die Kastanien aus dem Feuer holte. Laßt euch raten, verderbt es nicht mit Filippino. –

Die Mönche waren besorgt. Es war nun schon fast ein Jahr her, daß Leonardo sich bei ihnen mit Luca Pacioli, Zoroastro, dem Salaì und zwei anderen neuen, sehr jungen Gehilfen niedergelassen hatte. Doch er hatte mit der Malerei noch nicht einmal begonnen.

Er war immer vielbeschäftigt. Morgens verließ er das Haus und kehrte erst nach Einbruch der Dunkelheit zurück. Er war Mitglied einer vom Konsul der Kaufmannsgilde ernannten Kommission, die ein Gutachten über Erdrutschbewegungen am Berge von San Salvatore all'Osservanza – heute der von San Francesco genannt, mit der gleichnamigen Kirche, die Michelangelo »das hübsche Bauernmädchen« nannte – abgeben sollte. Im Unterschied zu allen anderen Sachverständigen, unter ihnen Simone da Carino, Giuliano da Sangallo, Jacopo del Pollaiuolo und Filippo Legnaiuolo, hatte er minutiöse Untersuchungen auf dem ganzen benachbart liegenden Terrain vorgenommen, indem er Erd- und Felsproben entnahm und topographische Erhebungen, Skizzen und Karten anfertigte, um dann alle seine Beobachtungen in einem mit vielen, heute verlorenen Zeichnungen ausgestatteten Bericht zusammenzufassen.

Als wahre Ursache des Erdrutsches stellte sich tatsächlich die von Leonardo beschriebene heraus: eine natürliche Verschiebung der geologischen Schichten, die durch eindringendes Wasser und Schäden von Menschenhand verursacht worden war. Am Fuße des Berges, im Gebiet von San Niccolò, befand sich nämlich eine Ziegelei, in der man den Ton an Ort und Stelle dem Boden entnahm.

»... Falls der Florentiner Maler Leonardo sich wieder in Florenz befindet«, schrieb inzwischen Isabella Gonzaga an ihren Prediger, »bitten wir Euer Hochwürden, sich zu informieren, in welchen Verhältnissen er lebt...« – mit anderen Worten, die Marchesa hoffte, es mangele Leonardo an Arbeit und Geld – »... und ihn dann zu bearbeiten, so sehr Ihr könnt, daß er Auftrag übernimmt, in unserem Atelier ein Bild zu malen...«

Leonardo war inzwischen von allen Mönchen der Annunziata in die Enge getrieben worden und mußte sich in seinen Arbeitsraum einschließen, um das Gemälde voranzubringen. Nach weniger als einem Monat war der Karton beendet, und die Komposition war so schön und neuartig, daß der Prior sie in einem Saal neben dem Kreuzgang öffentlich ausstellte.

»Zwei Tage lang«, sagt Vasari, »kamen Männer und Frauen, Junge und Alte in den Raum, wie man zu glänzenden Festen geht, um das Wunderwerk Leonardos zu sehen, das das ganze Volk in Erstaunen versetzte.«

Es war im April 1501. In der anonymen Menge befand sich auch ein junger Mann, der gerade aus Rom zurückgekehrt war, wo er eine Pietà in Marmor gehauen hatte, die »in der Welt Aufsehen erregte« und die von allen Pilgern des Heiligen Jahres bewundert worden war. Er hieß Michelangelo Buonarroti.

»Seit er in Florenz ist«, antwortete der Prediger der Marchesa Isabella,« hat er nur einen Entwurf auf einem Karton gemacht. Der stellt einen Jesusknaben im Alter von etwa einem Jahr dar,

Studien für die Kanalisierung des Arnoflusses, um seinen Lauf zu verlegen.

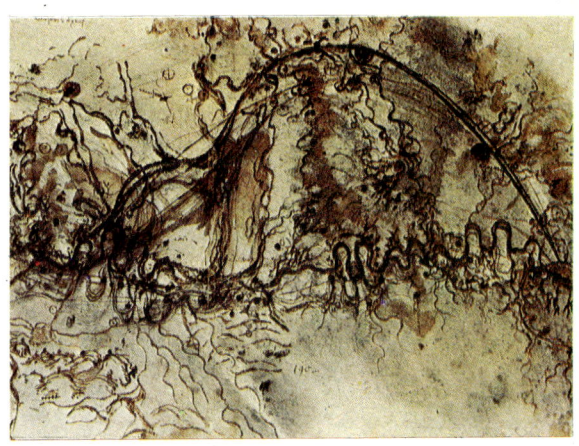

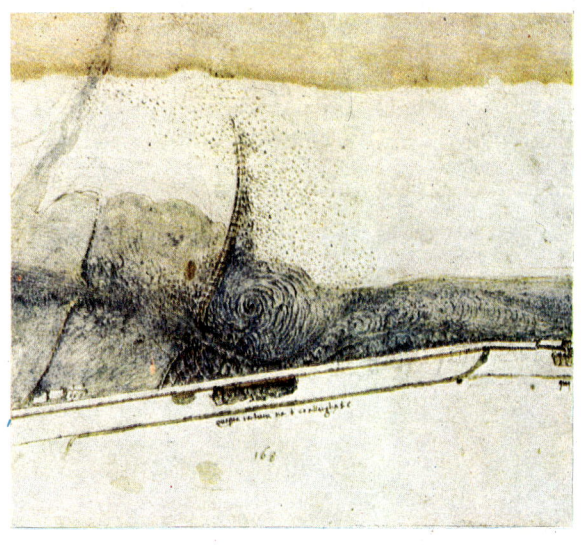

der sich gleichsam den Armen der Mutter entwindet, um ein Lämmchen zu ergreifen und es an sich zu drücken. Die Mutter, die sich ein wenig aus dem Schoße der Hl. Anna erhebt, ergreift den Knaben, um ihn von dem Lamm abzuhalten, dem Opfertier, das die Passion bedeutet. Die Hl. Anna, die sich ebenfalls aus dem Sitzen erhebt, will anscheinend die Tochter zurückhalten … Und diese Figuren besitzen Lebensgröße…«

Der Karton – eine andere Version desselben Themas, wie es auf dem Londoner Karton dargestellt ist – bestätigte den Florentiner Künstlern, die doch die besten Meister dieses Jahrhunderts waren, wieder, welch großartiger Impuls der Erneuerung von Leonardo ausging, indem er im Hinblick auf die Tradition die gewohnten Schemata zerstörte und in der Malerei eine grundsätzliche Wendung vollzog.

Die Gruppe seiner Figuren konnte in ein Dreieck einbezogen werden – ein Bildaufbau, der später dem Buonarroti viele Lösungen eingab und der für Raffael besonders wichtig wurde, in-

Die erste Pietà des Michelangelo – die »von Rom« genannt –, ein vollendetes Werk des gerade zwanzigjährigen Künstlers.

Karton zur Heiligen Anna Selbdritt, den die National Gallery in London aufbewahrt.

dessen er »in der ganzen Szene«, wie ein deutscher Kritiker schrieb, »seine große Fähigkeit bewies, uns sein großartiges Wissen als Maler vergessen zu machen, um uns in ihm nur noch den Dichter entdecken zu lassen...«

Während seine Mitbürger in einer gemeinsamen Demonstration, die kulturelle Reife und Liebe zur Kunst bewies, vor seinem Karton vorbeidefilierten, suchte Leonardo die obersten Stadtbehörden davon zu überzeugen, daß man ihm die Aufgabe übertragen müsse, das Baptisterium zu heben und zu versetzen.

»Und zwischen diesen Modellen und Entwürfen war einer«, schreibt Vasari weiter, »durch den er wiederholt vielen gescheiten Mitbürgern, die damals Florenz regierten, bewies, wie er den Tempel von San Giovanni hochheben und Treppen darunter legen wollte, ohne ihn zu zerstören...« Die Überlegungen Leonardos waren so logisch und begründet auf Prinzipien von solcher wissenschaftlichen Unwiderlegbarkeit, daß ihnen nicht ernstlich widersprochen werden konnte. Aber die Regierung hatte, als man vom Plan zur Ausführung übergehen sollte, dann doch Angst, und jeder sagte sich innerhalb seiner vier Wände selbst, daß dieses Unternehmen eine Unmöglichkeit darstellte.

Es war jedoch nicht unmöglich, immerhin hatte Aristotile Fioravanti es in Bologna schon bewiesen, indem er einen Turm gehoben hatte, um ihn mehrere Meter zu versetzen.

Zugleich mit dem Baptisterium wollte Leonardo auch den Arno verlegen, um in Florenz den besonderen Effekt eines Wasserfalls hervorzubringen und später das in kleineren Wasserläufen kanalisierte Wasser im Park der Cascinen wieder zusammenzuführen.

– Hier ist das Projekt –, sagte der Künstler und zeigte seine Zeichnungen. – Wenn Ihr den Fluß kanalisiert, könnt Ihr das Wasser leiten, wohin immer Ihr wollt, selbst in die Häuser zum täglichen Gebrauch, ohne einen Tropfen davon zu vergeuden. –

»Seine mathematischen Experimente haben ihn der Malerei derart entfremdet, daß er den

Das viele Jahre später in Frankreich entstandene Gemälde der Heiligen Anna Selbdritt.

Pinsel nicht mehr leiden mag«, schrieb der Prediger an Isabella Gonzaga, fügte aber hinzu, daß er ihn zeichnen sah: »ein Bildchen, das er einem Robertet, Günstling des Königs von Frankreich macht... und das eine sitzende Madonna darstellt, die Garn aufzuwickeln scheint, und das Kind, mit dem Füßchen in einem Korb voll Garn, hat die Haspel genommen...«

Nachdem Robertet, der Staatssekretär Ludwigs XII., zusammen mit seinem König das Gemälde des Abendmahls im Refektorium von Santa Maria delle Grazie und das Tonmodell des Pferdes gesehen hatte, ließ er Leonardo durch den französischen Gesandten in Florenz aufsuchen, und nun führte der Künstler den »ganz dringenden« Auftrag eines »religiösen Bildchens« aus.

Das Bild der Anna Selbdritt aber und die Versprechungen an Isabella blieben vergleichsweise im Zustand der Zeichnung und der Worte, weil ihn die mathematischen Experimente derartig in Beschlag nahmen, daß er tatsächlich »den Pinsel nicht mehr leiden mochte«.

Viele Stunden des Tages verbrachte er in der Bibliothek von San Marco und in der von Santo Spirito. Er suchte Berichte über Ebbe und Flut im Kaspischen Meer, »schreibe an den Türken Bartolommeo wegen Zufluß und Abfluß des Schwarzen Meeres«, er interessierte sich für flandrische Bräuche, »frage Benedetto Protinari, auf welche Weise man in Flandern auf dem Eise läuft«, er fragte Luca Pacioli nach der Quadratur des Kreises, »laß dir vom Meister der Rechenkunst die Quadratur des Kreises zeigen«.

– Er ist verrückt, sage ich euch! – meinte Francesco Granacci beim Verlassen der Gärten von San Marco zu einer Gruppe von Kameraden. – Ich habe ihn sagen hören, daß das Geheimnis der Malerei in der Geometrie liegt und daß er vor dem Malen immer eine Reihe mathematischer Berechnungen machen muß. –

Unter diesen Künstlern waren auch Giuliano

Bugiardini, Indaco, Lorenzo di Credi, Jacopo di Donnino, Sandro Botticelli und Buonarroti.

– Er ist verrückt –, wiederholte Granacci. – Stellt euch vor, gestern hörte ich ihn mit dem Prior der Serviten sprechen. Er erklärte ihm, daß jeder gute Maler einen Kopf in Grade, Punkte, Gradminuten, Minimi und Halbminimi einteilen muß und daß jede Maßeinheit ein Zwölftel der vorhergehenden ist. Daher muß ein Kopf, um gut gemalt zu sein, in 20 736 Halbminimi eingeteilt werden! –

Die Folgerung Granaccis wurde mit allgemeinem Gelächter aufgenommen.

– Wie schade! – seufzte Lorenzo di Credi da. – Ein so guter Maler wie er! –

Mörser beim Verschießen von Explosivgeschossen, in einer Skizze Leonardos.

Das herzogliche Patent

– Meister Leonardo –, sagte Pier Soderini, – es freut mich, Euch im Palazzo willkommen zu heißen, und ich fühle mich geehrt, Euch eine Botschaft Seiner Majestät des Königs von Frankreich zu übermitteln. –

Dem Beispiel Venedigs folgend, wo der Stadtrat eine längere Amtsdauer hatte und der Doge auf Lebenszeit gewählt wurde, hatte sich auch Florenz entschlossen, das Amt des Gonfaloniere auf Lebensdauer zu übertragen, und die Wahl war auf Pier Soderini gefallen, der sich in einer Mission im Gebiet von Arezzo befunden hatte.

Zum ersten Male in der Geschichte der Stadt bewohnte auch die Frau des Gonfaloniere den Palazzo della Signoria, um ihren Mann nicht für den Rest seines Lebens allein zu lassen.

Soderini hatte einen Brief von Staatssekretär Robertet erhalten, in welchem dieser im Namen Ludwigs XII. Nachricht über Leonardo erbat und die Möglichkeit von dessen eventueller Rückkehr nach Mailand erkunden wollte.

– Seine Majestät der König von Frankreich hätte Euch gern aufs neue in Mailand, wo man sehr viel über Euer Abendmahl spricht. –

– Ich danke Euch –, antwortete Leonardo, – und bitte Euch, Seiner Majestät meine ergebenste Hochachtung zu übermitteln. Im Moment habe ich aber nicht die Absicht, Florenz zu verlassen, wo ich mit anderen Arbeiten beschäftigt bin. –

– Ich weiß, Meister Leonardo, auch ich habe bei den Serviten der Annunziata den wunderbaren Karton gesehen. Ich wäre noch glücklicher, wenn Ihr eine Arbeit für die Signoria machen könntet. –

– Vielleicht –, sagte Leonardo.

– Was? – fragte der Gonfaloniere.

– Im Augenblick –, antwortete Leonardo, – könnte ich nicht malen. Ich würde eher eine Skulptur machen. Hinter der Dombauhütte habe ich ein Stück Marmor gesehen, das Agostino di Duccio liegengelassen hat. Daraus könnte man eine schöne Figur machen. –

– Gewiß! – rief der Gonfaloniere aus. – Das wäre eine Ehre für die Signoria und für die Stadt. –

– Ich werde darüber nachdenken –, schloß Leonardo, – und gegebenenfalls mache ich Euch einige Zeichnungen. –

Ohne daß Leonardo dies wußte, hatten jedoch schon zwei andere Bildhauer an diesen Marmorblock Träume und Projekte geknüpft. Der eine

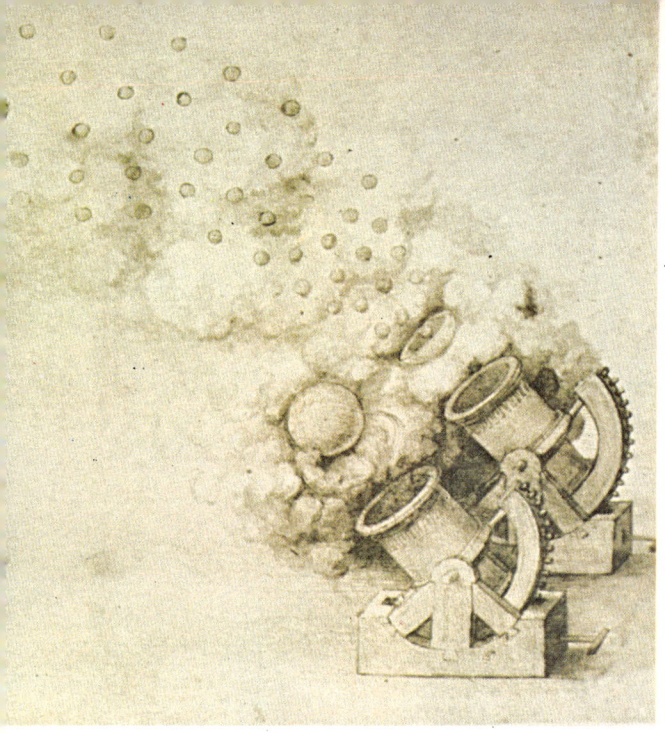

Vielleicht spielten die Dinge sich jedoch ganz anders und viel einfacher ab.

Natürlich ist auch dies eine Hypothese, doch keinesfalls abwegig. Wie das fleißig geführte Tagebuch Luca Landuccis beweist, schwärmten die Truppen des Valentino zwischen Florenz und Pisa umher:

»... Und am 19. Mai 1501 verließ Valentino Signa und ging, immer plündernd, in die Gegend zwischen Montelupo und Empoli...« »...Und am 22. Mai 1501 hatten sie sich um Empoli einquartiert und durchzogen raubend und plündernd das ganze Valdelsa...«

Daher kamen sie auch nach Vinci, und zwar der Valentino persönlich, zusammen mit seinem berüchtigten Adjutanten Vitellozzo Vitelli.

war Sansovino, er andere Michelangelo. Als der junge Buonarroti über Granacci von Leonardos Absichten erfuhr, eilte er zu Soderini und erbat von ihm zu mehreren Malen diesen Stein. Die Aufregung Buonarrotis und seine Sicherheit, daraus einen »Koloß« zu hauen, der seinen römischen Ruhm noch vergrößern würde, war derart, daß Soderini nachgab und ihm den Marmorblock überließ.

Sei es, weil die Serviten der Annunziata, die es leid waren, daß es immer bei dem Karton blieb, ihm zu verstehen gaben, sie wollten ihn nicht länger zu ihren Lasten bei sich behalten, sei es, weil ihm die Entscheidung des Soderini mißfiel oder ihm sein Leben in Florenz eintönig zu werden begann – Leonardo bot seine Dienste als Ingenieur und militärischer Experte dem jungen Condottiere Cesare Borgia, dem Herzog von Valentino, an.

Einige Historiker behaupten, daß Leonardo den Borgia schon vor seiner Abreise nach Mantua in Mailand traf und ihm mündlich seine Mitarbeit anbot. Andere sind mehr geneigt, anzunehmen, daß Leonardo dem Valentino aus Florenz schrieb, ähnlich wie er es zwanzig Jahre zuvor bei Lodovico il Moro getan hatte, indem er ihm seine besonderen und außergewöhnlichen Fähigkeiten aufzählte und belegte.

Porträt des Cesare Borgia, des Herzogs von Valentino. Von einem unbekannten Maler.

Wahrscheinlich traf Leonardo mit dem Herzog in Vinci zusammen und reiste aufgrund eines präzisen Angebotes kurze Zeit darauf, das heißt im Frühling 1502, nach Piombino ab, das Vitelli im September des vorhergehenden Jahres erobert hatte.

Wie Machiavelli beging auch Leonardo einen Irrtum. Valentino war weder der von der Vorsehung ausgewählte Mann, noch das große militärische Genie, das zu sein er vorgab.

Während Leonardo dabei war, sein Gepäck vorzubereiten, erschien ein eigens aus Mantua geschickter Bote der Marchesa Isabella Gonzaga, um ihn den Wert einiger kostbarer Vasen aus dem Besitz des Lorenzo il Magnifico schätzen zu lassen. Nach der Flucht Pieros war der Palast in der Via Larga vom Volk geplündert worden, und statt

Das Kastell von San Leo in der Romagna, auf dem drei Jahrhunderte später der Graf von Cagliostro gefangengesetzt wurde.

Ziel des Valentino war, mit Hilfe der väterlichen Macht (des Papstes Alexander VI.) die Romagna und vor allem die Stadt Forlì zu erobern, die Caterina Sforza gehörte, der illegitimen Tochter des Galeazzo, des Bruders von Lodovico il Moro. Der zum herzoglichen Architekten ernannte Leonardo machte an verschiedenen Orten, darunter Imola, topographische Erhebungen.

jene Objekte dem jungen Kardinal de'Medici, der sie gegen hohes Entgelt zu Wasser und zu Lande suchte, zurückzugeben, verlangte die geizige Marchesa von einem Künstler wie Leonardo eine Abschätzung, bevor sie sie von einem anonymen Florentiner Hehler kaufte.

»... Jene aus Achat gefällt mir sehr, denn sie ist sehr selten und recht groß und aus nur einem Stück gefertigt, abgesehen von Fuß und Deckel.«

Wenigstens dies, mangels eines Porträts. Dann brach Leonardo mit seinem treuen Gefolge von Freunden und Schülern vom Tor von San Frediano aus nach Piombino auf, um die dortigen Festungsanlagen zu besichtigen.

Es mußte etwa Ende Mai gewesen sein, als er an seinem Bestimmungsort ankam. Das Meer war vom Sturm aufgewühlt. Der Beobachter aller Naturphänomene zeichnete sofort eine Welle und schrieb:

»Am Meer von Piombino gezeichnet. Das Wasser ABC ist eine Welle, die auf dem schrägen Strand aufläuft. Zurückweichend trifft sie auf die darauffolgende Welle, und im Zusammenprall springen beide in die Höhe. Die schwächere unterliegt der stärkeren, welche aufs neue an der Schräge des Strandes aufläuft.«

Wenig später wurde Leonardo dringend von Piombino nach Urbino gerufen, wo der Borgia sich schon des Staates bemächtigt hatte. Als er Siena durchquerte, stieg er auf den Turm des Mangia, um dessen Uhr zu untersuchen. – »Die Uhrglocken von Siena«, schrieb er neben eine Zeichnung, »nämlich die Art ihrer Bewegung und der Sitz der Auslösung ihres Schlagwerkes«. – Als er dann beim Valentino angekommen war, erhielt er den Auftrag, für die Verteidigungsbauten zu sorgen.

»Die Treppen von Urbino«, notierte er, »aus der Mauer ausgehauene Treppen«. –

Borgia und Vitelli, die seine Liebe zur Mathematik kannten, versprachen ihm zwei Handschriften, und der begeisterte Künstler schrieb in sein Heft: »Borgia wird dir vom Bischof von Padua einen Archimedes und Vitellozzo den des Borgo zu San Sepolcro verschaffen.«

Inzwischen hatte der Herzog Camerino erobert, und Leonardo erhielt Weisung, sich sofort nach Cesena zu begeben, um das Projekt für einen breiten, schiffbaren Kanal bis zum Hafen von Cesenatico zu entwerfen. Ein Dokument aus jener Zeit erwähnt dieses Projekt, das einem »herzoglichen Architekten« zugeschrieben wird.

Während das Heer in der Romagna beschäftigt war, eilte Valentino nach Pavia, um Ludwig XII. zu huldigen, der aus Paris dort angelangt war. Aus Pavia erhielt Leonardo das berühmte, vom 18. August 1502 datierte »herzogliche Patent«, das ihn zum Architekten und Generalingenieur aller herzoglichen Länder ernannte.

Doch die Ereignisse, noch stürmischer als die Schachzüge des Herzogs, überschlugen sich.

Leonardo fand sich, zusammen mit Machiavelli und zwei anderen Florentiner Künstlern – Torrigiani und Antonio da Sangallo – in Imola von den eigenen Hauptleuten des Valentino und den kleinen Machthabern der eroberten Städte belagert.

Die Feste von San Leo fiel in die Hand der Rebellen. Der Borgia flüchtete in Erwartung französischer Hilfe nach Faenza, schritt dann zum Gegenangriff und nahm Forlì und Senigallia.

»Ich bin in größter Bedrängnis«, schrieb Machiavelli an den Rat der Zehn, »ich weiß nicht, ob ich diesen Brief werde absenden können...«

In der Nacht des 31. Dezember 1502 ließ der Valentino seine Stellvertreter Vitellozzo Vitelli und Oliverotto da Fermo verräterisch erdrosseln. Danach eroberte er Perugia, von dort wandte er sich gegen Siena, bis sein Vater, Papst Alexander VI., ihm befahl, nach Rom zurückzukehren.

So ging auch Leonardo, der zum Gefolge gehörte, mit nach Rom.

Nach rasch hingeworfenen Notierungen wie: »Von Bonconvento nach Casanova 10 Meilen... von Acquapendente nach Orvieto...«, die die Unruhe dieser Reise festhalten, finden wir plötzlich eine Bemerkung, welche die Rückkehr der Ruhe nach dem Sturm anzuzeigen scheint:

»Am Samstag, dem 5. März erhielt ich von Santa Maria Nuova 50 Golddukaten (es bleiben noch 450 davon), von denen ich fünf noch am selben Tage an Salaì gab, der sie mir geliehen hatte.«

Der Architekt und Generalingenieur war nach Hause zurückgekehrt. Piombino, Siena, Urbino, Pesaro, Rimini, Cesena, Imola, Senigallia, Perugia, Rom waren die Etappen einer großen Illusion gewesen. Das Idol, das Machiavelli zur Symbolgestalt seines »Fürsten« gemacht hatte, hatte sich nicht nur als Monstrum, sondern auch als völlig unfähig erwiesen.

Wie aus einem Alptraum erwachend, wurde sich Leonardo in Florenz zum ersten Male seiner Mitbürger bewußt und beschloß, etwas für sie zu tun.

Die Eifersucht Michelangelos

Der noch von seinen »kriegerischen« Wechselfällen verstörte Leonardo ging oft in das Haus des Freundes Giovanni Benci, um sich mit ihm über Wissenschaft, vor allem über Kosmographie zu unterhalten. Giovanni Benci hatte eine wunderbare Weltkarte.

Vermutlich das Bildnis der Ginevra Benci, von dem der Anonimo Gaddiano berichtet. Das Gemälde wurde in Liechtenstein wiedergefunden, heute wird es in der National Gallery in Washington aufbewahrt.

»Der Globus Giovanni Bencis« liest man in einem der Tagebücher. »An Giovanni Benci mein Buch«, ein Zeichen, daß die beiden Freunde nicht nur ihre Meinungen, sondern auch Bücher austauschten. Ihre Gespräche drangen in die intimsten Regionen des Daseins vor, sie reichten vom Stein, der, wenn er ins Wasser fällt, »um den durchschlagenen Fleck Kreise verursacht, zur Stimme, die sich in der Luft wiederholt, bis zum Verstand, der, da endlich, sich nicht ins Unendliche ausdehnt«.

Ginevra war wahrscheinlich die Schwester des Giovanni. Mit Sicherheit wissen wir, daß sie eine Tochter dieses Hauses und sehr schön war.

»Er porträtierte in Florenz Ginevra d'Amerigo Benci nach der Natur«, sagt der Anonimo Gaddiano, »und machte dies so gut, daß es nicht ein Porträt, sondern Ginevra selbst zu sein schien.«

Wie bei Cecilia, so hatte Leonardo auch bei ihr das Bildnis in einem idealen Spiegel reflektiert, das Gesicht und die Seele, die kaum wahrnehmbaren Zeichen eines Lächelns um die fest geschlossenen Lippen, ein verinnerlichtes Lächeln, Zeichen der Reinheit, im Blick zwischen den Lidern alle Träume einer erwartungsvollen und fröhlichen Jugend.

Später war das Bild verlorengegangen; es wurde im vorigen Jahrhundert dann in Lichtenstein wiedergefunden. Der Maler hatte hinter Ginevra in der Tiefe des Bildes symbolisch einen Ginsterstrauch gemalt, sozusagen als Anspielung auf den Namen des Mädchens. Heute befindet sich das Bild in der National Gallery in Washington.

Die Rückkehr Leonardos hatte den Gonfaloniere in Bewegung gebracht. Da dieser wußte, daß der Aufenthalt des Künstlers nicht von langer Dauer sein würde, denn der König von Frankreich rief ihn erneut nach Mailand, suchte

er nach einem Einfall, der des Vinci und der Stadt Florenz würdig wäre, um ihn sofort an die Arbeit zu setzen.

Eines Morgens kam ihm eine wunderbare Idee.

Als er den Saal des Großen Rates durchschritt, um sich in sein Arbeitszimmer zu begeben, wurde sich Soderini der riesigen, noch weißen Flächen der Wände bewußt.

– Eine für Leonardo –, sagte er mit lauter Stimme, – und die andere für Michelangelo! –

Leonardo, der reife Künstler auf dem Höhepunkt seines Ruhmes und seiner Ehre, vor dem selbst die Regenten voller Bewunderung verharrten. Michelangelo, der junge Einzelgänger und Rebell, der nach der Pietà in Rom nun dabei war, die großartigste Statue aller Zeiten, einen David für die Signoria, zu verwirklichen.

Als Soderini Leonardo rufen ließ, hatte dieser gerade das Porträt der Ginevra beendet und studierte eine Methode, Miniaturen »abzutönen«.

In seinen Heften gibt es Notizen, die sich auf Anleihen und Rückgaben beziehen, und eine Bemerkung über Salaì. Der eitle und anmaßende Jüngling lief wie ein Prinz gekleidet herum, gab sich als Maler aus und übernahm Aufträge, da er wußte, daß der Meister mit seinem Pinsel die schlechten Machwerke immer ausbessern würde. Er stahl, ließ sich aber von Leonardo zugleich einkleiden und aushalten.

»Ich, Leonardo da Vinci, erinnere mich, am 8. April 1503 dem Miniaturmaler Vante 4 Golddukaten geliehen zu haben. Salaì brachte sie ihm und übergab sie ihm eigenhändig. Er sagte, er werde sie mir innerhalb von vier Tagen zurückgeben. Ich erinnere mich, daß ich am selben Tage dem Salaì 3 Golddukaten zurückgab, er sagte, er wolle sich ein Paar rosa Strümpfe kaufen, und ich hatte ihm noch neun Dukaten zu geben. Fest steht aber, daß er mir zwanzig Dukaten zurückgeben muß, nämlich siebzehn, die ich ihm in Mailand, und drei, die ich ihm in Venedig geliehen habe.«

In den ersten Maitagen des Jahres 1503 wurde der Vertrag zwischen der Signoria und Leonardo

abgeschlossen. Das Thema: eine der siegreichen Schlachten des Florentinischen Heeres, von denen Soderini eine Liste hatte aufstellen lassen. Leonardo wählte die Schlacht von Anghiari, die im Jahre 1440 zwischen den Florentinern und den Truppen des Herzogs von Mailand stattgefunden hatte.

Sofort begann er seine Studien mit einer langen Reihe von Zeichnungen.

– Ich bin sehr froh über deine Wahl, Leonardo! Die Schlacht von Anghiari war voller Überraschungen, und wenn du willst, werde ich dir viel Interessantes darüber mitteilen. –

Es war Machiavelli, der so sprach. Er hatte gerade in jenen Tagen der Signoria, die sich noch im Krieg mit Pisa befand, ein kühnes und vielleicht nicht zu verwirklichendes Unternehmen vorgeschlagen, nämlich die Verlegung des Arno. Er wies auf Leonardo als den Architekten hin, der dieses titanische Vorhaben würde ausführen können.

Als Leonardo von Machiavellis Vorschlag erfuhr, ließ er sofort die Studien zum Schlachtenbild liegen, um sich in jene über Hydraulik zu stürzen. Wir finden ihn tatsächlich zusammen mit Alessandro degli Albizi dabei, die »Wassermeister« anzuhören, mit den »Bevollmächtigten« zu diskutieren und die Militärs zu überzeugen.

Am Schluß wurde dem Gonfaloniere von Florenz ein bis ins einzelne gehender, mit vielen Zeichnungen versehener Bericht vorgelegt, in dem der Vorschlag des Vinci aufgenommen war, den Arno zu kanalisieren und ihn in Richtung Livorno abzuleiten. Man hätte dafür 2000 Arbeiter und 30–40000 Arbeitstage benötigt.

Soderini genehmigte den Beginn der Arbeiten. Nach und nach gewannen die Zweifel der »Wassermeister« und der Bevollmächtigten jedoch die Oberhand, und das kaum begonnene Unternehmen kam zum Stillstand.

Am 24. Oktober befahl die Signoria, an Leonardo die Schlüssel zum Papstsaal in Santa Maria Novella auszuhändigen, damit der Meister in aller notwendigen Bequemlichkeit und der erfor-

*Bildnis Leonardos von unbekannter Hand, das
die Eleganz und den besonderen Ausdruck des
Künstlers zeigt.*

derlichen Ruhe die Kartons für die Ausmalung
des Großen Saales ausführen könnte.

So begab sich nun Leonardo jeden Morgen
nach Santa Maria Novella, um dort die Gerüste
aufrichten zu lassen. Die Leute warteten auf ihn,
um ihn vorbeigehen zu sehen, die Frauen zeigten

sich an den Pforten, die Handwerker lehnten sich
aus den Werkstätten heraus.

Er war von hoher Gestalt. Die eher weiße als
blonde Haarmähne wallte auf die Schultern herab
und vereinte sich mit dem großen, auf die Brust
fallenden Bart. Sein Gesicht war schön, der Blick
majestätisch, die Stirn hoch, der Schritt elastisch.
Seine Gehilfen folgten ihm, schön und elegant,
heute würde man sagen, »nach dem letzten
Schrei« der Mode gekleidet, während Leonardo,
der die Willkür der Mode verachtete, immer dieselbe extravagante, von ihm selbst entworfene

Kleidung trug, die nur im Stoff und in der Farbzusammenstellung wechselte.

»Er war ein schöner Mensch«, schreibt der Anonimo, »gut proportioniert, schlank und gut aussehend. Er trug einen kurzen rosa Rock, der bis zu den Knien reichte, obwohl damals längere Kleidung üblich war. Eine schöne Kapuze, die angeknöpft und hübsch angeordnet war, ging ihm bis zur Mitte der Brust...«

Niemand durfte in den Papstsaal eintreten. Leonardo arbeitete vom Morgen bis Sonnenuntergang ohne Unterbrechung und erlaubte sich nur am Abend ein Treffen mit Freunden, einige wissenschaftliche und philosophische Diskussionen.

Es war an einem Herbstabend, als er, wie gewöhnlich aus der Santa Maria Novella kommend, mit Salaì und einem anderen Schüler namens Giovanni Gavina »an Santa Trinità vorüberging, bei der ›Pritsche‹ der Spini«, wie der Anonimo noch erzählt, »wo eine Versammlung achtbarer Männer stattfand und man einen Passus aus Dante diskutierte. Man rief Leonardo herbei und bat ihn, diese Stelle zu erklären. Zufällig kam gerade Michelangelo vorüber, und Leonardo... antwortete: ›Michel Agnolo wird es Euch erklären‹. Da es Michelangelo schien, als habe er dies gesagt, um ihn zu verspotten, antwortete er zornig: ›Erkläre nur du es, der du ein Pferd entwirfst, um es in Bronze zu gießen, und da du es nicht gießen konntest, ließest du es voller Scham stehen‹. Dies gesagt, wandte er ihnen den Rücken und ging fort. Leonardo, der zurückblieb, errötete über diese Worte.«

Michelangelo war ein gründlicher Kenner Dantes, was in Florenz jedermann wußte. Er hatte wie ein Sohn im Hause des Magnifico inmitten der Humanisten gelebt und über Dante die gelehrten Kommentare des Cristoforo Landino gehört. Leonardo hatte beabsichtigt, ihm seinen Respekt zu beweisen – die verleumderische und giftige Antwort machte Buonarotti keine Ehre.

Die Ursache dafür aber ist, daß die bloße Gegenwart Leonardos genügte, um Michelangelo

Der David des Michelangelo, auch der »Koloß auf dem Platz« genannt.

übel werden zu lassen. Seine Eifersucht war krankhaft. Er hatte einige Malereien Leonardos gesehen und ihnen ihre ganze erneuernde und unnachahmbare Botschaft entnommen. Der Ruhm des Abendmahls war auch nach Florenz gelangt, zusammen mit der Geschichte des gigantischen Pferdes, und der junge Rivale litt darunter. Er hatte hinter Santa Maria del Fiore eine Wand aus Brettern errichten lassen, um von niemandem gesehen zu werden, während er an seinem Koloß arbeitete. Aber der David war nur viereinhalb Meter hoch, während das Pferd Leonardos nach dem, was Luca Pacioli versicherte, mehr als sieben Meter maß – fast das Doppelte –, und wenn es in einem einzigen Guß aus Bronze gegossen worden wäre, hätte man von einem Wunder reden können. Donatello und Verrocchio wären zu Meistern zweiten Ranges geworden.

Die Judith des Donatello, an deren Stelle der David aufgestellt wurde.

Wenige Tage später ernannte der Gonfaloniere eine Kommission von Experten, um den David zu prüfen und zu entscheiden, wo er aufgestellt werden sollte, ob unter der Loggia des Orcagna oder vor dem Palazzo della Signoria.

Leonardo wurde zum Mitglied dieser Kommission berufen, der auch Andrea della Robbia, Attavante, Cosimo Rosselli, David del Ghirlandaio, Simone del Pollaiuolo, Filippino Lippi, Sandro Botticelli, Giuliano und Antonio da Sangallo, Sansovino, Granacci, Piero di Cosimo und Perugino angehörten.

Die Kommission erklärte einmütig die Vorzüglichkeit des Werkes.

– Ich kenne diesen Marmor –, sagte Leonardo, –weil ich mir ebenfalls darüber einige Gedanken gemacht hatte. Er bot aber wegen der Schläge des Meisters Agostino solche Schwierigkeiten, daß ich mich nicht entschließen konnte,

ihn vom Gonfaloniere zu erbitten. Daher kann ich sagen, daß Michelangelo, indem er eine so schöne Statue daraus gehauen hat, mehr tat, als wenn er einen Leichnam zum Leben erweckt hätte. –

Alle bekundeten ihren Beifall. Nur Michelangelo gab ein Zeichen von Widerspruch. Als Leonardo vorschlug und sich damit der Meinung Sangallos anschloß, ihn unter der Loggia des Orcagna aufzustellen und diese deshalb allenfalls mit schwarzen Platten auszukleiden, um das Weiß des Marmors besser zur Geltung zu bringen, antwortete Michelangelo, daß dies Überlegungen von Malern seien, und forderte aufgebracht, die Statue anstelle der Judith des Donatello vor dem Palazzo Vecchio aufzustellen.

– Aber dies ist weißer Marmor, Zuckermarmor! Kaum der Luft ausgesetzt, wird er dir zerbröckeln –, sagte Andrea della Robbia.

– Das ist nicht wahr, es ist dauerhafter Marmor, hart wie Stein, das weiß ich, der ich ihn behauen habe, und er soll im Freien stehen! – antwortete Michelangelo. Und in den ersten Junitagen des Jahres 1504 wurde er ins Freie gestellt, um seinen Meister zufriedenzustellen.

Leonardos und Michelangelos Kontroversen hielten an. Eines Tages befand sich Leonardo nahe an Santa Maria del Fiore in einem Wortwechsel mit einer Gruppe von Malern, die von Granacci angeführt wurden und denen er seine Beobachtungen über die Perspektive dargelegt hatte.

– Wenn ihr Maler sein wollt –, hatte Vinci geschlossen, – vergeßt nicht, daß die Komposition jeden Bildes immer den Gesetzen der Mathematik gehorchen muß. Ich werde sogar versuchen, diese Regeln aufzuschreiben, und so wird sie jeder bestreiten können. –

– Aber was willst du schon schreiben, der du nur bei Verrocchio in der Schule warst –, unterbrach ihn einer der Gruppe, ein gewisser Rucellai. – Weißt du, was man von dir in Florenz sagt? Daß du nicht ’mal den ›Donatello‹ absolviert hast. –

»Ich weiß wohl«, antwortete Leonardo, »daß

alle Dünkelhaften glauben, mich tadeln zu können, weil ich unwissend bin, und mich beschuldigen, ein Mann ohne Bildung zu sein! Doch schau, wie dumm sie sind! Ich könnte ihnen antworten, wie es einst Mario den römischen Patriziern gegenüber tat, indem er sagte, daß sie sich nur mit dem Reichtum anderer, ich mich aber mit meinen eigenen Werken schmücke. Und diese Werke sind das Ergebnis meiner eigenen Erfahrung, die immer für alle die Lehrmeisterin des Lebens war und es ebenso auch für mich ist.«

Inzwischen war Michelangelo dazugekommen und hatte die letzten Worte seines Rivalen gehört.

– Du sagst auch –, rief er, – daß die Bildhauer arme Steinmetzen mit schwielenbedeckten Händen sind, immer schmutzig von Erde und Staub, während die Maler wie du mit Weiberhänden, »die anmutigen Pinsel« handhaben und dabei Musik hören, nicht wahr? Ich bin sicher, daß du auch dies schreibst, um uns das Handwerk zu lehren. Aber »wenn auch diese Kapaune von Mailändern dir zuhörten, hier in Florenz glaubt dir keiner!«

Leonardo antwortete nicht. Er sah auf der Erde ein starkes viereckiges Eisen liegen, hieß es den Salaì aufheben und ihm reichen, und als er es in der Hand hatte, bog er es zusammen, fixierte dabei Michelangelo, ohne sich zu entrüsten, warf es nach Buonarroti, der es, um es nicht ins Gesicht zu bekommen, im Fluge auffangen mußte, und sagte ihm:

– Nun, wenn es dir gelingt, so biege es mit deinen Männerfäusten wieder, wie es war! –

Der große Wettstreit

Unterdessen ist auch die andere Wand im Saale des Großen Rates an Michelangelo vergeben worden, der eine Episode aus der Schlacht von Cascina wählt, in der die Florentiner gegen die Pisaner kämpften. Auch ihm wird ein Raum zur Ausführung der Kartons angewiesen, und zwar im stillen Kloster Sant' Onofrio.

Der große Wettstreit hat begonnen.

Die beiden wichtigsten Epochen des Humanismus – die vor Savonarola und die nach ihm – sind im Begriff, sich einander gegenüberzustellen und aneinander zu messen. Die antike Heiterkeit

Die Kartons zu den Schlachten, zu der von Cascina, die Michelangelo zum Thema wählte und die sich auf ein Treffen zwischen Florentiner und Pisaner Soldaten bezog, und der von Anghiari, die Leonardo wählte, um an die Schlacht zwischen Florentiner und Mailänder Soldaten zu erinnern. Die Kartons waren Gegenstand allgemeiner Bewunderung. Cellini berichtet, daß die Bevölkerung von Florenz vor den Meisterwerken vorbeidefilierte und sie zum Hauptgegenstand jeder Unterhaltung machte.

der Zeit des Cosimo und Lorenzo – gleichsam die einer wiedergewonnenen Jugend nach den Zweifeln und Qualen des vorausgegangenen Jahrhunderts – und die neue Krise, die sich nicht mehr in der Beziehung zwischen Mensch und Gott, sondern im Innern des Individuums selbst auswirkt.

Die düsteren Scheiterhaufen, die der Mönch von San Marco entzündete, auf denen viele Handschriften, Kunstwerke und vor allem viele Anschauungen des Menschen aus dem Quattrocento, dem 15. Jahrhundert ihr Ende fanden, und schließlich der Scheiterhaufen, auf dem er selbst zugrunde gegangen war, haben eine Wirklichkeit geschaffen, die nicht mehr vergessen werden kann. Die Flammen leiten eine neue Weise des Denkens und Seins ein. Der Mensch, den der

Humanismus kühn emporgehoben hatte, wendet sich in sich selbst zurück, er quält sich, er beginnt, ein inneres Drama zu erleben und aufzuzeigen.

Leonardo verkörpert das goldene Zeitalter des Humanismus, in seiner Harmonie mit der physischen Erscheinung, in der majestätischen Haltung, als königlicher Magier, in prachtvoller Kleidung, mit einem Gefolge von Schülern, die schön sind wie Engel. In Michelangelo gewinnt die Krise des Humanismus Gestalt, der dämonische Mensch gegen den Olympier, der Widerspruch gegen jede Form von Weisheit, der Aufstand gegen jede wohlwollende Toleranz.

Er ist ein junger Mann um die dreißig, klein, mit einem großen, ungekämmten Kopf, knotigen Händen, einem exaltierten fiebrigen Blick, schlecht gekleidet, widerborstig und eifersüchtig, ohne Freunde noch Schüler. In seiner Tasche trägt er statt eines Heftes für Notizen nur immer irgendeine schreckliche und erschreckende Predigt Savonarolas bei sich.

Der Magistrat und die Bürger von Florenz sind sich des Außergewöhnlichen dieser Konfrontation bewußt: Das Genie Leonardos und das Genie Michelangelos sind im Begriff, ihr Bestes zu vollbringen, wenn sie eine der leuchtendsten Seiten der Florentiner Geschichte schreiben.

Leonardo, der als erster begonnen hatte, beendet auch als erster die Kartons. Am 28. Februar 1505, ein Jahr nach Beginn, läßt er im Papstsaal die Gerüste abbauen.

Die Menschen eilen herbei. Die Überraschung ist so groß wie die Bewunderung. Leonardo hat seinen Mitbürgern zeigen wollen und können, daß er nicht nur ein »begnadeter« Maler, ein Magier des Halbdunkels ist, wie sie ihn alle kennen, sondern daß er auch Kraft besaß, die Krallen und Zähne eines Löwen hatte.

Der Zusammenstoß bei Anghiari, bei dem die Florentiner von Francesco Sforza geführt worden waren und die Mailänder unter dem Kommando des Niccolò Piccinino gestanden hatten, war sehr heftig gewesen, wenn es auch nur einen Toten durch einen Unfall gegeben hatte. –

148

Die »Doria-Tafel«, so genannt, weil sie Teil der Sammlung Doria d'Angri in Neapel ist.

Sie ist wahrscheinlich die getreueste und beachtenswerteste Rekonstruktion der »Schlacht von Anghiari«, die von Leonardo mit dem »Enkaustik« genannten Verfahren auf die Wände des Großen Saales im Palazzo Vecchio gemalt wurde.

Leonardo hatte in raschen Notizen den Hergang der Schlacht rekonstruiert: »Sie beginnt mit einem Gebet des Niccolò Piccinino für die Soldaten und die Florentiner Flüchtlinge... danach stelle man dar, wie er erst bewaffnet zu Pferd steigt und das ganze Heer hinter ihm herzieht... Hier an dieser Brücke kommt es zum großen Handgemenge, die Feinde siegen...«

Er hatte jede Episode analysiert. Wie die Notizen in seinem Heft bezeugen, war er bis nach Anghiari zum Ort der Schlacht gegangen.

Später, bei der endgültigen Ausführung, verschwindet jede Spur von Realismus, sowohl im Geographischen als auch im Historischen. Die Schlacht ist nur noch ein Zusammenprallen von Kräften, von Wollen und von menschlichen Leidenschaften. Leonardo hat die Bewegungen übersteigert, Krieger und Pferde zu einem Gewirr von Muskeln in einander widersprechendstem Ausdruck verschlungen.

Sein Rivale steht ihm jedoch nicht nach. Auch Michelangelo hat sich selbst übertroffen. Statt der Schlacht hat er eine nebensächliche Episode gewählt: wie die Florentiner Soldaten im Arno baden und ein Trompeter unversehens Alarm bläst. Der Schall der Trompete hat in der Verlebendigung Michelangelos die Wirkung einer Explosion: Der sucht seine Kleider, jener die Waffen, ein anderer das Ufer, um sich emporzuziehen. Ein Spiel der Muskeln, ein gekonntes anatomisches Relief, eine so plastische Dynamik, daß es direkt den Eindruck erweckt, die Figuren sprängen aus dem Karton heraus.

»Enkaustik«

Der Kontrakt sah vor, daß die Kartons noch im Februar 1505 fertiggestellt sein sollten und der Rat vom April 1504 an monatlich 15 Florentiner Goldgulden zu zahlen hatte. Falls die Kartons innerhalb des vertraglich festgelegten Termins nicht ausgeführt wären, hätte Leonardo die ganze erhaltene Summe zurückzuzahlen. Wegen der Ausführung des Freskos im Großen Saal

Modelle von »Flugapparaten«, nach Zeichnungen Leonardos rekonstruiert.

würde man nach der Prüfung der Zeichnungen eine weitere Vereinbarung treffen.

In den ersten Julitagen des Jahres 1504 kam Giuliano da Vinci, der Sohn Ser Pieros und selbst »Sere«, zu ihm nach Santa Maria Novella, um ihm zu sagen, daß es dem Vater schlecht ging.

Leonardo folgte seinem Halbbruder in die Via Ghibellina, wo er Lucrezia in Tränen und ein Kind von wenigen Monaten in der Wiege vorfand – Giovanni, den zuletzt Geborenen.

Ser Piero, im Dunkel des Zimmers, gab kein Zeichen von Bewußtsein mehr.

Leonardo näherte sich ergriffen dem Krankenlager.

– Vater –, sagte er. Beim Ton dieser vertrauten Stimme öffnete der Alte die Augen, erkannte diesen seinem Herzen so nahestehenden Sohn, der von den sogenannten »legitimen« so scheel angesehen wurde, und mit dem Versuch, sich zu erheben, flüsterte er Leonardo, er ihn stützte, ins Ohr:

– Verzeih mir, mein Sohn. –

»Am Mittwoch, dem 9. Juli 1504 starb um 7 Uhr Ser Piero da Vinci, Notar am Palazzo des Podestà, mein Vater, um 7 Uhr. Er war im Alter von 80 Jahren. Er hinterließ 10 männliche und 2 weibliche Kinder.«

Die innere Erschütterung Leonardos zeigt sich in seiner Ungenauigkeit – das Alter Ser Pieros: er war 77 und nicht 80 Jahre alt; der Tag war ein Dienstag und kein Mittwoch; die Zahl der Kinder, die nicht mehr alle am Leben waren; und danach notiert Leonardo im selben Heft: »Mittwoch um sieben Uhr starb Ser Piero da Vinci am 9. Juli 1504. Mittwoch gegen 7 Uhr.« –

Wie Michelangelo, der neben den Kartons für die Schlacht von Cascina die berühmten »Tondi«

malte oder in Marmor arbeitete, machte auch Leonardo in dieser Zeit andere Dinge, und nicht nur auf dem Gebiet der Kunst.

Seit Jahren studierte er mit ziemlicher Beharrlichkeit die Möglichkeit des Menschen, zu fliegen. Die fixen Ideen des Onkels Francesco waren auch die seinen. Sie gingen zurück in die Zeit, als er den Hühnergeier zwischen Monte Albano und dem Meer kreisen sah, oder in die Zeit, als er in Mailand eine Bretterwand zwischen seinem Haus und dem Dom errichten ließ, damit die, die am Tambour arbeiteten, ihn nicht sehen sollten.

Das Problem der Schwerkraft hatte er zu studieren begonnen, indem er von Marliani »De Proportione Motuum in velocitate« las und zusammen mit Luca Pacioli das »De Ponderibus« des Euklid kommentierte. Jetzt bereitete er seine geheimnisvolle und ungewöhnliche »Maschine« vor, die den Menschen in der Luft halten würde.

Ohne es zu wissen, hatte Leonardo das erste Prinzip der Mechanik entdeckt, nach dem »jeder Aktion eine gleiche und entgegengesetzt wirkende Reaktion entspricht«: »Mit soviel Kraft,

Die Studien über den Flug schritten bis zu dem Punkt voran, an dem Leonardo mit dem treuen Zoroastro begann, heimlich den in die Zukunft weisenden Flügel zu bauen, mit dem in der Welt eine neue Ära anbrechen sollte.

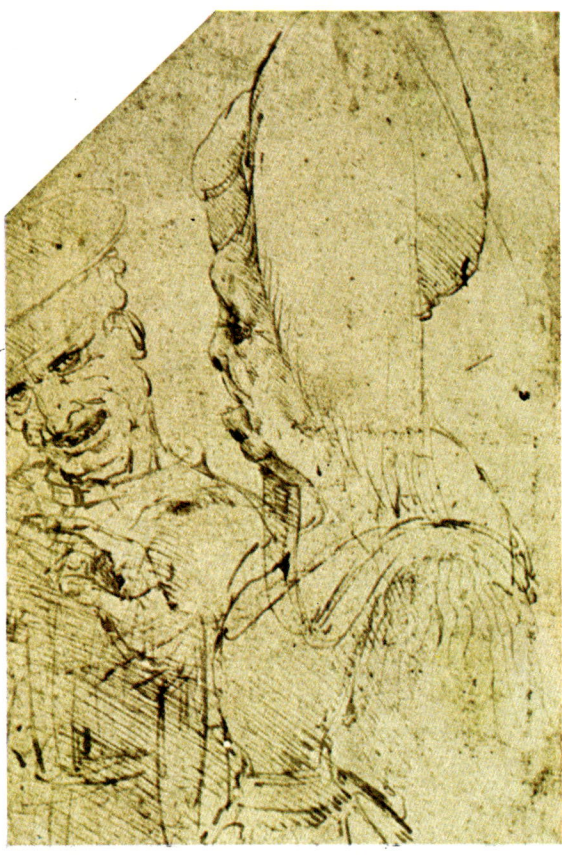

Karikaturen von Leonardo.

wie man mittels einer Sache der Luft entgegensetzt, mit ebensoviel Kraft wirkt die Luft dieser Sache entgegen.«

Zum Beweis dieser Entdeckung hatte er den Fallschirm gezeichnet.

Sein Traum aber waren die Flügel, wie sie die Vögel ganz natürlich, leicht und harmonisch bewegen.

Seit der Mailänder Zeit begann er mit der methodischen und systematischen Beobachtung des Vogelfluges: »Der Vogel wird immer auf der Seite den Flügel nach unten schlagen, wohin er kreisen will...«, »... der Vogel hält unmerklich sein Gleichgewicht in der Luft...«, »... Wenn in der Luft kein Wind herrscht, dann schlägt der Hühnergeier beim Fliegen die Flügel häufiger...«

Flatternder Flug, Gleitflug, kreisender Flug:

aufgrund dieser Beobachtungen begann er, seine Apparate zu konstruieren.

Oft arbeitete Leonardo, nach einem bei den Schlachtenkartons verbrachten Tag, während der Nacht mit Hilfe des treuen Zoroastro an dem Skelett der Flugmaschine, die den Menschen in der Luft halten sollte. Nach verschiedenen Versuchen kam er zu dem Schluß, daß die vertikale Position besser als die horizontale war, da so das Zentrum der Schwerkraft tiefer gelegt wurde, was sich für die Stabilität des Apparates und die Entwicklung der Antriebskräfte vorteilhaft auswirkte. Ein normaler Mensch würde in vertikaler Position eine Kraft von 600 Florentiner Pfund, das heißt etwa 2 Doppelzentnern entwickeln können.

Die Studien wurden mehr und mehr verstärkt, doch waren die Kartons inzwischen beendet. Leonardo hatte die Vereinbarung erfüllt, genau ein Jahr war vergangen. Mit Ablauf der Frist hatte er die Beendigung der Vorbereitungsarbeiten mitgeteilt.

Jetzt handelte es sich darum, die Gerüste im Großen Saal aufzurichten, um mit der Malerei zu beginnen. Mit ihm waren Maso Masini, Ferrando Spagnuolo, Riccio della Porta alla Croce, Raffaello d'Antonio di Biagio, Salaì und Jacopo Tedesco.

»Am Dienstag abend kam der siebzehnjährige Lorenzo, um bei mir zu wohnen. Und am 15. des besagten April erhielt ich 25 Goldgulden vom Kämmerer von S. M. Nuova.«

Ein weiterer Schüler, ein zusätzlicher Geldbetrag aus den Rücklagen, um die zahlreiche »Familie« zu erhalten.

Plötzlich kamen jedoch alle Arbeiten zum Stillstand. Leonardo hatte bei Plinius von einem Mörtel gelesen, dessen sich die Römer für ihre Fresken bedienten. Er nannte sich »Enkaustik«.

Man mußte ihn herstellen und ausprobieren. Ganz im geheimen wurden im Papstsaal in Santa Maria Novella die Proben durchgeführt.

Mit großer Sorgfalt war die Mischung vorbereitet und damit ein Stück Wand übergipst worden. Leonardo hatte einen Teil davon mit Öl-

farbe bemalt und dann entsprechend der Emp-
fehlung von Plinius vor der Malerei ein großes
Feuer angezündet, um die Farbe trocknen zu lassen. Die Wirkung erfolgte sofort und war erfolgreich: Das Feuer hatte die Farben zu voller
Leuchtkraft gebracht.

– Das hätten wir, Jungens! – rief Leonardo
glücklich aus. – Jetzt können wir zum Palazzo
gehen und die Wand vorbereiten. Wir werden ein
noch nie gesehenes, wunderbares Gemälde machen! –

In derselben Nacht schrieb er, noch im
Schwung seines Enthusiasmus, eine stolze Bemerkung über die künftige Flugmaschine:

»Der große Vogel wird seinen ersten Flug über
den Bergrücken des großen Cécero nehmen. Er
wird das Universum mit Staunen, alle Schriften
mit seinem Ruhm erfüllen und dem Nest, wo er
geboren wurde, ewige Ehre bringen...«

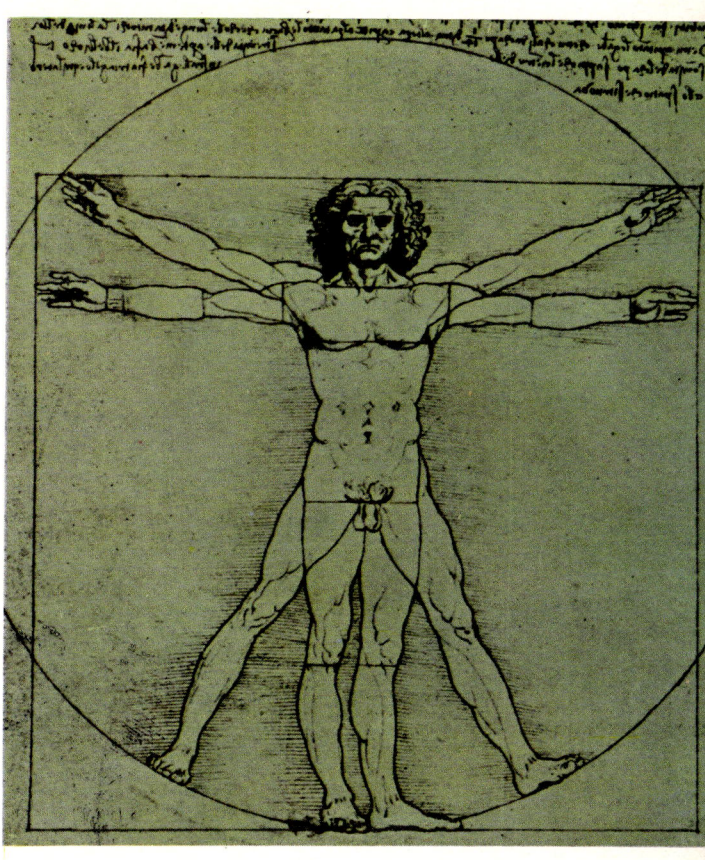

*Die berühmte Zeichnung, in welcher der Mensch
die Form des Kreuzes und des Fünfecks trägt.*

Sie

Wir wollen nicht, wie alle andern, das Gesicht
der Gioconda zerlegen. Es ist viel, zu viel über
dieses Gesicht einer Sphinx geschrieben worden,
und neben vielen schönen und richtigen Dingen
sind auch viele Albernheiten gesagt worden.

Die Gioconda ist und bleibt das große Geheimnis Leonardos. Nur eins ist gewiß: Es handelt sich nicht um ein Porträt, das er im Auftrag
malte, da es der Künstler, nachdem er sich vier
Jahre lang damit »gequält« hatte, wie Vasari ausführt, »noch unvollendet« mit sich nahm, um
sich nie mehr davon zu trennen.

In Florenz gibt es aber außer der geschriebenen
auch die mündlich überlieferte Geschichte, und
von einer Generation zur anderen war immer bekannt, daß auf der Piazza Santa Maria Novella
die Häuser des Francesco del Giocondo standen,
von dessen junger Frau Monna Lisa Leonardo
das Porträt gemacht hatte.

Der von der Signoria für die Herstellung der
Kartons überlassene Papstsaal lag den Häusern
des Giocondo gegenüber. Nichts ist daher wahr-

scheinlicher, als daß sich Leonardo mit dem alten
Messer Francesco anfreundete und sich infolgedessen anbot, das so schöne Antlitz seiner Frau
zu porträtieren.

Francesco del Giocondo hatte in der Tat im
Jahre 1495 in dritter Ehe ein aus Neapel gebürti-
ges Mädchen aus der Familie Gherardini geheiratet. Im Jahre 1499, in der Zeit, als er dem Rat der
»Bonomini« angehörte, starb ihm eine Tochter,
vielleicht die einzige, die ihm in seiner Ehe mit
Monna Lisa geboren wurde – »eine Tochter des
Francesco del Giocondo«, liest man im Toten-
buch des Klosters, »wurde in Santa Maria Novella beigesetzt«.

Wenn Monna Lisa bei ihrer Vermählung etwa zwanzig Jahre und beim Tode ihrer Tochter

vierundzwanzig Jahre alt war, dann war sie zwischen achtundzwanzig und dreißig, als Leonardo ihre reife Schönheit malte.

An bestimmten Tagen begab sich Leonardo, wenn er den Papstsaal verlassen hatte, zu ihr, um sie, diese traurige Frau zu porträtieren, die seit dem Tode der Tochter zu keinem Fest mehr gegangen war und nie mehr gelächelt hatte.

»Da Madonna Lisa sehr schön war, brachte Leonardo einige mit, die musizierten und sangen, während er sie porträtierte, und außerdem immer Narren, die sie erheiterten, um ihr die Melancholie zu nehmen, die den Porträts, die sonst gemalt werden, häufig eigen ist«, führt der Anonimo aus.

Leonardo wollte nicht nur ein Bildnis machen, er verlangte von sich, »etwas Lebendes« zu porträtieren. Niemand vor ihm hatte sich ein so verwegenes Ziel gesetzt, die Natur selbst herauszufordern, sie nachzuahmen, um sie zu übertreffen, und »das Abbild einer göttlichen Schönheit festzuhalten, die die Zeit und der Tod binnen kurzem zerstört haben«.

Das im Spiegel eingefangene Bild genügt nicht mehr, Leonardo muß es jetzt in sich selbst heraufbeschwören, muß tief in das Dunkel des Unbewußten hineinschauen, es etwas erhellen und in diesem zeitlosen Schimmer jenes Antlitz wiederfinden, jenes Bild, in einer Endgültigkeit, die nicht unbeweglich, sondern lebendig ist, und wäre es nur durch ein leichtes Kräuseln der Lippen zu einem wissenden Lächeln, dem Zeichen eines geheimen Einverständnisses zwischen ihr und dem Künstler.

Leonardo ruft alle seine Technik zuhilfe, mit der Geduld eines Miniaturmalers bildet er jede Pore der Haut, jeden Hauch von Flaum, die Wimpern der Augen, die kaum wahrnehmbaren Fältchen an Gesicht und Hals, die feinsten Unregelmäßigkeiten der Haut. Und der Forscher in ihm bemerkt mit Staunen, daß die menschliche Pupille sich im Schatten ausdehnt, im Licht zusammenzieht. Als er zu einem späteren Zeitpunkt darauf zurückkommt, an der Pupille der Monna Lisa zu malen, entdeckt er tatsächlich,

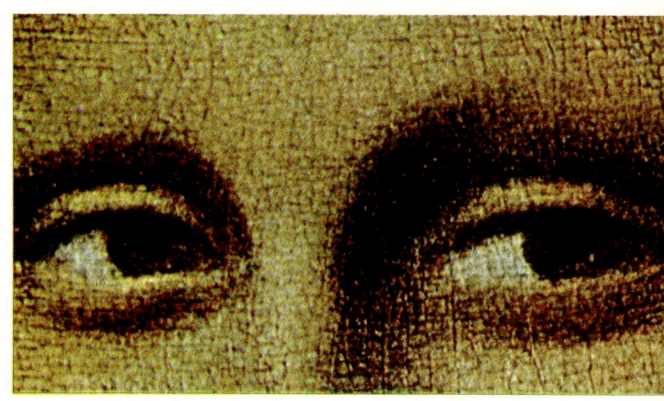

Monna Lisa del Giocondo, die berühmte Gioconda, war die Antwort des Genies auf den Widerspruch der neuen Maler, welche die Realität immer mehr nur in der Oberfläche sahen.

daß sie nicht mehr so ist wie zuvor, »und diese Sache hatte mich schon vorher beim Malen eines Auges getäuscht, und ich lernte daraus«.

Während er malte, erzählte Leonardo der Dame zuweilen seine Fabeln, Frucht seiner Lektüre oder seiner persönlichen Erfahrungen. Er war aus Rom und vor dem Borgia geflohen, er hatte in jeder Festung, die von den Männern des Valentino belagert worden war, gesehen, wie die Verteidiger hingemetzelt wurden. Er wußte, daß die Freiheit viel mehr gilt als das Leben, sie ist unbezahlbar. Er hatte gesehen, wie sie beleidigt, vergewaltigt und zerstört wurde.

– Ein armer Stieglitz –, erzählte Leonardo der Monna Lisa, – war den ganzen Tag unterwegs, um für seine Brut Würmchen und kleine Fliegen zu suchen. Als er aber eines Tages zum Nest zurückkehrte, fand er es leer. Jemand hatte ihm während seiner Abwesenheit die Kinderchen gestohlen. Der Stieglitz machte sich auf, sie überall zu suchen. Er stöberte in allen Zweigen, schaute in allen Büschen, er rief und weinte, weinte und rief. Es war wirklich qualvoll, ihn zu hören. Ein Fink, der von Mitleid bewegt wurde, machte sich nach draußen vor dem Walde auf und kam nach einer guten Weile zurück:

– Mir scheint, ich habe deine Kinderchen da unten beim Bauern gesehen –, sagte er.

Der Stieglitz flog weg und kam schnell beim Hause des Bauern an. Er sah draußen vor dem Fenster einen Käfig und darin seine Brut. Mit Schnabel und Krallen versuchte er lange, die Gitterstäbe zu öffnen, doch es gelang ihm nicht. Schließlich flog er, schreiend vor Schmerz, davon.

Am nächsten Tage kehrte er zurück. Er hatte etwas in seinem Schnabel. Seine Kinder hinter den Stäben öffneten vertrauensvoll ihre Schnäbel, und er fütterte sie einen nach dem andern zum letzten Mal.

Ja, denn der Vogel hatte seinen Kindern das Gift der Wolfsmilch gegeben, und so starben sie sofort.

Der Stieglitz schaute die tot Dahingestreckten an und sagte:

Jede Komposition Leonardos ist in der Vorstellung in eine genaue geometrische Form eingepaßt.

– Besser tot, als die Freiheit verlieren. –

– Nein, nein –, fügte Leonardo sofort hinzu, – macht nicht dies traurige Gesicht, Monna Lisa. Jetzt werde ich Euch etwas Fröhliches vorspielen, danach erzähle ich Euch die Geschichte von einem Kürbis… –

Monna Lisa, das Geheimnis Leonardos. Von der Zeit der Kartons bis zum tragischen Ende jener Wandmalerei. Von der glücklichen Ankunft in Florenz bis zur verzweifelten Abreise…

Es ist möglich, daß Vasari recht hat: Als Leonardo abreiste, war das Bild unvollendet. Denn dies war nicht mehr das Bild einer lebenden Frau seiner Zeit, sondern es war etwas von der Seele Leonardos oder sogar deren eigenster Ausdruck.

Eine Schönheit im Abnehmen, eine Hand wie verloren auf der andern und dahinter – noch –

die Leere. In Mailand wird Leonardo, nicht ohne tieferen Grund, mit täuschender Genauigkeit eine Landschaft mit Felsen und Gewässern ausführen, die genau besehen an einen bestimmten Punkt bei Paderno an der Adda erinnert, jene lombardische Landschaft, die ihm so lieb ist, und jenen reinen Himmel der Lombardei, »der so schön ist, wenn er schön ist«.

Monna Lisa wurde immer mehr die Gioconda: ein autobiographisches Porträt. Ihr Lächeln ist das melancholische Sich-bewußt-Sein dessen, der das »weiß«, was die anderen noch nicht wissen: die willentlich zweifache Antwort an die neue Generation.

Raffael

Bastiano da Sangallo, der Sohn des Antonio und Neffe des großen Architekten Giuliano, arbeitete bei Perugino in der Kirche SS. Annunziata. Er

Noch ein Beispiel einer Komposition Raffaels, die aus dem Dreieck entwickelt ist.

war ein ziemlich unruhiger Schüler und hatte ab und zu »philosophische« Krisen, die ihn dazu brachten, die Malerei bleiben zu lassen und sich den humanistischen Lehren zu widmen.

So ist es verständlich, daß seine Begegnung mit den Kartons des Michelangelo dramatisch verlief: Er verließ Perugino und ließ sich buchstäblich in Sant' Onofrio nieder, um dem Volk die Wunder dieser Kunst und die der Schlacht von Cascina innewohnende philosophische Botschaft zu erklären. Er schmückte seine Reden mit zahlreichen und passenden klassischen Zitaten aus, besonders des Aristoteles, so daß ihm als Zeichen bewundernden Wohlwollens der Zuname »Aristotile da Sangallo« angehängt wurde.

Die Lehre Leonardos wurde vom jungen Raffael verstanden und angewandt.

In derselben Zeit erlebte ein anderer Jüngling, der ebenfalls Schüler des Perugino war, wie vom Blitz getroffen vor den Kartons seine Begegnung von Damaskus. Diesmal waren es jedoch die in Santa Maria Novella ausgestellten Kartons der Schlacht von Anghiari. Der wie vom Blitz getroffene Bewunderer war Raffaello Sanzio aus Urbino.

– Meister –, sagte er, als es ihm gelang, sich Leonardo vorstellen zu lassen, – ich habe den Karton der Anna Selbdritt studiert, ich habe ihn viele Male kopiert, und jetzt frage ich Euch, ob ich kommen kann, um diese Schlachtenkartons zu studieren. –

– Hast du etwas bei dir, das du mir zeigen kannst? – fragte Leonardo.

Der junge Mann öffnete eine Mappe und zeigte seine Zeichnungen: Skizzen, Notizen, Detailstudien, perspektivische Eindrücke. Eine sichere Hand, ein Blick, der gewohnt ist, zu beobachten, ein Geist, der fähig ist, die Hand zu führen.

– Bravo –, sagte Leonardo zu ihm. – Du hast Fortschritte gemacht, du bist weicher geworden, ich möchte fast sagen, du bist dabei, dich zu »entperuginisieren«... – Raffael errötete.

– Ich habe schon einige deiner Arbeiten gesehen, man hat sie mir in Urbino gezeigt. Komm morgen wieder. Ich werde dich etwas sehen lassen. –

Am folgenden Tag kehrte Raffael pünktlich nach Santa Maria Novella zurück.

– Komm mit mir –, sagte Leonardo zu ihm. Und er führte ihn auf die andere Seite des Platzes.

– Hier ist ein Maler, der in der Welt von sich reden machen wird –, sagte Leonardo zu Monna Lisa. – Er kommt aus Urbino und heißt Raffael. Ich habe gestern abend von ihm mit Antonfrancesco Doni gesprochen, er soll sich porträtieren lassen. Und nun schau! – fügte er hinzu, wobei er sich an den Jüngling wandte und die Leinwand enthüllte, die auf der Staffelei stand.

Raffael schaute lange schweigend auf das Bildnis der Monna Lisa. Ihm schien, er träumte. Diese Malerei überstieg jede menschliche Möglichkeit, war etwas Neues, nie Gesehenes.

– Nun, Raffael, sagst du nichts? –

– Ich kann nicht –, antwortete der junge Mann mit gepreßter Stimme.

– Jetzt verstehe ich, jetzt sehe ich, was Malerei ist. Ich bin so glücklich, daß ich am liebsten weinen möchte. –

Die verlorene Schlacht

Die Schüler und Gehilfen Leonardos – die ganze Schule vollzählig – sind im Palazzo Vecchio an

Vom Papst nach Rom gerufen, um die »Stanzen« des Vatikan auszumalen, brachte Raffael in die malerische Komposition eine erneuernde Note: Seine Lehrer waren Leonardo und Michelangelo.

der Arbeit, um die Gerüste aufzurichten. Auch darin will der »Ingenieur« Leonardo auf seine Malerkollegen Eindruck machen. Der Schreiner und das übliche, von jeher gebrauchte Gerüst genügen ihm nicht: »Er errichtete eine kunstvolle Maschinerie«, sagte Vasari, »die sich, wenn man sie enger stellte, hob, und wenn man sie erweiterte, senkte sie sich.«

Um das Gerüst und die Wand zu verbergen, läßt er eine Palisade aus Schilfrohr errichten und verkleidet sie mit 25 m Leinen: eine schützende Trennwand zwischen seiner Arbeit und den Blicken der Neugierigen.

Die Kartons werden einer nach dem andern aus dem Papstsaal in jenen des Großen Rates gebracht, um die Vorzeichnung auf die »Enkaustik« zu übertragen. Bis zum Beginn der eigentli-

chen Bemalung verlebt Leonardo fieberhafte, glückliche Tage.

Vielfach sind seine Tätigkeiten, eine Verpflichtungen, seine Untersuchungen: Morgens arbeitet er im Palazzo Vecchio, nachmittags malt er entweder im Hause des Francesco del Giocondo oder treibt seine Studien über die Kanalisation des Arno voran. Nachts, wenn seine Schüler schlafen, zieht er sich mit Zoroastro in die unterirdische Werkstatt zurück, in der die geheimnisvolle und wunderbare Flugmaschine von der Decke herabhängt.

Ab und zu geht er nach Fiesole, um Don Alessandro Amadori zu besuchen, oft und gern läßt er sich in den Häusern der angesehenen Leute blicken, beim Adel, den Richtern, Bankiers und Kaufleuten von Florenz. Er vernachlässigt auch den Kreis der Künstler nicht, noch die alten Gefährten aus der Werkstatt des Verrocchio.

Hinzu kommen die gelehrten Gespräche mit Luca Pacioli, denen sich auch der junge Bartolommeo Vespucci, Mathematiker, Kosmograph und Neffe des großen Amerigo, und der Wissenschaftler Francesco Sirigatti, Verfasser eines Traktats über experimentelle Astronomie, anschließen.

Es fehlten auch die Ausflüge nach Vinci zum alten Onkel Francesco nicht und nicht jene ins obere Arnotal und ins Tal der Chiana wegen der Kanalisation des Arno – auch stromaufwärts von der Stadt – und wegen der Trockenlegung der Sümpfe.

Dies sind die unbeschwertesten und erfülltesten Monate im Leben Leonardos. Vielleicht beziehen sich auf diese Zeit gewisse Verse von unbekannter Hand – sie könnten von Monna Lisa sein –, die auf einer Seite des Tagebuches stehen und später unter einem riesigen Tintenfleck versteckt wurden:

»O Leonardo, warum leidet Ihr so?«

Und gleich danach steht von der Hand des Künstlers jene bittere Betrachtung über die Schönheit:

»Als sie in den Spiegel schaute und die vom Alter verursachten welken Runzeln auf ihrem Ge-

sicht sah, weinte Helena und fragte sich, warum sie zweimal geraubt worden war...«

Plötzlich aber werden die Eintragungen über die Einkäufe, die Zahlungen, das monatliche Abheben der Summen im Palazzo Vecchio abgebrochen.

Die Tagebücher bleiben geschlossen, keine Notiz, kein Satz, kein Wort.

Es muß im Winter 1505 auf 1506 gewesen sein. Leonardo ist fieberhaft dabei, die Wand zu bemalen, und geht von unten nach oben voran. Am Ende jeden Tages zündet er das Feuer an, um die Farbe zu trocknen. Das Ergebnis ist zufriedenstellend.

Eines Abends jedoch, als er einen breiten Streifen in größerer Höhe gemalt hat, reicht das Feuer nicht dorthin, um die Farbe zu trocknen. Leonardo befiehlt aufgeregt, mehr Holz auf das Feuer zu werfen, damit die Hitze die Malerei erreiche. Doch die Farben beginnen herunterzufließen und die schon getrocknete Malerei zu beschmutzen und zu verderben. Die Schüler werfen vergeblich Holz in die Flammen, lassen ihm Bänke, Stühle und alle Bretter, die zur Hand sind, folgen. Durch die außerordentliche Hitze bläht sich der Malgrund im unteren Teil wie eine Blase, während die Malerei nichts anderes mehr als eine vielfarbige Schmutzbrühe ist, die unaufhaltsam wie Lava aus einem Vulkan herabfließt, um alles zu vernichten.

Stumm, erstarrt sieht Leonardo im Widerschein der Flammen der Zerstörung seines Werkes zu.

Die Schlacht ist verloren.

Noch eine Niederlage

Alessandro Amadori nahm ihn in sein Haus auf und hielt alles von ihm fern. Niemand durfte sich ihm nähern, nicht einmal die Freunde. Leonardo brauchte das Alleinsein und das Schweigen. Die

üblen Reden und die engherzigen Bemerkungen mußten unten in Florenz bleiben.

Vergeblich versuchte der Gonfaloniere, ihm eine Botschaft zukommen zu lassen, die schließlich ein Befehl war.

– Leonardo ist krank –, sagten sie ihm. – Er ist in Fiesole, er braucht einen Luftwechsel. –

– Er muß aber die Malerei wiederholen. Er muß neu beginnen! –

– Jetzt kann er nicht. Man muß ihn in Frieden lassen –, antwortete der gute Kanonikus und lief bereitwillig zwischen Fiesole und Florenz hin und her.

Inzwischen erholte sich Leonardo, indem er sich vollauf seiner Flugmaschine widmete.

Zoroastro hatte sie, nachdem er sie auseinandergenommen hatte, nach Fiesole in den Schuppen des Don Alessandro gebracht. Gemeinsam hatten sie sie wieder zusammengesetzt und probierten täglich immer wieder die komplizierten Mechanismen aus.

Am 14. März öffnete Leonardo wieder sein Heft, um einen Vermerk zu machen über einen »Raubvogel, den ich über dem Ort Barbiga sah, als ich nach Fiesole ging«. Danach noch eine Notiz über den Berg »Cécero«, was in der Mundart »Schwan« bedeutet – und von neuem Schweigen.

Nach gewissen Historikern wurde dieser Apparat nie ausprobiert, sondern blieb im Stadium eines verkleinerten Modells, obwohl Gerolamo Cardano in seinem »De Suptilitate« schrieb:

»...auch Leonardo versuchte, zu fliegen, es bekam ihm aber schlecht...«

Nach anderen wurde der Flug versucht, man weiß nicht wie und von wem, die Maschine wurde aber sofort als ungeeignet verworfen.

In Fiesole hält sich jedoch zäh eine alte, von einer Generation an die nächste weitergegebene Überlieferung, die Geschichte des »Cécero«, des künstlichen Schwans, der eines Tages vom gleichnamigen Hügel zum Flug ansetzte und dann, in den Wald stürzend, verschwand.

Man weiß in Fiesole auch noch den Namen und Zunamen dieses wahnwitzigen Nachfolgers des Ikarus: Er hieß Tommaso Masini aus Pereto-

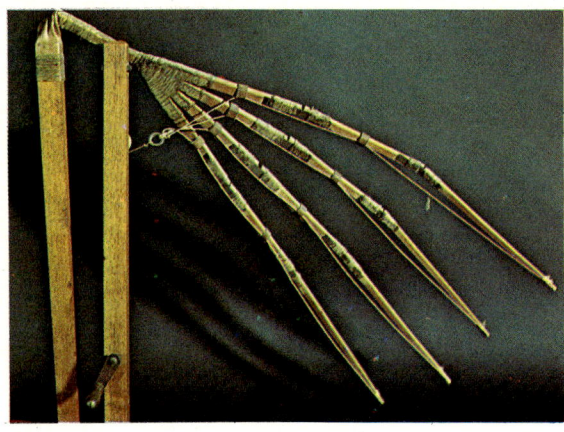

Rekonstruktion eines Flugapparates.

la, auch Zoroastro genannt, war ein berühmter Mechaniker und Leonardo sehr treu ergeben.

Nach der Tradition, die sich immer ins Kleid der Legende hüllt, traute Leonardo seiner Maschine mit beweglichen Flügeln nicht. Seine Berechnung erwiesen die Unmöglichkeit, nur mittels der Muskelkraft das Gewicht des menschlichen Körpers in der Schwebe zu halten. Und er begann, sich zu einem unbewegten, wenn auch nicht starren Flügel hin zu orientieren, der, die Luftströmungen ausnutzend, einen schwebenden Flug erlaubt hätte.

Der gute Zoroastro brachte es aber nicht über sich, auf das Ergebnis so vieler Mühen, so vieler mit dem »künstlichen Vogel« verbrachter Nächte zu verzichten und, vertrauensseliger als sein Meister, entschloß er sich, ihn selbst auszuprobieren.

– Ich werde ihn fliegen. Ich werde Euch zeigen, daß unsere Berechnungen richtig sind. Habt keine Angst, ich werde fliegen! –

Und er flog tatsächlich. Von der kahlen Spitze des Berges Céceri nahm der Mensch-Vogel Anlauf, stieß sich ins Leere ab und begann zu fliegen. Über eine bedeutende Strecke hielt er sich in der Luft, über den Wäldern und den Steinbrüchen, die sich entsprechend dem Neigungswinkel des Abhangs im Vergleich zur Fluglinie immer tiefer hinabzogen, bis schließlich – entweder durch die Aufregung oder ein falsches Manöver,

oder weil ihm die Kräfte versagten – Zoroastro abstürzte.

Die Tradition besagt auch, daß er sich schwer verletzte, vielleicht für den Rest seiner Tage behindert blieb, vielleicht bald darauf starb.

Sicher ist, daß Tommaso Masini nach fünfundzwanzig Jahren treuer Lebensgemeinschaft mit Leonardo in den Notizbüchern nicht mehr erwähnt wird. Die Geschichte und die Legende von Zoroastro enden genau in diesen Tagen, im Zeichen einer weiteren Niederlage.

Erschüttert kehrte Leonardo nach Florenz zurück, aber in seinem Herzen entschlossen zu fliehen. Denn auch seine Stadt zeigte ihm nunmehr nichts als Neid und Feindseligkeit.

Der gute Priester Alessandro folgte ihm, um ihn nicht allein zu lassen. Er versuchte, ihn anzuregen, für die Marchesa von Mantua zu arbeiten, die sich im vergeblichen Bemühen um das ersehnte Bildchen auch an ihn gewandt hatte.

Leonardo verkaufte seinen Hausrat, entließ seine Schüler und bat um Audienz bei dem Gonfaloniere.

– Meister Leonardo, wann gedenkt Ihr, wieder mit der Malerei zu beginnen? –

– Bald, hoher Herr. Ich komme, um von Euch drei Monate Urlaub zu erbitten, da ich nach Mailand gehen muß. –

– Und wenn Ihr nicht zurückkehrt? –

– Ich werde wiederkommen. –

– Welche Garantie gebt Ihr mir? –

Leonardo schaute den Gonfaloniere fragend an.

– Ich will hundertundfünfzig Goldgulden –, sagte der Soderini. Dann, als er merkte, daß er zu weit gegangen war, verbesserte er sich:

– Ich will sagen, wenn Ihr nicht zurückkehrt, müßt Ihr der Signoria eine Strafe von hundertundfünfzig Goldgulden zahlen. –

– Einverstanden. –

Wenige Tage später reiste Leonardo ab. Es war Ende Mai 1506. Salaì begleitete ihn. Auf dem dritten, mit Gepäck beladenen Pferd, befand sich auch das unvollendete Porträt der Monna Lisa del Giocondo.

VIERTER TEIL

Soderinis Wutanfälle

Da ist wieder Mailand mit seinen Kanälen, den Pappelreihen und den blauen Nebelschleiern, die sich nach Aufgang der Sonne auflösen, da sind die emsigen, heiteren und lebensfrohen Mailänder.

Leonardo betritt die Stadt fast auf Zehenspitzen, voller Sorge, auch hier den engherzigen Sinneswandel der Florentiner anzutreffen.

Um nicht die Schmach zu erdulden, wie in Florenz Augen zu begegnen, die vorgeben, ihn nicht zu kennen, zieht er es vor, sich den Blicken nicht auszusetzen und sich im Anonymen zu verbergen. Als anonymer Besucher bekommt er sofort zu wissen, daß Leonardo in Mailand noch immer »der Meister« ist. Das Volk hat seine »Taten« als Architekt, Ingenieur und Magier zur Legende werden lassen. Seine Werke, vor allem die Felsenmadonna und das Abendmahl, machen bei allen Malern Schule. Es gibt eine ganze Reihe, nicht genau berechenbare Kopien, die überall hin versandt wurden.

Alle eilen um die Wette, ihn zu begrüßen, ihn zu empfangen, zu feiern und zu verehren.

Der junge Gouverneur von Mailand, Karl von Amboise, der ihn nur durch seinen Ruhm kannte, empfängt ihn im Kastell mit fürstlichen Ehren. Die Worte der Edelleute am Hofe sind Balsam auf die noch schmerzenden Wunden seiner Seele.

Wirklichkeit und Groteske, Wahrheitsfindung und Karikatur in den Studien der Gesichter.

Er hat jedoch nur drei Monate Urlaub von der Signoria von Florenz, er kann nicht länger bleiben, noch irgendein Gemälde für Seine Majestät den König von Frankreich beginnen.

Karl von Amboise begreift den Wunsch des Künstlers und schreibt nach Florenz, um die Verlängerung von wenigstens einem Monat zu erbitten: »... da wir den Meister Leonardo noch brauchen, um uns ein bestimmtes Werk zu liefern, das wir ihn beginnen ließen...«.

Dieses Werk ist wahrscheinlich eine Madonna mit dem Jesusknaben, der mit einer Katze spielt, wovon sich nur einige Zeichnungen erhielten. Sicher ist, daß ein Bild von Leonardo von kleinen Dimensionen eiligst nach Blois, der Residenz des Königs, geschickt wird.

Soderini gewährt widerwillig die Verlängerung. Als jedoch Karl von Amboise gegen Ende September von ihm eine weitere verlangt, antwortet er unwillig und versichert, daß Leonardo sich seiner Stadt gegenüber übel verhalten habe, »... da er eine stattliche Geldsumme angenommen hat und mit dem großen Werk, das dafür anzufertigen war, nur einen kleinen Anfang machte...«. Er habe daher sofort zurückzukehren und seine Arbeit zu beenden, »... denn das Werk muß die Allgemeinheit zufriedenstellen...«.

Punktum. Leonardo gab sich vor dem technischen Mißgeschick geschlagen, nicht jedoch der Gonfaloniere, noch die »Allgemeinheit«, das heißt das Florentiner Volk: Leonardo soll daher nochmals beginnen.

Der junge Karl von Amboise, Statthalter von Mailand und Gönner Leonardos.

Ein Mann wie Leonardo kann aber eine so schwere und beleidigende Beschuldigung wie diese nicht unbeantwortet lassen. Soderini hat ihm mit der Vulgarität eines Kaufmanns die zu hohen Summen vorgeworfen, die er für einen »kleinen Beginn« erhalten habe. Und Leonardo schickt ihm aus Mailand die Gelder zurück.

Nachdem Alessandro Amadori seinerseits die Summe von 150 Goldgulden zusammengebracht hat, indem er sich zum Teil an die Freunde des Künstlers wandte, findet er sich einige Tage später tatsächlich bei Soderini ein und übergibt ihm im Namen des Malers das Geld. Rot vor Wut will der Gonfaloniere es nicht annehmen.

– Leonardo läßt Euch sagen, daß der Gewinn der Ehre mehr bedeutet als der des Reichtums.

Nehmt daher Eure Goldgulden und laßt ihn in Frieden. –

– Ich will kein Geld, ich will Leonardo. Das werde ich dem Gouverneur von Mailand schreiben! –

Mitte Dezember ist Leonardo zur Abreise bereit. Karl von Amboise übergibt ihm einen Brief an die Signoria von Florenz, der noch heute zu den wichtigsten und schönsten Zeugnissen der Wertschätzung dieses jungen Statthalters des Königs von Frankreich in Mailand für den großen Künstler gehört:

»... Die ausgezeichneten Werke, die Meister Leonardo in Italien und vor allem in dieser Stadt gelassen hat, waren Grund genug, ihn außerordentlich zu lieben, auch wenn wir ihn nie gesehen hätten... Und wir wollen bekennen, daß wir zur Zahl derer gehören, die ihn liebten, bevor wir ihn von Angesicht kannten...«

Die Bescheidenheit und Ehrlichkeit Karls von Amboise läßt ihn erklären, daß er Leonardo nur allein dadurch, daß er seine Werke gesehen hatte, liebte, bevor er ihn kannte. Und er fährt fort:

»Nun aber, da wir mit ihm zu tun gehabt und seine verschiedenen Fähigkeiten erprobt haben, sehen wir wirklich, daß sein durch die Malerei so hoch berühmter Name gegenüber dem, den er zum Lob für alles andere, das er mit so wundervoller Fähigkeit beherrscht, verdiente, noch dunkel ist. Und wir wollen gestehen, daß wir durch die Proben«, fuhr der Statthalter noch fort, »die wir in einigen Dingen, mit denen wir ihn beauftragen, von ihm erhalten haben, in Zeichnungen und in Architekturen, so befriedigt waren, daß es nicht nur bei der Zufriedenheit geblieben ist, sondern wir dadurch von Bewunderung erfüllt wurden.«

Nun der Schlußsatz, der auf eine sensiblere Wange als die des Soderini wohl die Wirkung einer Ohrfeige hätte haben müssen:

»Weil es Euch gefallen hat, ihn uns in diesen vergangenen Tagen zu überlassen, so wissen wir Euch dafür Dank. Wenn wir Euch nun, da er in die Heimat geht, nicht Dank sagten, würden wir unserem dankbaren Herzen nicht Genüge tun.

Der junge französische Statthalter Gaston de Foix, Nachfolger Karls von Amboise, der in der Schlacht von Ravenna fiel.

Aber wir danken Euch für ihn, so sehr wir können. Und wenn es einen Sinn hat, einen Mann von so hohen Gaben den Seinen zu empfehlen, so tun wir dies, so sehr wir können.«

Inzwischen gelangt bei Leonardo ein Brief aus Blois an von seinem Freunde Francesco Pandolfini, dem Gesandten der Florentiner Republik bei Ludwig XII., der ihn auffordert, nicht abzureisen und weitere Nachrichten abzuwarten.

Was ist geschehen? Ein kleines Komplott vielleicht? Soderini verlangt Leonardo, und Karl von Amboise ist schließlich gezwungen, nachzugeben. Inzwischen hat aber der König das Gemälde des Künstlers und bestimmt auch eine Botschaft des Statthalters von Mailand erhalten. Fest steht, daß Ludwig XII. Pandolfini rufen läßt und ihm sagt:

– Lieber Freund, »Eure Herren müssen mir einen Gefallen tun. Schreibt ihnen sofort, daß ich den Wunsch habe, mich der Dienste ihres Malers Meister Leonardo, der sich in Mailand befindet, zu bedienen.« Sorgt dafür, daß Eure Regierung Leonardo Anweisung gibt, sich sofort in meinen Dienst zu begeben, »und daß er nicht vor meiner Ankunft aus Mailand abreist.«

Pandolfini versucht, durch eine diplomatische Antwort Zeit zu gewinnen:

– Da sich Leonardo in Mailand aufhält, könnte »Ihre Majestät, da Sie dort Hausherr ist, viel besser als die Signoria Leonardo diesen Befehl erteilen«.

Ludwig XII. begann, die Geduld zu verlieren:

»Signor Pandolfini, laßt mich nicht das, was ich schon gesagt habe, nochmals wiederholen!«

Um den König zu besänftigen, hält der Gesandte daraufhin eine Lobrede auf Leonardo.

Ihr kennt ihn? –

– Gewiß, Majestät, er ist ein guter Freund von mir. –

– Dann »schreibt ihm sofort einige Zeilen, damit er nicht aus Mailand abreist, während ihm Eure Herren aus Florenz schreiben«.

»Und aus diesem Grunde«, schließt Pandolfini das Schreiben an seine Regierung, »habe ich einige Zeilen an den obengenannten Leonardo geschrieben, ihm die gute Absicht dieser Majestät geschildert und ihn ermutigt, sich klug zu verhalten.«

Während man ihm den langen Bericht des Gesandten verliest, führt Soderini sich auf, als säße er auf Nadeln. Er kann nicht begreifen, wie ein König von Frankreich so viel Wesen um einen Maler macht, und vor allem gelingt es ihm nicht, die bittere Pille herunterzuwürgen, die ihm der König zu schlucken gibt, indem er ihn zwingt, an Leonardo genau das Gegenteil von dem zu schreiben, was er ihm zu sagen hätte.

– Leonardo, du bist nichts anderes als ein Gauner. Hier ist eine Malerei zu wiederholen, weil du sie verpatzt hast, eine Wand erwartet dich, die zu malen wir dich bezahlt haben, und eine Bevölkerung, die weder enttäuscht noch verraten werden will, nachdem sie deine Kartons bewundert hat. Du belästigst statt dessen sogar einen König, damit ich dir schreibe, nicht zu kommen, und dir befehle, im Dienste seiner Majestät zu bleiben... –

Inzwischen kommt in Florenz ein Sonderkurier Ludwigs XII. an, der einen persönlich vom Monarchen geschriebenen Brief überbringt.

»Liebe Freunde – très chers et grans amys. Nous avons nécessairement abésognes – Wir benötigen unbedingt – de maistre Léonard à Vince, paintre de Votre cité de Fleurance, et que intendons de luy faire fer qualque ouvrage de sa main – da Wir vorhaben, sobald Wir in Mailand sind, einige Werke ausführen zu lassen – incontenent que nous seron a Millan, qui sera in briev, Dieu aidand, – das heißt, bald, mit Gottes Hilfe. Und sofort, wenn Ihr diesen Brief erhalten haben werdet, schreibt ihm, sich bis zu unserer Ankunft nicht von Mailand zu entfernen...«

Armer Soderini! Sich die Haare raufend, betrachtet er den Brief mit den königlichen Siegeln immer aufs neue und kann nicht verhindern, daß ihm die drei päpstlichen Bullen einfallen, von denen eine drohender als die andere war, die vor einem Jahr mit dem Befehl auf seinem Tisch gelandet waren, den entflohenen Michelangelo nach Rom zurückzuschicken.

– Diese Künstler bringen uns viel Ehre, machen uns aber auch viel Verdruß! Eben erst ist der Sturm wegen des Papstes vorüber, der uns den Krieg androhte, wenn Michelangelo nicht zu ihm zurückkehrte, da haben wir nun einen weiteren Donnerschlag, der Unwetter verspricht, wenn wir Leonardo nicht in Mailand bleiben heißen. Aber da soll er nur bleiben, solange und wie es ihm gefällt, und sich nicht mehr blicken lassen! – schreit, nunmehr außer sich, der Gonfaloniere auf Lebenszeit der Republik Florenz.

In der Stille von Vaprio an der Adda nimmt Leonardo die beharrliche Beobachtung der Natur wieder auf.

In Vaprio an der Adda

»Das Wasser der Flüsse, das du berührst, ist das letzte, das ging, und das erste, das kommt, und damit die Gegenwart.«

Leonardo legte die Feder weg und schloß das Heft. Der Frühling erweckte das Land von neuem, die Adda floß rasch und still dahin, von den Schmelzwassern der fernen Alpen gespeist.

Im Garten wartete der junge Francesco darauf, daß der Meister herunterkäme: Ein anderer heller und ruhevoller Tag begann.

Nach dem Brief des Königs war dem Gonfaloniere von Florenz nichts anderes übriggeblieben, als zu gehorchen und Leonardo zu schreiben, er solle in Mailand bleiben.

– Meister, wir haben es erreicht –, hatte lächelnd Karl von Amboise, der Marschall von

Chaumont gesagt und ihm die Antwort der Signoria gezeigt. – Ihr werdet in Mailand die Ankunft Seiner Majestät abwarten. –

Gerolamo Melzi, der Freund des Marschalls und Hauptmann der Mailänder Miliz, lud ihn ein, einige Monate in seiner Villa in Vaprio an der Adda zu verbringen.

– So könnt Ihr Euch nach all diesen Aufregungen ausruhen. Auch wird sich mein Sohn Francesco glücklich schätzen, der sich im Wunsch, Euch kennenzulernen, verzehrt. –

Leonardo nahm an. Es war Winter. Die Ebene war in Nebel versunken. Die Bäume des Parkes von Vaprio schienen Schemen zu sein.

Studie eines Schiffbruchs, in der die rollende Bewegung der Wellen festgehalten ist.

Der Sohn des Hauptmanns war noch nicht siebzehn Jahre alt. Er wollte Maler werden und ging oft nach Mailand, um das Abendmahl zu bewundern. »Der junge Mailänder Edelmann Francesco Melzi war zu Leonardos Zeiten ein sehr schöner Knabe und wurde sehr von ihm geliebt; jetzt ist er ein schöner und liebenswürdiger Greis«, schrieb Vasari.

Leonardo nahm ihn als Schüler auf, und von dem Tage an verließ der Jüngling seinen außergewöhnlichen Meister nicht mehr.

Jetzt war auch in Vaprio der Winter zu Ende. Leonardo hatte viele Tage in der Einsamkeit verbracht, hatte meditiert, sich Notizen gemacht. Mit der Rückkehr der guten Jahreszeit hatte er seine Beobachtungen im Freien wieder aufgenommen, und der junge Francesco diente ihm als Assistent.

Ab und zu begleitete er ihn auf weitere Exkursionen. Vielleicht unternahm er in dieser Zeit einen Ausflug nach Bolca – »in den Bergen von Verona ist der rote Stein ganz mit fossilen Muscheln vermischt« – und neue Studien für ein Netz von Bewässerungskanälen.

Leonardo verweilte gern an den Ufern der Adda, stellte Betrachtungen über den Lauf des Flusses an und versenkte sich in den Verlauf der Strömungen: Überall in der Natur bemerkte er, fast mit den Händen zu greifen, die Gegenwart des »Ur-Bewegers«. Ihm schien, daß die Luft, die Erde, das Wasser Atem holten, daß sie ein eigenes Leben hätten und daß die Wellen wie eine vorübergehende Verletzung der Haut des Wassers wären, der Wind wie ein Atemholen der Luft. Gleichzeitig dachte er sich neue V-förmige Schiffsrümpfe aus, mit einem tiefreichenden Kiel, der fähig war, so in das Element des Wassers einzudringen wie der Pflug in das der Erde. Mit einem Vorsprung von fünf Jahrhunderten erfand er die heutigen hochseetüchtigen Schiffe.

Das Projekt der »winkligen« Schleusen zeichnete er ebenfalls in Vaprio. Er nahm das Studium der Wellen wieder auf, »der Stein, der ins Wasser geworfen wird, bildet den Mittelpunkt verschiedener Kreise, die den durchschlagenen Punkt zum Zentrum haben«. Er nahm ihre scheinbare Bewegung wahr: »... Die Welle flieht vom Ort ihres Entstehens, das Wasser ändert seinen Standort aber nicht, ähnlich den Wellen, die der Wind im Mai durchs Getreide dahineilen läßt, und doch bewegt das Getreide sich nicht von seinem Platz«.

Leonardo blieb bis Ende Mai in Vaprio und kehrte erst nach Mailand zurück, als er von der unmittelbar bevorstehenden Ankunft des Königs erfuhr.

Die so sehr ersehnte Begegnung vollzog sich ganz einfach und natürlich. Ludwig XII. besuchte den Künstler unangemeldet in seiner

Porträt des jungen Francesco Melzi in einer Zeichnung des Boltraffio.

Rekonstruktion eines Schiffsrumpfes mit V-förmigem Kiel nach einer Studie Leonardos.

Werkstatt, »Notre chier et bien aimé Léonard de Vinces«, danach empfing er ihn sehr wohlwollend an seinem Hof, ernannte ihn zum »peintre du roy«, beförderte ihn, nachdem er sich länger mit ihm unterhalten hatte, zum »peintre et ingénieur ordinaire« und sicherte ihm als Geschenk für seinen Weinberg vor der Porta Vercellina eine bestimmte Wassermenge aus dem Kanal bei San Cristoforo zu, die er sofort nach Aufhören der außergewöhnlichen Trockenheit jener Tage gebrauchen konnte.

Der Schimpf des Soderini war nur mehr eine ferne Erinnerung, eine vernarbte Wunde.

niere, – werden wir eben »beschleunigen«. Es hilft außerdem gar nichts. –

Der Frieden von Vaprio war durch eine erste, sich auf den Besitz des Ser Piero beziehende Nachricht gestört worden. Die Brüder Leonardos, »legitime Erben«, hatten das väterliche Gut unter sich geteilt und den Bruder »Bastard« ausgeschlossen. Leonardo hatte nicht protestiert. Er hätte das Gesetz zu Hilfe rufen können, das den »anerkannten natürlichen Kindern« dieselben Rechte zuerkannte wie den legitimen. Aber wenn dieses Gesetz aus Gründen der Dynastie oder des politischen Gleichgewichts für den Adel gut war, so galt es nicht in gleicher Weise für das Volk, die

Die Türe des Audienzsaales im Palazzo Vecchio in Florenz.

Florentiner Bürokratie

– Leonardo ist in Florenz? Ich will ihn nicht sehen! –

– Er aber –, antwortete Machiavelli dem jähzornigen Gonfaloniere, – hat gar nicht darum gebeten, empfangen zu werden. Er ist wegen gewisser persönlicher Erbangelegenheiten hier, und der König von Frankreich schreibt uns diesen heute morgen eingetroffenen Brief, in dem er die Signoria auffordert, Leonardo zu helfen, damit er sich sputet, so sehr er kann. –

Soderini hätte gern eine andere Frage gestellt, um zu erfahren, ob Leonardo bereit wäre, die Wand nochmals zu bemalen, aber er hielt an sich.

Michelangelo hatte in Bologna die Bronzestatue von Julius II. fast beendet und würde bald nach Florenz zurückkehren, um die Schlacht von Cascina zu malen. Vielleicht würde die Rivalität größere Wirkung auf Leonardos Sinn haben als jedes Wort.

– Wenn es darum geht –, sagte der Gonfalo-

Söhne der sogenannten »gutsituierten Männer«, Ser Piero inbegriffen.

Als ihn aber im darauffolgenden Frühling des Jahres 1507 die Nachricht vom Tode seines Onkels Francesco erreichte, erfuhr er, daß seine Brüder auch die magere Beute eines Testamentes an sich reißen wollten, das ihn als einzigen Erben nannte. Erbittert und gekränkt entschloß er sich, nach Florenz zu reisen, um seine Rechte zur Geltung zu bringen.

Es war mehr eine symbolische als eine tatsächliche Erbschaft. Der Onkel Francesco besaß nichts außer einem Haus in Vinci mit einem bißchen Land darum und einen Bauernhof in Fiesole. »Ich wohne in der Villa und übe keinerlei Tätigkeit aus«, hatte er bei der letzten Angabe des Ernteertrages auf dem Katasteramt erklärt.

Leonardo hatte ihm oft heimlich geholfen, indem er ihm Teile seines Verdienstes schickte. Und Francesco hatte sterbend dem Neffen seine Vorliebe für ihn und seine Dankbarkeit gezeigt, indem er ihm alles hinterließ, was er besaß.

In der Familie der Vinci aber gab es nun einen anderen Notar, Giuliano, den zweitgeborenen Sohn Ser Pieros. Er war spitzfindig, intrigant und sehr wendig und suchte jeden Vorwand, um das Testament zu entkräften oder seinen Vollzug zu verzögern.

Leonardo war in Begleitung Salaìs im Sommer in Florenz angekommen und hatte im Hause seines Freundes Piero di Braccio Martelli Wohnung genommen, in der gleichnamigen Straße zwischen dem Palazzo der Medici und dem Baptisterium.

Er war sofort zum Sekretär der Republik, das heißt seinem Freunde Niccolò Machiavelli gegangen, um ihn von seiner Ankunft zu unterrichten und dessen Rat zu hören. Danach hatte er, in der Überzeugung, alles schnell erledigen zu können, um Audienz bei den Justizbeamten der Stadt nachgesucht, mit Ausnahme des Gonfaloniere.

Das war ein Fehler. Er verhandelte mit den wichtigen Persönlichkeiten, er ließ Empfehlungsschreiben an die Signoria richten, wie jenes

Man weiß nicht, in welcher Zeit die »Madonna Litta« gemalt wurde, die sich heute in Leningrad, im Museum der Eremitage befindet. Es ist nicht unwahrscheinlich, daß sie von Leonardo in Florenz ausgeführt wurde, während er sich dort aufhalten mußte, um gegen den Gesetzesmißbrauch seiner Brüder Gerechtigkeit zu erlangen. Tatsächlich kehrte Leonardo mit zwei Madonnenbildern nach Mailand zurück.

von Kardinal Ippolito d'Este oder das vom Statthalter von Mailand, während der listige Giuliano die »Akte« mit Hilfe der Pförtner und Archivare verschwinden ließ, die sie von einem Amt zum anderen weiterreichten, um sie jedesmal, wenn sie angefordert wurde, »unauffindbar« zu machen.

Es ist qualvoll, sich den alten Leonardo vorzustellen, wie er die Treppen des Justizpalastes hinauf- und hinuntersteigt, um sich ein ums andere Mal in den Vorzimmern eine unbestimmte ausweichende Antwort anzuhören, das übliche »wir werden sehen«, »macht Euch keine Sorgen«. Leonardo schrieb nach Mailand und bat um neue und energischere »Empfehlungen«, inzwischen stellte sich die Regierung seiner Mitbürger aber taub.

– Leonardo –, sagte eines Tages Machiavelli zu ihm, – du machst einen Fehler, wenn du bei Königen, Marschällen und Kardinälen Hilfe suchst. Das sind alles mächtige Leute, aber fern von hier. Hier aber hat dein Bruder, Ser Giuliano, alle diese Heuchler des Bargello in der Hand. Mach' es wie er, geh in die Archive und sprich mit den kleinen Schreiberlingen und Sekretären. –

Machiavelli kannte die Florentiner Bürokratie. Leonardo begann, demütig von einem Amtszimmer ins andere zu gehen, hörte mit Geduld zu, gab der Aufgeblasenheit eines Dieners oder Pförtners Bedeutung, die sich wichtig taten, den großen Leonardo, der vor ihren verstaubten Aktenbergen stand, im Sitzen anzuhören. Jedesmal

entwischte ihm die »Akte« im letzten Moment, wie eine Maus aus den stumpfen Krallen einer alten Katze entwischt.

»Messer Niccolò, mein so lieber und hochverehrter Bruder, ich ging, um im Registeramt nachzusehen, ob der Name meines Bruders da verzeichnet steht. Das Buch war nicht dort. Ich wurde an viele Stellen geschickt, damit ich es fände. Schließlich ging ich zum Kanzleivorstand und bat ihn, das Gesuch lesen zu lassen. Seine Gnaden antwortete mir, daß die Sache sehr schwierig wäre...«

So vergingen Monate, die Jahreszeiten wechselten. Leonardo suchte, die täglichen Bitternisse durch Gespräche über Mathematik mit seinem Freunde Martelli auszugleichen oder durch die liebevolle Anteilnahme am Schaffen des jungen Bildhauers Giovan Francesco Rustici, der für das Baptisterium eine Figur Johannes des Täufers modellierte, die später in Bronze gegossen werden sollte. Er malte für Ludwig XII. zwei Madonnen – wahrscheinlich die heute in Leningrad befindliche »Madonna Litta« und die »Jungfrau mit der Waage«, die in Paris aufbewahrt wird. Außerdem ordnete er seine Notizen neu.

Zu den Untersuchungen über Perspektive und Proportionen waren solche über Optik, Studien in Anatomie und Architektur und neue Forschungen in Mechanik, Hydraulik, Kosmologie, Thermologie und Akustik gekommen.

Außerdem hatte er viel literarischen Stoff, die »Fabeln« und die »Legenden«, die den mittelalterlichen Tiergeschichten oder alten Volksüberlieferungen entnommen waren, »Prophezeiungen«, Betrachtungen über das Alltagsleben. Schließlich waren da seine Traktate: jenes über die Malerei, das über den Vogelflug, zahlreiche Untersuchungen über die Wunder des Universums und über das Geheimnis des menschlichen Lebens.

Seine Tagebücher enthielten die »Summe« seiner Interessen, die ohne Zahl waren. Ihm selbst fiel auf, daß ihnen der organische Zusammenhang fehlte, und er nahm sich vor, sie systematisch nach Stoffgebieten zu ordnen, um daraus

Das achteckige Baptisterium von Florenz mit den berühmten Bronzetüren von Lorenzo Ghiberti, das Leonardo vom Boden hochheben und versetzen wollte.

einen enzyklopädischen »Corpus« zu machen.

– Im übrigen ist es wichtig, daß man schreibt –, sagte er zu sich selbst, – auch auf das Risiko hin, dieselben Dinge zu wiederholen. Erst später wird eine kritische Überholung der Texte möglich sein. –

Es war Frühling. Seine Akte schlief in irgendeinem verstaubten Regal. Leonardo nahm ein neues Heft und schrieb:

»Begonnen in Florenz im Hause des Piero di Braccio Martelli am 22. März 1508. Diese ganze ungeordnete Sammlung ist vielen Blättern ent-

Die in Holz und Leder gebundene Verfassung der Gemeinde und das Neue Testament dienten den hohen Würdenträgern als die heiligen Schriften, auf die sie der Republik den Treueschwur leisteten.

nommen, die ich hier kopiert habe, in der Hoffnung, sie sinngemäß entsprechend dem Thema, von dem sie handeln, zu ordnen. Und ich glaube, daß ich, bis ich damit zu Ende bin, die gleiche Sache mehrmals wiederholen muß. Daher, mein Leser, tadele mich nicht. Denn es handelt sich um zu viele Dinge, die das Gedächtnis nicht alle behalten kann, um zu sagen: dies will ich nicht schreiben, denn ich habe es schon vorher geschrieben. Und wenn ich nicht in diesen Fehler verfallen wollte, würde es nötig sein, daß ich, damit ich mich nicht wiederholte, für alles, was ich kopierte, alles vorherige wieder lesen und von einem Schreiben zum anderen lange Zwischenpausen einlegen müßte.«

– Habt Ihr gehört, Meister? – sagte der junge Rustici eines Tages, – Michelangelo ist aus Bologna zurückgekehrt. Soderini will ihn nicht nur die Wand im Ratssaal malen, sondern auch einen Herkules anfertigen lassen, der neben dem David auf der Piazza aufgestellt werden soll. –

– In Bologna –, fügte Piero Martelli hinzu, – hat er jedoch die Statue des Papstes in zwei Anläufen gießen müssen. Das hat Meister Bernardino, der Gießer unserer Artillerie, öffentlich zugegeben. Er war vom Gonfaloniere abgesandt worden, um Michelangelo zu helfen. Der erste Guß hatte die Form nur zur Hälfte, von den Füßen bis zum Gürtel gefüllt.

Leonardo hörte schweigend zu. Er sah das Modell seines Pferdes wieder vor sich, das nun

Die Kritiker sind sich nicht alle darin einig, diese berühmte »Leda« dem Leonardo als eigenhändig zuzuschreiben. Wahrscheinlich wurde sie von irgendeinem Schüler ausgeführt, und der Meister wird nicht nur oberflächlich eingegriffen haben, wie er es tatsächlich sonst bei vielen Arbeiten seiner Schüler zu tun pflegte. Von einer »Leda« sprechen auch die glaubwürdigsten Biographen.

unrettbar ruiniert war. Er beklagte die verlorene Zeit und daß der Guß ein Traum geblieben war.

– Michelangelo –, fuhr Martelli fort, – ist noch unleidlicher geworden. Er spricht nicht. Er will niemanden sehen. Es ist bei ihm fast zu einer Krankheit geworden... –

Die Rückkehr nach Mailand

Der erste Zorn hat sich gelegt. Leonardo bringt es nicht länger fertig, mit einem unsichtbaren Feind, ohne Namen, ohne Gesicht zu kämpfen. Er hat erfahren, daß Michelangelo nach Rom gegangen ist, um das Deckengewölbe der Sixtinischen Kapelle auszumalen. Plötzlich wird ihm klar, daß er zuviel Zeit um eines absurden Streites willen verloren hat.

»Hiermit sende ich Salaì«, schreibt er an den Marschall von Chaumont, »um Eurer Exzellenz mitzuteilen, daß ich den Prozeß mit meinen Brüdern fast beendet habe und daß ich daher glaube, an diesen Ostern dort zu sein. Ich bringe zwei Bilder mit, zwei Madonnen in verschiedener Größe...« »Es wäre mir lieb zu wissen«, fügt er hinzu, »an wen ich mich wenden soll, denn ich möchte Euer Hochwohlgeboren nicht länger lästig fallen...«

Salaì ist Überbringer von zwei weiteren Briefen: einen für den Präsidenten der Wasserversorgung, den anderen für den jungen Melzi.

Nachdem der König für Leonardos Weinberg die Schenkung einer bestimmten Wassermenge gemacht hatte, war vonseiten des Magistrats der Gemeinde Einspruch erhoben worden, da das für Leonardo bestimmte Wasser zu Lasten der städtischen Bedürfnisse und der königlichen Einkünfte ginge. Leonardo hatte daraufhin, mit den Beweisen in der Hand, gezeigt, daß die Entnahmerohre des Naviglio den Vorschriften nicht entsprachen und das ihm zugesprochene Wasser nicht dem König, sondern dem genommen wurde, der es stahl, indem er die Öffnungen an den Becken unrechtmäßig erweiterte. Wenn einmal diese Öffnungen für die Bewässerung in Ordnung gebracht wären, würde auch der Zufluß des Wassers gleichmäßig und für alle ausreichend sein.

»Guten Tag, mein Herr Francesco«, schreibt er dann ironisch an den jungen Melzi, »kann Gott es gefügt haben, daß Ihr mir auf die vielen Briefe, die ich Euch schrieb, nie geantwortet habt?«

Leonardo will zu einem Abschluß kommen, er sucht einen Vergleich, er wendet sich wieder um Rat an die gemeinsamen Freunde. Für ihn ist es schließlich nur eine Frage der Anhänglichkeit. Dem Onkel Francesco gelingt es nie, irgend etwas zustande zu bringen, nicht einmal als Toter. Er bringt es nicht einmal fertig, ihm das alte Haus zu geben, in dem er Kind gewesen war.

– Gebt mir das, was ihr wollt. Den Hof in Fiesole? Ich bin einverstanden. Mit der Verpflichtung, daß ich ihn euch hinterlasse? Gewiß, wem soll ich ihn hinterlassen? Bei meinem Tode wird er euer, und ihr werdet nicht zu lange zu warten haben, denn ich bin alt und könnte eher der Vater von euch allen als euer Bruder sein. –

Er reist ab, kehrt nach Mailand zurück, wo ihn die Freunde sehnlichst erwarten, Karl von Amboise, Francesco Melzi, der Maler Bernardino da Treviglio, der Dichter Gian Giorgio Trissino – und wo noch ein Gemeindemagistrat wegen des Wassers für den Weinberg überzeugt werden muß.

Von neuem ist er nun in seine Lieblingsstudien vertieft, vor allem in jene über die Welt des Wassers.

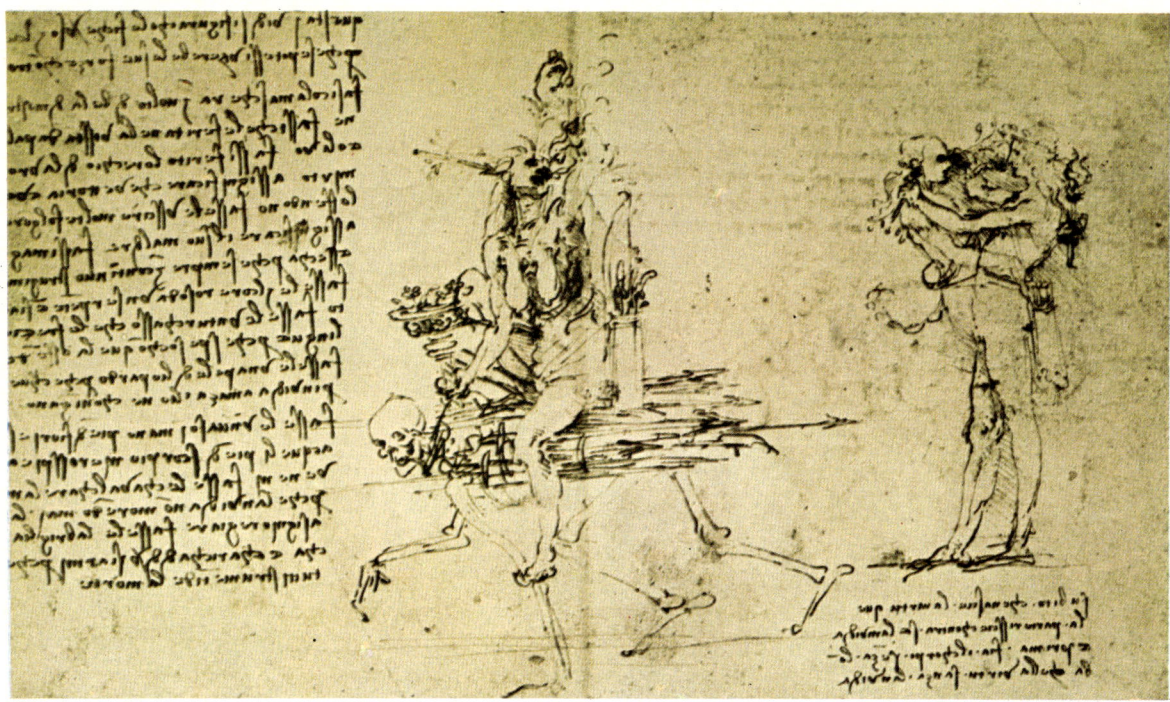

In seinen Notizen widerlegt er Platon und
Epikur, zitiert Aristoteles und Archimedes, Vitruv und Albertus Magnus. Er zeichnet erneut
den ganzen Kanal von Martesana, beaufsichtigt
die Konstruktion einer Abflußschleuse am Naviglio Grande, entwirft neue hydraulische Maschinen, nimmt die Studien über den Flug wieder auf.

In diese Zeit fallen die Reisen ins Brianza und
ins Valsassina, die Ausflüge in die Wälder von
Savoyen und auf das Matterhorn, wo er »die tie-
fere Finsternis bei klarem Himmel in großer
Höhe« beobachtet. Er verfolgt den Ticino und
den Po, die Adda und den Oglio flußaufwärts. In
der verbleibenden Zeit malt er die Landschaft,
die den Hintergrund der »Mona Lisa« bildet.
Nachts seziert er oft Leichen, um das Traktat
über Anatomie zu vervollständigen.

– Meister –, sagt eines Tages Salaì, – meine
Schwester heiratet, und ich möchte ihr eine
schöne Aussteuer geben. –

– Ich verstehe –, antwortet Leonardo lächelnd, – wieviel fehlt dir? –

– Dreizehn Dukaten. –

– Nimm sie dir, sie sind wie immer in der Kas-
sette –, sagt Leonardo.

Allegorie des Todes mit Hermaphroditen.

Ein in Florenz aufbewahrtes Frauenprofil.

Mädchenkopf, in Wien aufbewahrt.

In der gleichen Nacht jedoch, kaum daß er sich
an den Tisch gesetzt hat, öffnet Leonardo sein
Heft und schreibt mit bitterer Ironie eine weit-
schweifige Note an die Wucherer jener Zeit über
verliehene Gelder, die nie wieder zurückkehren.

Gian di Paris

Am 1. Mai 1509 traf Ludwig XII. in Mailand ein
und fragte sofort nach Leonardo.

– Er ist nicht da –, antwortete ihm der Statthalter, – er ist draußen bei den Arbeiten an der
Martesana, aber ich lasse ihn sofort rufen. –

Als der König nach einigen Tagen erfuhr, daß
Leonardo nach Mailand zurückgekehrt war, entschloß er sich, ihn aufzusuchen. Der Maler, der
im letzten Moment verständigt worden war,

hatte kaum Zeit, seine Werke zu ordnen und für jedes als guter Regisseur die richtige Aufstellung im günstigsten Licht zu wählen.

Nachdem er ihm mehrmals seine aufrichtige und tiefempfundene Bewunderung versichert und aufs genaueste die Gemälde, Zeichnungen und die in den berühmten »Traktaten« enthaltenen Studien betrachtet hatte, verabschiedete sich der Monarch und sagte:

– Meister, ich habe die Madonnen gesehen, die Ihr aus Florenz gebracht habt. Ich danke Euch dafür und habe schon angeordnet, daß Eure Pension auch für die Zeit gezahlt wird, die Ihr in Eurer Stadt verbracht habt. Jetzt möchte ich Euch jedoch um eine Sache bitten: Laßt diese Wasserangelegenheit sein und widmet Euch der Malerei. Ich kann nicht gestatten, daß ein Künstler wie Ihr seine Zeit mit den Kanälen von Mailand verliert. –

Es waren auch einige Herren beim König, die mit ihm nach Italien gekommen waren, darunter der Graf von Ligny, Graf Torello und Jean de Paris, »Maler, Ingenieur und Architekt« Seiner Majestät.

»Gian di Paris«, wie ihn Leonardo nannte, war der Sohn des Maler-Poeten Claude Perréal und Günstling Ludwigs XII., wie er dies schon bei Karl VIII. gewesen war und wie er es später bei Franz I. sein wird.

Er malte mit außerordentlicher Geschicklichkeit seine Herrscher inmitten der Schrecken vorgestellter Schlachten und war Experte in Architektur und Kriegskunst.

Mit Leonardo befreundete er sich sofort, sie hatten viele gemeinsame Interessen, sowohl in der Kunst als auch in der Wissenschaft.

»Die Maße der Sonne sind mir von maestro Giovanni Francese versprochen worden«,

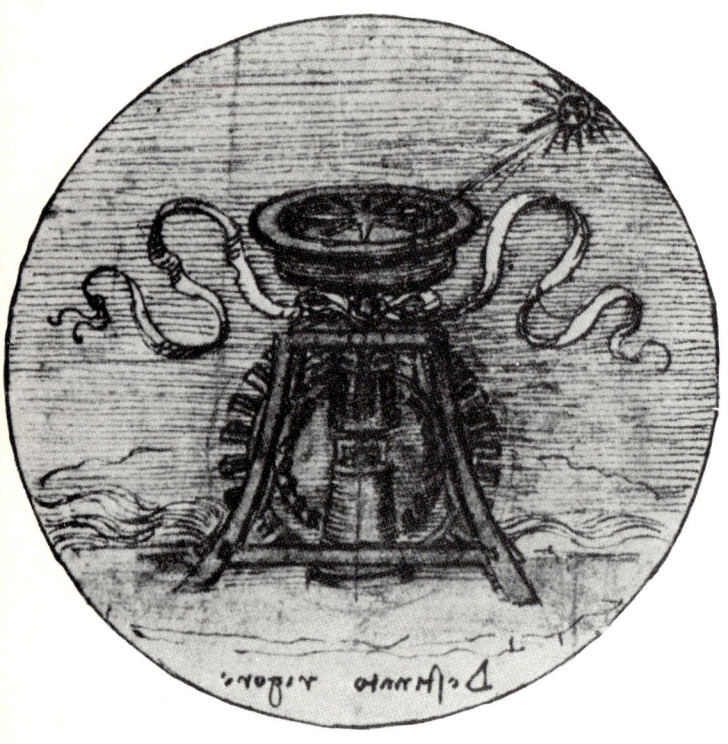

Ein Emblem der Alchimie mit dem in »Spiegel-schrift« geschriebenen Motto: »unbedingte Strenge«.

lernen – »die Weise a secco zu malen« – und bat darum, darin unterwiesen zu werden.

»Leonardo, der aufs höchste begnadet ist…«, schrieb ein von Jean de Paris begünstigter Poet in einem Lobgedicht auf seinen Gönner.

Es geschah wahrscheinlich in dieser Zeit und als Folge seiner Gespräche mit den Freunden Ligny und Jean de Paris, daß Leonardo einen »Bacchus« begann. Die beiden Franzosen hatten ihm in der Tat zu verstehen gegeben, daß sich der König von Frankreich nach den vielen Madonnen ein Bild mit einer heidnischen Darstellung wünschte.

Das heute im Louvre aufbewahrte Bild Leonardos stellt einen jungen Epheben von schönster Gestalt dar, der mit gekreuzten Beinen auf einem von wildem Pflanzenwuchs bedeckten Felsen sitzt. Ein zweideutiges Lächeln in seinem Gesicht gibt ihm etwas leicht »Trunkenes«. Den Hintergrund bildet eine Wildnis mit zwei Hirschen und einem Baum, der seinen biegsamen Stamm gen Himmel reckt.

Für Leonardo war dieser Bacchus eine Rückkehr zur Natur, die Synthese vieler Beobachtungen und geheimer Entdeckungen.

»Die Natur ist voller unendlicher Möglichkeiten, die nie erprobt wurden«, schrieb er in sein Tagebuch.

Auch der Graf von Ligny, ein tüchtiger Heerführer und Rivale Trivulzios, begab sich oft in Leonardos Werkstatt. Sie planten sogar einen Besuch von Rom und Neapel, denn der Künstler schrieb dies ganz geheimnisvoll in sein Heft, indem er die Namen umdrehte, um sie vor jedem indiskreten Blick zu schützen.

»Triff Ingil und sage ihm, daß du ihn a Morra erwartest und daß du mit ihm i'lopanna gehen wirst.«

In der Tat, wenn man die Namen von rechts nach links liest, so heißt »Ingil«: Ligny, »a Morra« bedeutet Roma und »i'lopanna«: a Napoli.

Es handelte sich mehr um ein Treffen als um eine Reise. Doch der Plan wurde nicht verwirklicht, Leonardo blieb in Mailand, und der Graf von Ligny folgte seinem König.

schrieb Leonardo und bezog sich dabei wahrscheinlich auf ein System, die wirkliche Größe des Gestirns zu messen. »Ich lerne von Gian di Paris die Weise, wie man auf trockenem Putzmörtel malt.«

Die Bescheidenheit Leonardos ist das unverwechselbare Zeichen seiner Größe! An sich selbst gewandt schreibt er oft »lerne«, »laß dich unterrichten von…«, »laß dir erklären«, ohne Ansehen der jeweiligen sozialen Stellung, des Alters oder des Ruhmes.

In diesem Falle handelte es sich nicht um »die Quadratur des Kreises« oder irgendwelche mathematische Gesetze, deretwegen man den großen Luca Pacioli befragen mußte. Der Verfasser des »Traktats über die Malerei«, der größte Neuerer der Renaissance, hatte etwas Neues zu

Nach dem Beispiel des Leon Battista Alberti wollte Leonardo der Nachwelt die »Summe« alles Wissens des 16. Jahrhunderts hinterlassen. Die berühmten Handschriften sind die Mitteilungen oder die erste Ausarbeitung jener Traktate, die abzuschreiben und mit Zeichnungen zu versehen Leonardo sich vornahm. Das Traktat über Anatomie, jenes über den Flug der Vögel und das über die Malerei waren die ersten von allen.

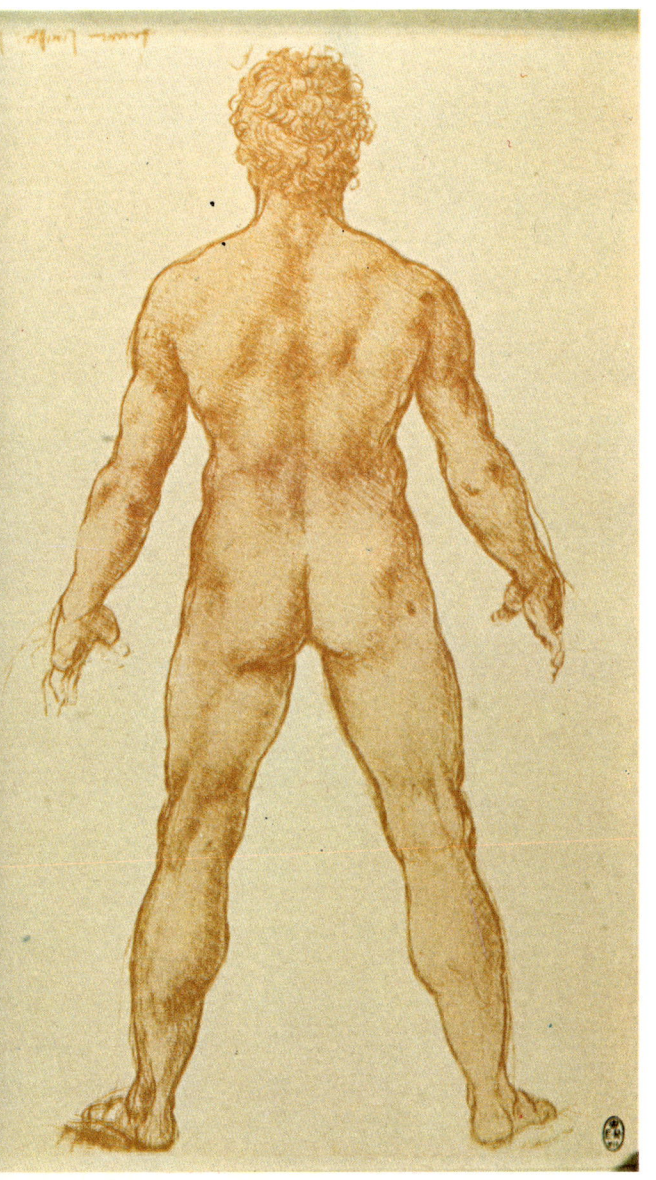

Lichter und Schatten

Nicht damit zufrieden, das Wasser der Erde, die Bewegung der Ozeane, die Wellen des Meeres und der Flüsse zu erforschen, machte sich der Magier auch noch daran, die außerirdischen Wasser, das heißt die des Mondes zu studieren.

Nacht um Nacht am Fenster, um die helleren und dunkleren Partien unseres Satelliten zu beobachten, um Rückschlüsse auf festere, die dunkleren Stellen, und auf flüssigere, die helleren Partien, zu ziehen.

Schade, daß er keine vergrößernde Linse, das Fernrohr Galileis, gehabt hatte.

Leonardo zeichnete die zunehmenden und abnehmenden Phasen des Mondes – die Monde –, um dann das »nächtliche Gestirn« zu analysieren, »wenn es sich bei Vollmond in seiner Gänze zeigte«.

»Antwort an Meister Andrea von Imola, der völlig ablehnt, daß die helle Seite des Mondes die Natur eines Spiegels hat...« »Der Widerspruch des Gegners besagt, daß es auf dem Mond kein Wasser gibt.«

Und diesmal hatte der Gegner recht.

Leonardo hatte den Glanz der helleren Zonen für ein »Spiegeln« der Sonnenstrahlen gehalten, was nur bei flüssigen Oberflächen möglich ist. Sein Gegner stellte jedoch die entgegengesetzte These auf, das heißt völliger Mangel an Wasser auf dem Satelliten unseres Planeten.

Die Diskussion breitete sich unter den befreundeten Wissenschaftlern und Malern aus: Cristoforo Solari und Andrea da Fusina, Trissino und der Anatom Marc' Antonio Della Torre nahmen daran teil.

– Gebt es auf, Meister Leonardo. Bevor wir keine genauere Sicht oder geeignete Augengläser haben, um in die Ferne zu schauen, wird keiner von uns mit Sicherheit behaupten können, ob es Wasser auf dem Mond gibt, oder nicht. Fahrt lieber mit Eurer Anatomie fort und verfügt in allen Fällen über mich. –

Der Veroneser Della Torre war der größte Anatom jener Zeit. Er kannte die Leistung der

ohne immense, verworrene Länge in Schriften und Zeit nicht möglich gewesen wäre. Mittels dieser knappen Art, ihn in den verschiedenen Aspekten darzustellen, wird man vollen und wahren Aufschluß davon geben können. Und auf daß diese Wohltat, die ich den Menschen damit erweise, nicht verlorengeht, lehre ich die Weise, wie man alles geordnet wieder drucken kann.«

Die Freundschaft mit Della Torre wurde tragisch unterbrochen. Der Arzt war an das Ufer des Gardasees geeilt, um der dortigen, von der Pest betroffenen Bevölkerung beizustehen. Erst dreißig Jahre alt, starb er im Jahre 1511.

Im gleichen Jahr starb in Mailand der junge Marschall Karl von Amboise, Herzog von Chaumont und große Gönner Leonardos.

An seiner Statt wurde der junge Gaston de Foix, ein Vetter des Königs, zum Militärgouverneur ernannt unter der Kontrolle des alten Gian Giacomo Trivulzio, dem Leonardo ein Reiterstandbild hätte machen sollen: noch ein Pferd, das hier in Mailand ohne Einschränkung der Ausmaße und der Ausgaben modelliert und ge-

Bildnis des Giuliano della Rovere, der mit dem Namen Julius II. zum Papst gewählt wurde. Ein Freund Bramantes und großer Bewunderer Michelangelos. Er war es, der den jungen Raffael nach Rom berief und ihm die Aufgabe stellte, die Stanzen des Vatikan auszumalen.

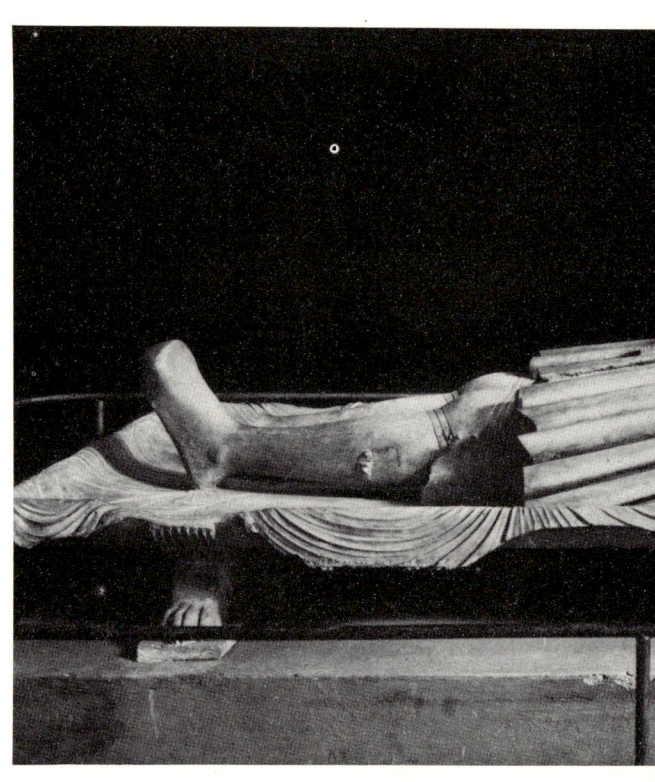

Griechen und der Araber und hatte Leonardo seine Mitarbeit beim Aufsetzen des Traktates über die Anatomie der menschlichen Organe angeboten.

»Und so werde ich«, schrieb der Künstler nach seinen aufregenden Gesprächen mit dem Wissenschaftler und Arzt, seinem Freund, »wahren Aufschluß über den menschlichen Körper geben, was den antiken und modernen Schriftstellern

gossen werden sollte – eine große Versuchung.

Der alte und kriegerische Papst Julius II. hatte sich inzwischen entschlossen, mit dem gebrechlichen Frieden in Italien Schluß zu machen, und hatte mit Spanien, England und Venedig eine »Heilige Liga« geschlossen, um die Franzosen aus der Lombardei zu verjagen. Gleichzeitig begünstigte er die Einfälle der Schweizer in Mailänder Gebiet.

Am letzten Ostertage des Jahres 1512 fand in der Nähe von Ravenna das furchtbare Treffen zwischen den Alliierten des Papstes, die unter dem Kommando des Vizekönigs Raimondo von Cardona standen, und dem französischen Heere statt.

Der junge Kardinal und päpstliche Legat Giovanni de'Medici wohnte dem fürchterlichen Schauspiel in geistlichem Gewande auf einem weißen Pferde bei.

Die Franzosen gewannen die Schlacht und nahmen den Kardinal gefangen, sie bezahlten den Sieg aber teuer: Der heldenhafte Gaston de Foix blieb tot auf dem Schlachtfeld.

Skizze für das Reiterstandbild des Gian Giacomo Trivulzio, des obersten Kommandanten der französischen Streitkräfte in der Lombardei.

Julius II., geschlagen aber nicht besiegt, rief daraufhin den Kardinal Matthäus Schiner, Bischof von Sion, an der Spitze von 20000 Schweizern zu Hilfe. Zur gleichen Zeit ließ er aus der Emilia die Verstärkungen des Cardona und aus dem Veneto die Venezianer heranrücken.

Trivulzio entschied sich nun dafür, sich hinter die Grenzen zurückzuziehen, und befahl der

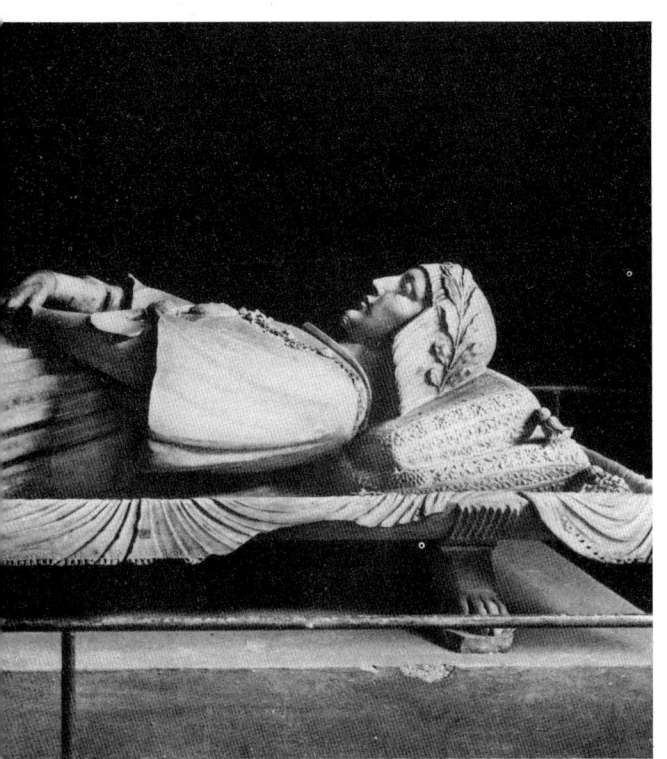

Der in Mailand befindliche Grabstein des Gaston de Foix, ein Werk von Bambaja.

183

Stadt Mailand, sich zu ergeben, um eine unnötige und grausame Plünderung zu vermeiden.

An einer Furt des Po wurde der Kardinal de' Medici durch eine Gruppe von Bauern befreit, die ihn den Händen der ihn eskortierenden Soldaten entrissen.

Nach Weihnachten zog Massimiliano Sforza, der Zweitälteste des Lodovico il Moro, in Begleitung des Cardona durch die Porta Ticinese feierlich in Mailand ein. Die Schweizer wurden durch die Abtretung von Bellinzona, Lugano, Locarno, Chiavenna und Chiasso entlohnt. Für die siegreichen Alliierten begannen in Mailand große Feste.

Die Festessen und Turniere wurden jedoch durch die Nachricht von dem am 21. Januar 1513 erfolgten Tode von Julius II. unterbrochen. Mit angehaltenem Atem wartete man bis zum März, als der weiße Rauch die Wahl des »kleinen Kardinals« Giovanni de'Medici, des Sohnes Lorenzos il Magnifico, unter dem Namen Leo X. auf den päpstlichen Stuhl bekanntgab.

Der »berauschte« Kapaun

»Frage die Frau von Biagio Crivelli, wie der Kapaun die Hühnereier versorgt und ausbrütet, wenn er betrunken ist.«

Während in Italien die Armeen Frankreichs und Spaniens aufeinandertrafen und Mailand täglich das Risiko lief, von den Schweizern und Venezianern überfallen und geplündert zu werden, schrieb Leonardo diese seltsamen Bemerkungen in sein Heft nieder.

Es gibt zwei Möglichkeiten: Entweder handelte es sich um ein Höchstmaß von Gleichgültigkeit oder um kindliche Ahnungslosigkeit.

Vielleicht das eine und das andere. Dazu die materielle Unmöglichkeit, als Künstler und Wissenschaftler in irgendeiner Form an dem Drama, beziehungsweise der Tragödie jener Zeit teilzunehmen.

Der König hatte ihn ausdrücklich gebeten, sich nicht mit Erfindungen zu verzetteln, sondern zu malen. Doch waren gerade unter diesen Erfindungen die splitternde Bombe – das moderne Schrapnell –, das Maschinengewehr und die Panzerwagen!

Also interessierte sich der von den »Generälen« unbeachtete Leonardo für die Hühnereier und die Art, wie man sie auch von Kapaunen bebrüten lassen konnte, nachdem man diese mit einem mit Wein getränkten Brei ernährt hatte.

Vom Fenster aus nahm er am Rückzug der Franzosen und an der Wiederkehr der Sforza teil. Die neue Regierung bestrafte ihn nicht als »Kollaborateur des Feindes«, doch sie ignorierte ihn.

Leonardo entfernte sich aus der Stadt und flüchtete sich nach Vaprio in das Haus des jungen Melzi. Ein eisiger Hauch lähmte ganz Italien, das die Beute der habgierigen Ausländer geworden war.

In der Einsamkeit des Landlebens ordnete Leonardo erneut seine Papiere und schrieb bittere Betrachtungen über die Gebrechlichkeit der menschlichen Natur.

Selten nur erreichten ihn über Wanderer oder durchziehende Soldaten Nachrichten aus Mailand oder Rom.

Als jedoch der Medici-Papst gewählt wurde, erleuchteten die Freudenfeuer auch die Lombardei, die Nachricht durcheilte blitzartig ganz Europa.

– Meister, was gedenkt Ihr zu tun? – fragte Melzi ihn eines Tages.

– Warten wir einige Nachrichten ab. –

Aber die Nachrichten kamen nicht und waren nicht einmal vonnöten. Eine allein genügte: anstelle eines kriegerischen Papstes war jetzt der Sohn des Lorenzo il Magnifico getreten. Dem kalten Hauch des Verfalls folgte helles Sonnenlicht und die Hoffnung auf eine Wiedergeburt.

Die namhaftesten Künstler zogen nach Rom, der eine früher, der andere später, und jene, die schon dort waren, riefen die noch in der Ferne weilenden Freunde herbei: Giuliano und Antonio da Sangallo, Bramante, Raffael, Sebastiano del Piombo, Fra Bartolommeo, Luca Signorelli, Andrea Solari, Trissino, Sodoma, Caradosso.

Miniatur eines unbekannten Meisters, welche die Krönung von Papst Leo X. darstellt.

Eine in der Geschichte vorher nie gesehene Versammlung, zu der sich Michelangelo, Sansovino, Rustici, Filippino Lippi und Andrea del Sarto gesellten.

Niemand hieß Leonardo abreisen, noch sagte man ihm, daß schon viele vorausgegangen waren. Er selbst jedoch empfand die Notwendigkeit, jene Einsamkeit zu unterbrechen, die nach dem Abzug der Franzosen nun schon zur Verlassenheit geworden war; am Namen der Medici belebten sich seine Hoffnungen aufs neue.

Aus Vaprio war er inzwischen nach Mailand zurückgekehrt. Er hatte in Ruhe alle seine Angelegenheiten geordnet, hatte ein Verzeichnis dessen, was er hinterließ und dessen, was er mitnahm, gemacht. Schließlich schrieb er die Titel aller seiner Bücher auf. Und an einem Herbstmorgen, an dem sich die ersten Nebel zeigten, machte er sich auf die Reise.

»Am 24. September 1513 reiste ich mit Giovan Francesco de'Melzi, Salaì, Lorenzo und Fanfoia aus Mailand nach Rom ab.«

Der Vogelmarkt

Die Gesellschaft ritt aus der Porta von San Pier Gattolino – heute durch die Porta Romana ersetzt – hinaus und machte sich, die Rampe von San Giorgio hinauf, nach der Certosa auf den Weg. Es war ein klarer und frischer Morgen Ende

Oktober, die Felder waren nach der vorangegangenen Weinernte rot von den Blättern der Reben. Salaì ritt einige Längen voraus, gefolgt vom Meister, der Francesco Melzi an seiner Seite hatte. Danach kamen gleichsam als Nachhut Lorenzo, der für die Pferde und das Gepäck verantwortlich war, und Fanfoia, dem das Amt des Hausmeisters oblag.

Die Strecke von Mailand nach Florenz hatten sie in langen Etappen mit kurzen Unterbrechungen zurückgelegt, da Leonardo in seiner Heimatstadt einige Angelegenheiten zu erledigen hatte und vor allem nach den vorausgegangenen Umwälzungen einige Freunde sehen wollte.

Piero Soderini war buchstäblich des nachts »halbtot« aus dem Palazzo geflohen und »tat so, als wolle er sich nach Rom wenden«, floh aber statt dessen in das sichere und entferntere Ragusa.

Die Florentiner hatten unter der Bedrohung des vor der Porta San Frediano gelagerten Heeres Raimondo Cardonas angsterfüllte Augenblicke durchlebt, vor allem auch angesichts der schrecklichen Wirklichkeit einer »Plünderung« wie jener von Prato, wo es in wenigen Stunden mehr als 5 000 Tote gab. In der verschreckten Stadt war daraufhin der mehr verzweifelte als hoffnungsvolle Schrei – Palle! Palle! – erschallt, weil der »kleine Kardinal« Giovanni de'Medici und sein Bruder Giuliano bei den Belagerern waren und ihrer Stadt Verheerungen und Plünderungen hätten ersparen können.

So waren die Medici nach achtzehn Jahren des Exils wieder in dem Palazzo in der Via Larga eingezogen. Der Kardinal Giovanni war 36, Giuliano 33 Jahre alt.

Ihre Rückkehr war als Rettung begrüßt worden, da sie das Ende der Belagerung bedeutete. Von seiten der Stadt war kein Widerstand geleistet, von seiten der Medici keine Rache verübt worden.

Nur die alten republikanischen Einrichtungen und die Verfassung des Savonarola wurden sofort abgeschafft. Der Große Rat wurde aufgelöst, man kehrte wieder zu jenem der Hundert zu-

rück, der aus treu ergebenen und zuverlässigen Leuten gebildet wurde.

Machiavelli war als Sekretär der »Zehn der Balia« – das heißt der Regierung – bestätigt worden, wurde aber kurz darauf abgesetzt, gefoltert und verbannt, da er sich ohne Verschulden in die dumme Verschwörung zweier überspannter Jugendlicher verwickeln ließ.

– Er befindet sich auf seinem kleinen Bauernhof in Sant'Andrea in Percussina –, berichtete Piero Martelli dem Leonardo, nachdem er ihm in großen Zügen die dramatischen Ereignisse in der Stadt geschildert hatte... Giuliano de'Medici hatte sofort versucht, seinen Vater nachzuahmen. Auch er war Freund der Künstler, gebildet und hatte einen guten Charakter. Er hatte damit begonnen, sich aus Respekt gegenüber den repu-

Plan der Stadt Rom Ende des 15. Jahrhunderts.

blikanischen Gepflogenheiten den Bart scheren zu lassen und den alten republikanischen »Lucco«, ein faltenloses, langes, enganliegendes Kleid, zu tragen. Jetzt, nachdem sein Bruder Papst geworden ist, befindet auch er sich in Rom. –

Aber man mußte Florenz in jener Nacht sehen, als die Nachricht vom »weißen Rauch« eintraf. Überall Freudenfeuer, Böllerschüsse und Raketen. Was nicht alles aus den Fenstern des Palazzo der Medici herunterkam! Geldsäcke und »Mützen, Hüte, Kappen, Röcke und andere Kleidungsstücke des Magnifico Giuliano, es war eine fabelhafte Sache«.

– Heute –, schloß Piero Martelli, – regiert uns Lorenzo, der Sohn Pieros, unterstützt von seinem Onkel Giulio, dem Erzbischof von Florenz. –

Der Turm des Palazzo Vecchio. – Unten: ein Rechtsgelehrter.

Die anläßlich der Wahl Leos X. in Florenz entzündeten Freudenfeuer.

Als Leonardo am Kloster Santa Maria Novella vorüberging, erinnerte er sich, daß er noch den Schlüssel zum Papstsaal besaß. Er öffnete, nicht ohne innerlich bewegt zu sein, und trat ein. Und mit Überraschung sah er, daß seine Kartons wieder hierhergebracht worden waren, an einen sicheren und abgelegenen Ort. Er prüfte sie lange, schweigend, zum letzten Mal. Tatsächlich existierten sie wenige Jahre später nicht mehr. Wie die des Michelangelo waren sie aus einem Übermaß an Liebe zerschnitten und gestohlen worden, nachdem sie, wie wenig später Cellini schrieb, »die Schule der Welt« gewesen waren.

Nachdem er dreihundert Florentiner Goldgulden auf die Bank des Hospitals Santa Maria Nuova eingezahlt hatte, setzte Leonardo seinen Weg nach Rom fort. Diesmal ohne Eile.

Das Wetter war strahlend, und Piero Martelli hatte seinem Freunde Giuliano de'Medici einen Brief geschrieben, um ihm die Ankunft des Künstlers mitzuteilen.

Die Gesellschaft war an der Brücke der »Falciani« angelangt und hatte schon begonnen, durch den Wald von Sant'Andrea hinaufzusteigen, als Leonardo sich erinnerte, daß dies die Ländereien seines Freundes Macchiavelli waren.

Oben auf der Anhöhe lag das einfache, in strengen Formen gehaltene Haus des ehemaligen Sekretärs der Florentiner Republik, und die fünf Reisenden hielten an.

– Ich lebe hier, lieber Leonardo, um den Duft von Florenz zu spüren, der mit den Reitern, mit den Durchreisenden und mit Freunden wie dir zu mir kommt. Ich kümmere mich um den Wald und den Weinberg, ich ärgere mit diesen Bauern, die mich sogar beim Kartenspiel zu bestehlen versuchen, mir einen Leberschaden an. In der Nacht ziehe ich dann wieder meine Gerichtsroben an und lebe aufs neue mit meinen Phantasie-

Wechselbank im 15. Jahrhundert.

gestalten an den Höfen, spreche mit den Großen, befrage sie, höre ihnen zu, und sieh hier –‹, Macchiavelli zeige einen Packen schon beschriebener Blätter, – das Resultat dieser Gespräche. –

Die beiden Freunde speisten zusammen. Leonardo erzählte Niccolò die letzten Begebenheiten aus Mailand, die schlappe Rückkehr des Sforza, der von einer sich gleichgültig verhaltenden Bevölkerung empfangen worden war, das erste Fest im Kastell, das seitens der Spanier in eine echte und ausgesprochene Plünderung entartet war. In der Tat hatten die Offiziere des Cardona, als sie die vielen juwelenbesetzten Gewänder der Herren und Damen des Hofes sahen, ihre Dolche gezogen und sich darangemacht, allen Gästen des Herzogs, ob Frauen oder Männer, die Kleider vom Leibe zu schneiden.

Es war fast Abend, als Leonardo in Barberino

Büste des Niccolò Machiavelli.

Val d'Elsa ankam, wo er sich entschloß, zu übernachten.

Am nächsten Morgen war die Gesellschaft zu früher Stunde zur Weiterreise bereit, als Leonardo auf dem Platz eine Menge Käfige und Körbe voller Vögel sah, die von einem fliegenden Händler geschickt zur Schau gestellt waren.

Er näherte sich: Es waren Spatzen, Finken, Drosseln, Zeisige, Rotkehlchen, Grasmücken, Amseln, Zaunkönige und andere Vögel, wie Turteltauben, Tauben, Wiedehopfe, Schleiereulen und Eulen...

– Wieviel verlangst du? – fragte Leonardo.

– Wofür? –

– Für alles. –

– Für alle diese Vögel? – fragte der Vogelhändler ungläubig.

– Nimm das –, sagte Leonardo und drückte ihm eine mit Geldstücken gefüllte Börse in die Hand. Danach öffnete er die Käfige einen nach dem andern, streckte sachte die Hand hinein und nahm die Vögel, »ließ sie in die Luft fliegen und gab ihnen damit die verlorene Freiheit zurück«, wie Vasari erstaunt berichtet. Salaì sagte kopfschüttelnd zum jungen Melzi, der verwundert den Meister betrachtete: – Da kann man nichts machen. Es ist immer das gleiche, wenn er einen in einen Käfig gesperrten Vogel sieht. –

Der Magnifico Giuliano

Um uns eine Vorstellung vom Rom der Renaissance zu machen, müssen wir die Stadt des Imperiums mit ihren sechs Millionen Einwohnern und auch die gegenwärtige chaotische Hauptstadt Italiens vergessen.

Zu Beginn des 16. Jahrhunderts war Rom eine kleine aufrührerische Stadt, arm und korrupt, ohne Handel, aber voller dunkler Geschäftemacher.

Die Bevölkerung von etwa hunderttausend Einwohnern lebte zur Gänze um den päpstlichen Hof herum. Drei oder vier große Straßen, von wundervollen Palästen gesäumt, durchzogen diesen Schwerpunkt der Ansiedlung in der Breite und Länge. Der Rest war ein Gewinkel von schmutzigen und übelriechenden Gassen, die von weiten »toten Zonen« durchbrochen wurden, wo die Marmortorsi zwischen dem Unkraut lagen.

Der üppige Prunk des päpstlichen Hofes ernährte einen ganzen Unterstaat von Dienern, Lieferanten, Geschäftemachern, Prostituierten und Künstlern.

Giuliano de'Medici, zum Gonfaloniere der römischen Kirche ernannt, empfing Leonardo mit »offenen Armen«, da er so viel von ihm hatte reden hören, ohne je die Gelegenheit gehabt zu haben, ihm zu begegnen. Er wies ihm eine Wohnung in der Festung di Belvedere an, die aus einer Werkstatt und mehreren Räumen für seine Angehörigen bestand. Sofort wollte er ihn mit zwei Gemälden beauftragen, einer »Leda« und dem Porträt einer »gewissen Florentiner Dame«, die dem Bruder Magnifico Seiner Heiligkeit nach Rom gefolgt war.

Leonardo und Giuliano verstanden sich sofort. Ihre Begegnung erschien beiden als ein »Sich-Wiederfinden«, ein »Sich-Wiedererkennen«, so wie zwei alte Freunde sich nach langer Zeit wiedersehen und einer im anderen die gleichen Interessen, dieselbe Liebe für die »erfindungsreiche Natur«, die gleiche Art zu denken und zu fühlen, wiederentdeckt.

Wie sein Vater, Lorenzo il Magnifico, konnte auch Giuliano sich rühmen, ein Freund und Mäzen vieler Künstler in Florenz und Rom zu sein. Die plötzliche Freundschaft zwischen ihm und Leonardo entstand aber nicht nur im Zeichen der Malerei, sondern auch und vor allem aus der gemeinsamen Liebe zur Mathematik und der Mechanik. »Beide gaben sich gemeinsam mit philosophischen Dingen und« – so berichtet Vasari – »sehr viel mit Alchimie ab.«

Die Protektion Giulianos gab Leonardo neue Sicherheit und neuen Antrieb in allen seinen Interessen. Außer der Malerei widmete er sich der Vorbereitung einer »geheimnisvollen Appara-

Kopf des Giuliano de'Medici, des jüngeren Bruders von Papst Leo X., von Bronzino gemalt.

tur«, von welcher niemand außer Giuliano etwas wissen durfte und für die er die Mitarbeit zweier deutscher Arbeiter erhielt, die auf die Herstellung von Spiegeln spezialisiert waren.

Er setzte seine geologischen Studien fort, führte in der römischen Campagna verschiedene Erkundungen durch – »laß dir zeigen, wo sich die Höhlen am Monte Mario befinden« –, ohne die archäologischen Forschungen zu vernachlässigen, die eine ansteckende Leidenschaft geworden waren. Es gab weder einen Handwerker noch einen Künstler, der nicht einen Weinberg oder ein Stück Land besessen hätte, um es auf der Suche nach einem Laokoon oder einem Apoll zu durchwühlen.

Kopf des Bramante. – Unten: der Palazzo des Raffael, der von Bramante entworfen wurde.

Die Experimente über den Flug des Menschen nahmen eine neue Richtung an. Leonardo ging von den großen Modellen zu den ganz kleinen über. In der Tat experimentierte er den Gleitflug und das Fliegen in Bogen, indem er aus hauchdünnem Wachs Vögel in Miniaturgröße konstruierte. Er fand ein solches Vergnügen daran, daß er sich auch damit unterhielt, noch andere seltsame Tiere zu bilden, um sie in die Luft zu schleudern, sie vom Winde wegtragen zu lassen, damit die Leute zu erschrecken.

»Aus einer Wachspaste«, bestätigt der Biograph, »machte er beim Spaziergang ganz feine, dünne, innen hohle Tiere, blies in sie hinein und ließ sie durch die Luft fliegen...«

Leonardo fand in Rom zwei alte Bekannte wieder: Bramante, der inzwischen hoch in den Jahren und mit Ruhm bedeckt war, und Raffael, den Benjamin des Papstes, der die »Stanzen della Segnatura« ausmalte und wie ein Fürst Hof hielt.

Eines Tages kam Raffael an der Spitze einer Gruppe von Reitern, die alle jung und elegant waren, in der Nähe des Belvedere vorüber, als Leonardo gerade zu Fuß ausging, um einen Spaziergang zu machen.

Kaum sah Raffael ihn, als er auch schon vom Pferd stieg und Leonardo entgegeneilte.

– Meister –, sagte er, sich vor ihm neigend, – ich bitte Euch um Vergebung, daß ich noch nicht kam, um Euch zu besuchen. –

Leonardo schaute ihm wohlwollend in die Augen, die nicht mehr die gleichen waren: Es lag eine Unruhe, eine große Eile in dem Blick.

– Ich weiß –, antwortete er. – Du mußt die »Stanzen« des Papstes ausmalen, und ich weiß auch, daß du schöne Sachen machst. Ich werde kommen und dich besuchen. –

Inzwischen waren alle Schüler Raffaels mit Giuliano Romano an der Spitze herangekommen, und Raffael sagte:

– Freunde, vergeßt diesen Tag nie! Heute habt ihr Leonardo gesehen. –

Spaß und Spott

– Schaut einmal diese schöne Eidechse –, sagte eines Tages der Weinbauer vom Belvedere zu Leonardo, der im Feld vorüberging. – Sie ist so groß und so lang, daß ich es nicht fertigbrachte, sie umzubringen. Ich habe sie hier daruntergesteckt –, fügte er hinzu, hob eine Vase ein wenig hoch und zog eine tiefgrüne Eidechse mit blauer Kehle hervor, – um sie Euch zu zeigen. –

Leonardo nahm das Tier in die Hand.

– Könntet Ihr mir noch einige andere verschaffen? –

– Gewiß, Meister. Lebend oder tot? –

– Das ist unwichtig. Auch tot. –

Und Leonardo kehrte mit seiner lebenden Eidechse und einer seltsamen Idee im Kopf in seine Werkstatt zurück.

»… An einer Eidechse seltsamster Gestalt«, schreibt Vasari, »die der Winzer des Belvedere gefunden hatte, befestigte er auf dem Rücken Flügel aus der Haut von anderen Eidechsen, die er enthäutete, und tat Quecksilber dazu, so daß sie, wenn sie kroch, bei jeder Bewegung glitzerten. Dann machte er ihr Augen, Hörner und Bart, zähmte sie und hielt sie in einer Schachtel und entsetzte damit alle Freunde, denen er sie zeigte, derartig, daß sie davonliefen …«

Dies ist der Leonardo der Späße und der Spötterei, ein Künstler, der den bizarren Humor seiner Heimaterde nicht verloren hat. Er ist der Mitbürger des Bruno und des Buffalmacco, Leser und Bewunderer der gesalzenen Späße des Poggio Bracciolini.

Eingeschlossen in sein Haus am Macel de' Corvi, schuf Michelangelo in jener Zeit die Sklaven für das Grab des Papstes Della Rovere und malte am oberen Ende der Treppe seines Hauses ein Skelett, das einen Sarg unter dem Arm trug, um das schreckliche »memento mori« Savonarolas nicht nur immer in Gedanken, sondern auch vor Augen zu haben.

Leonardo spazierte mit einer Schachtel unter dem Arm, in der sich seine gezähmte und in einen Drachen verwandelte Eidechse befand, auf der Suche nach Freunden durch die Straßen, um sich fragen zu lassen: – Was hast du darin? – und den Deckel heben zu können. Mit einem Satz sprang ihm dann der Drache auf die Schulter, bewegte

Die Festung der Engelsburg in Rom, das letzte Bollwerk in der Verteidigung der Stadt, auf einer Zeichnung des Giuliano da Sangallo. Die Festung war zugleich Gefängnis, in dem die Häretiker verhört und verurteilt wurden.

die Flügel, den Kamm, den Bart, das Quecksilber glitzerte zwischen den Schuppen und um die Augen, während die Freunde entflohen, vom befriedigten und belustigten Gelächter des Magiers gefolgt.

Wie er einst viel Zeit damit verloren hatte, den »Schild« zu malen, so verlor er jetzt Tage, um die Ausrüstung seiner Eidechse wiederherzustellen, neue Farbeffekte und neues, paradoxes Zubehör zu ersinnen.

Für die Zeit, in der er zu Hause war, hatte er für seine Besucher einen anderen Spaß erfunden: »… Häufig ließ er auch Hammeldärme sorgfältig von allem Fett befreien und reinigen. Sie wurden

Allegorische Zeichnung Leonardos, die einen Löwen, das Symbol der Sonnenhaftigkeit und Gerechtigkeit, im Kampf mit einem Drachen darstellt.

dann so dünn, daß man sie mit einer Hand umschließen konnte. Und in einem anderen Raum hatte er einen Schmiedeblasebalg aufgestellt, an dem er ein Ende des Darmes befestigte, und blähte ihn dergestalt auf, daß er das Zimmer, das sehr groß war, damit anfüllte. Da mußte dann, wer sich darin befand, in eine Ecke flüchten. Daran bewies er, wie der durchsichtige, lufterfüllte Darm, der anfangs wenig Raum eingenommen hatte, schließlich dahin gekommen war, viel Platz auszufüllen, und zog daraus einen Vergleich mit dem Talent.«

Ein Blasebalg, zu diesem Zweck montiert und mit der Luftöffnung gegen die Wand gestellt, ein Gehilfe oder zwei Diener, um ihn zu handhaben; und all dies, um einen Freund oder den Deutschen Georg, auch Giorgio »von den Spiegeln« genannt, oder einen auf Besuch gekommenen Florentiner Künstler zu beeindrucken, dann mit einer Anspielung auf die sittliche Ordnung zu schließen, mit einem Hinweis auf das Talent, das

Rekonstruktion einer Maschine zum Schleifen von Spiegeln, nach einer Zeichnung Leonardos.

in gleicher Weise wächst, wenn es recht gebraucht wird.

Auch dies ist Leonardo: Wir können uns sein verbindliches Lächeln vorstellen, das diesen Scherzen folgt, seine gutmütige Ironie dem Gast gegenüber, den liebevollen Eifer, wenn er zeigt, daß der Drache nur eine Eidechse ist.

Aber Georg zum Beispiel vertrug keine Scherze. Er war vom Magnifico Giuliano an Leonardo gewiesen worden, der ihn in Zeichnen und italienischer Sprache unterrichtete, doch seine Zeit und Zuneigung verschwendete: In Gemeinschaft mit einem Landsmann, einem gewissen Giovanni (Johann), auch er »von den Spiegeln« genannt, da er diese serienweise für alle Prostituierten Roms herstellte, hatte Georg tatsächlich beschlossen, Leonardo vom Belvedere zu vertreiben, und alle Mittel waren ihm recht, um ihn zu stören.

Mehrmals war Salaì mit diesen beiden Raufbolden handgemein geworden, die die Gewohnheit hatten, sich zusammen mit den Schweizern der päpstlichen Garde zu betrinken und mit Büchsen bewaffnet umherzugehen, um auf Tauben, Schwalben und die Turteltauben in den päpstlichen Höfen zu schießen.

Leonardos Räume hatten jenem deutschen Giovanni in die Augen gestochen, und er hatte sie schon gewaltsam mit Beschlag belegt, um seine Spiegelfabrikation zu erweitern. Auf diese Weise gab es täglich ein Kommen und Gehen von Käufern, die nicht einmal die private Werkstatt Leo-

nardos respektierten. Durch all dies in Bedrängnis gebracht, schrieb Leonardo an Herzog Giuliano einen langen und heftigen Protestbrief gegen die beiden Eindringlinge.

Giuliano de' Medici griff ein. Er gebot den Deutschen, Leonardo nicht zu stören, andernfalls sie sofort nicht nur vom Belvedere, sondern aus Rom entfernt würden. Und Giovanni »von den Spiegeln« gehorchte, schwor aber in seinem Herzen, sich zu rächen. Er erbat tatsächlich eine Audienz beim Papst und klagte Leonardo öffentlich magischer Praktiken und Totenbeschwörung an, außerdem seziere er unter Beihilfe des Hospitaldirektors die Leichen.

Der Papst konnte die Anschuldigung nicht ignorieren, da er in Anwesenheit des ganzen Hofes informiert wurde, und er befahl, daß Leonardo ab sofort der Zugang zum Hospital Santo Spirito verboten würde.

»Er hat mir die Anatomie durch den Papst, der sie tadelte, unmöglich gemacht«, notierte der Künstler in seinem Heft, »und ebenso den Zutritt zum Hospital.«

Leonardo konnte nicht ahnen, daß sich für die gleichen Anklagefälle einige Jahre später Gefängnisse öffneten, die Folter angewandt wurde, die Scheiterhaufen brannten: Das Verbot des Papstes wurde schließlich zu einer bloßen Formalität.

– Leonardo –, sagte Leo X., als der Maler vor ihm niederkniete, – wenn du doch mit diesen Leichen aufhörtest und die Pinsel wieder zur Hand nähmest. Wäre das nicht für dich und für uns alle besser? –

Leonardo hatte wirklich gerade eine »Frau mit einem Kind im Arm« beendet, und der Papst, der sie von seinem Bruder Giuliano als Geschenk erhalten hatte, wurde nicht müde, sie zu bewundern.

– Ich stehe Eurer Heiligkeit zu Diensten –, antwortete der Künstler.

– Gut, so geh und wirf einen Blick auf die Wand hinter dem Altar von Sant'Onofrio auf dem Gianicolo und sieh zu, was du da malen kannst. –

Einige Monate später fragte der Papst, wie weit Leonardo mit dieser Malerei wäre.

– Heiliger Vater –, antwortete man ihm, – Meister Leonardo hat noch nicht mit dem Malen begonnen. Er destilliert aber Öle und spezielle Kräuter für den Firnis, der danach die Malerei schützen soll ... –

»Oh weh!« rief Leo X. aus, »auf diese Weise kommt nichts zustande, wenn man anfängt, statt an den Beginn des Werkes an das Ende zu denken!«

Wie einige glaubwürdige Gelehrte versichern, wurde die Wandmalerei jedoch fertiggestellt, und sogar schnell. Nach zeitgenössischen Beschreibungen war es eine Madonna mit einem Kind, das eine Hand auf ein Kissen stützte. Die Jungfrau schaute lächelnd auf den Sohn, der die kleine rechte Hand segnend erhob. Die Hände der Madonna, eine aufgestützt und eine leicht erhoben, zeigten die wachsame Besorgnis der Mutter, daß das Kind nicht falle.

Leonardo hielt also nicht bei den Retorten zum Destillieren des Firnisses inne: Einige im Museum von Windsor aufbewahrte Zeichnungen, die ein Kind auf einem Kissen und im Arm der Mutter in verschiedenen Haltungen darstellen, sind mit Sicherheit Studien für das Fresko von Sant'Onofrio.

Man kann sich vorstellen, daß Leo X. vor jenem Gemälde, sich an sein Gefolge wendend, zufrieden ausgerufen haben wird:

– Was sagt ihr dazu, meine Kinder? –

Marignano

»Die Medici machten mich, und sie zerstörten mich« – stammt diese bittere Betrachtung Leonardos vielleicht aus dieser Zeit?

Gewiß ist, daß der Künstler im Rom Leos X. kein Feld fand, wie übrigens auch Michelangelo nicht. Der Papst hatte für keinen Augen außer für Raffael. Leonardo gegenüber fühlte er eine instinktive Scheu, die sich in Antipathie verwandelte.

Der Gunst des Herzogs von Nemours, das heißt Giulianos de'Medici, der vom päpstlichen Bruder zum Gonfaloniere der römischen Kirche ernannt worden war, gelang es nur teilweise, die Bitterkeit des Künstlers zu mildern, der sich zu Unrecht ignoriert oder – weniger als Maler denn besonders als Forscher und Wissenschaftler – verkannt fühlte.

Wie sein Vorgänger hatte auch Leo X. »Eile« und umgab sich mit Leuten, die fähig waren, die wunderbaren Projekte zu verwirklichen, mit denen er das Gesicht Roms und der Welt verändern wollte. »Schönheit und Dynamik« konnte sein Motto sein. Unglücklicherweise kam es so dazu, daß Leonardo mit seiner Unschlüssigkeit und seiner sprichwörtlichen Langsamkeit nicht nur von der Welt des Hofes, sondern auch von der Kunst abgeschnitten wurde. Er war in der Tat der einzige, der sich nicht vom Fieber der »Altertümer« ergreifen ließ, der einzige, der nicht Wände in den Stanzen oder den Kapellen des Papstes forderte, um sie mit Fresken zu bedekken, wogegen er mit Begeisterung den Auftrag annahm, ein Projekt zur Trockenlegung der Pontinischen Sümpfe zu studieren.

Der Papst hatte nämlich beschlossen, jene Sümpfe trockenzulegen und hatte – mit einem Breve vom Dezember 1514 – seinem Bruder Giuliano die Aufgabe anvertraut, »pigram paludem pontinam« auszutrocknen.

»Der Wassersachverständige« Leonardo befand sich auf diese Weise wieder in seinem Ele-

Papst Leo X. auf einem Fresko Raffaels in den Stanzen des Vatikans dargestellt, wie er im Gewande Leos des Großen Attila begegnet.

ment. Er hatte schon für Lodovico il Moro die Moraste von Vigevano trockengelegt, er hatte den Plan für die Trockenlegung des Tales der Chiana für die Republik Florenz entworfen. Jetzt verlangte er nichts Besseres, als die Früchte seiner großen Erfahrung in den Dienst seines Gönners zu stellen.

Unter den Manuskripten in Windsor wird als Zeugnis dieser Arbeit eine schöne Karte der Pontinischen Sümpfe aufbewahrt, auf der man von oben, wie in einer Luftaufnahme, die ganze Ausdehnung des Wassers von den Ausläufern der Lepinischen Berge bis zum Circeo erblickt.

Kaum einen Monat später aber, am 9. Januar 1515, »reiste Giuliano de'Medici aus Rom ab, um in Savoyen seine Frau zu heiraten«:

In Wirklichkeit war Giuliano auf diese Ehe nicht versessen, die jedoch von seinem päpstlichen Bruder gewünscht wurde. Sich der Staatsraison fügend, war er mit einem Gefolge von Höflingen und Freunden nach Turin abgereist.

Wahrscheinlich begleitete Leonardo seinen Mäzen und Beschützer und kehrte mit ihm und der hochedlen Filiberta, die übrigens die erste Frau aus regierendem Hause war, die in die Familie der Medici eintrat, nach Rom zurück.

Der unbeschwerte römische Aufenthalt neigte sich jedoch auch seinem Ende zu. In Frankreich war Ludwig XII. gestorben, und Franz I., sein Nachfolger, barst vor Verlangen, sich auf die Lombardei zu stürzen, um die Sforza und die Schweizer aus Mailand zu vertreiben.

Die Nachrichten trafen nur bruchstückhaft ein, wurden aber immer alarmierender. Giuliano, der Kommandeur der kirchlichen Streitkräfte, war im Begriff, zur Verteidigung des päpstlichen Territoriums nach Parma und Piacenza aufzubrechen.

Auch diesmal folgte Leonardo seinem Gönner. Im Unterschied zu der »Hochzeitsreise« nahm er jetzt aber all seinen Hausrat mit, fast als ob er einer dunklen Vorahnung gehorchte.

In Florenz angekommen, erkrankte Giuliano schwer, vielmehr brach seine ererbte Tuberkulose plötzlich außerordentlich heftig aus, wes-

Sowohl Papst Julius II. als auch Leo X., die beide Förderer der Kultur und Freunde der Künstler waren, begünstigten die archäologischen Forschungen. Tatsächlich gelangten gerade in dieser Zeit die schönsten Werke der griechisch-römischen Klassik ans Tageslicht, darunter der berühmte »Laokoon«. – Hier ein Hochrelief-Fragment des Friedensaltars des Augustus mit dem verschleierten Kaiser.

halb er gezwungen war, im Palast in der Via Larga zu bleiben und das Kommando an den Neffen Lorenzo, den Herzog von Urbino und Sohn Pieros des Irrlichts, abzutreten.

Auch Leonardo ging im Gefolge Lorenzos über den Appenin und gelangte nach Piacenza.

Inzwischen hatte Franz I., statt den üblichen Weg über Montgenèvre, der bei Susa einmündete, zu nehmen, die Cottischen Alpen überschritten, hatte in einem glänzenden Manöver Villafranca erobert, dabei Prospero Colonna, den Führer der Streitkräfte des Sforza, überrascht und gefangengenommen, als dieser mit seinen Hauptleuten bei Tisch saß.

Anschließend bemächtigte er sich der Städte Novara und Pavia, eroberte Magenta und Corbetta und schlug sein Lager in Melegnano auf.

In seinen Purpurmantel gehüllt, vor sich das Kreuz des päpstlichen Legaten, gab am 13. September der Schweizer Kardinal Schiner, der sich in Marignano festgesetzt hatte, das Signal zur Schlacht und ritt selbst an der Spitze seiner sechstausend leichten Reiter. Das Treffen war blutig und blieb bis zuletzt ungewiß. Die Trommeln wirbelten den ganzen Tag und die ganze Nacht, am Abend des folgenden Tages aber endete der Kampf »eher von Giganten als von Menschen« zugunsten der Franzosen, was ihrer höchst beweglichen Artillerie und den strategischen Fähigkeiten Gian Giacomo Trivulzios zu verdanken war.

Die besiegten Schweizer zogen sich in tadelloser Ordnung auf Mailand zurück, alle Verwundeten und den Troß mit sich führend. Der Papst war so erschüttert über die Katastrophe von Marignano, daß er den König von Frankreich eiligst um eine Zusammenkunft bat, um Verhandlungen einzuleiten.

Leonardo war mit den päpstlichen Truppen in Piacenza. Er hatte Anweisung, den Papst in Bologna zu treffen, da Leo X. dem König von Frankreich mit seinem vollzähligen Hofstaat, »berühmte« Künstler wie Raffael und Leonardo einbegriffen, entgegentreten wollte.

Franz I.

Der Magnifico Giuliano lag im Sterben. Der Papst zog in das festlich geschmückte Florenz ein – alle Künstler waren aufgeboten worden, um die Stadt zu verschönern – und eilte nach den offiziellen Feierlichkeiten sofort in den Palast in der Via Larga.

– Vergiß Leonardo nicht –, murmelte Giuliano, – er wird dir nützen können. König Ludwig liebte ihn sehr. –

Deshalb hatte Leo X. einen Boten nach Pia-

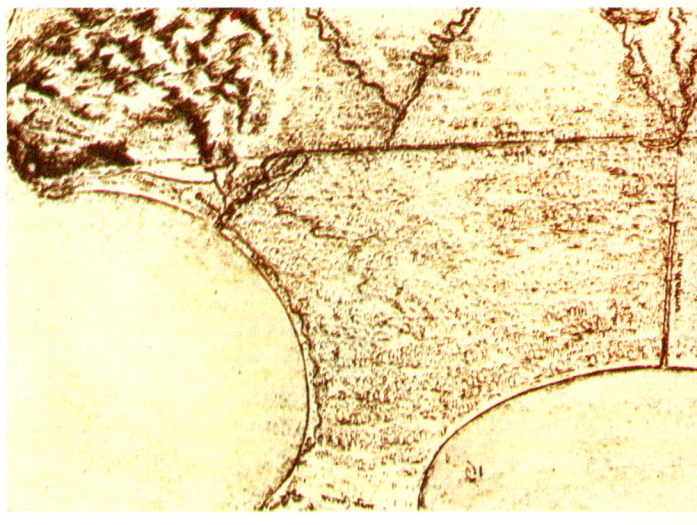

Giuliano de'Medici beauftragte Leonardo mit den Untersuchungen für die Trockenlegung der Pontinischen Sümpfe.

cenza gesandt. Sein Neffe Lorenzo sollte ihn in Bologna treffen und Leonardo mitbringen.

Im Heft Leonardos haben wir die Anmerkungen zu dieser überstürzten Reise: »Fiorenzuola, Borgo San Donnino, Parma, Reggio, Modena, Bologna.«

Schließlich trafen der französische König und der Papst zusammen. Die Unterredungen dauerten drei Tage. Der Papst und der König wohnten im selben Palast, umgeben von ihren jeweiligen Edelleuten, und versuchten täglich mehr, eine

brüchige und kühle Freundschaft zusammenzu-
kitten und zu erwärmen.

Am Schluß der Unterredungen wurden die jeweiligen Würdenträger des Gefolges vorgestellt.
Der Papst hatte im Unterschied zum König einige Seltenheiten in Reserve.

– Hier ist der Maler Raffael, von dem Eure
Majestät schon einige Werke kennen und der zur
Zeit unsere »Stanzen« im Vatikan ausmalt –,
sagte der Papst lächelnd.

– Und hier, Majestät, der große Leonardo da
Vinci… –

Als Franz Leonardo nennen hörte, als er den
Blick hob und den Künstler in der Haltung wür-
devollen Respektes vor sich stehen sah, stand er
auf, breitete die Arme aus und rief, ihm entge-
gengehend, mit bewegter Stimme aus:

– Leonardo, mon père… –

So geschah es, daß Leonardo vom Papst und
von Italien Abschied nahm. Nach den offiziellen
Feierlichkeiten hatte Franz I. ihn in seine Gemä-
cher gebeten, um ihm von neuem seine Zuneigung zu bekunden.

– Kommt mit mir nach Frankreich –, sagte er
zu ihm. – Ich werde von Euch nichts dafür als
Gegenleistung verlangen. Mir wird es genügen,
mich ab und zu mit Euch zu unterhalten, Euch
zuzuhören, wie Euch mein erhabener Vorgänger
zuhörte. –

Tief bewegt schaute Leonardo den edlen Kopf
dieses jungen Mannes an. Er las in seinen Augen
die Aufrichtigkeit des Angebotes, die Wärme
seiner Freundschaft, die Sicherheit eines Schut-
zes.

Giuliano de'Medici konnte ihm nun nichts
mehr geben. Sein Tod stand dicht bevor, und
nach ihm hatte er keinen mehr zum Freund, nicht
einmal den Papst.

Leonardo neigte das Haupt zum Zeichen seines Einverständnisses.

Franz I. nahm seine Hand, drückte sie und beschloß damit ein stillschweigendes Abkommen.

*Zeichnungen Leonardos, die einen Männerkopf
und das Profil eines Jünglings darstellen.*

Die Karaffen mit dem faden Wein

Salaì hat beschlossen, in Mailand zu bleiben. Er zählt mehr als vierzig Jahre, sagt er, und fühlt sich alt. In Wirklichkeit hat er bemerkt, daß der junge Francesco Melzi seinen Platz im Herzen des Meisters eingenommen hat. Er versteht, daß es seine eigene Schuld ist, und empfindet darüber mehr Zorn als Bedauern.

Leonardo erlaubt ihm, sich im Weinberg vor der Porta Vercellina, den er vom Moro zum Geschenk erhielt, ein Haus zu bauen, und hinterläßt ihm allen Hausrat, den er nicht mit sich nach Frankreich nehmen kann.

Es sind die letzten Tage der Vorbereitung und des Abschieds, der Besuche bei den wenigen Freunden, die die Tragödien des Herzogtums überlebt haben. Leonardo begibt sich nach Santa Maria delle Grazie, um noch einmal einen Blick auf das Abendmahl zu werfen und schweigend das Fortschreiten des geheimen Übels festzustellen, das sich bereits unter der Ölfarbe ausbreitet.

Der Verwalter des Bauernhofes in Fiesole hat ihm eine Probe des noch frischen, eben abgezogenen Weines zukommen lassen. Er wird als Abschiedstrunk dienen, um der Dienerschaft und Salaì »addio« zu sagen. Leonardo probiert ihn, es ist ein Weinchen ohne Körper, das während der Reise sauer wie Essig geworden ist.

»Aus Mailand an Zanobi Boni meinen Verwalter, am 9. Oktober 1515.

Die vier letzten Karaffen entsprachen nicht meinen Erwartungen, und ich bedauere das sehr. Die Reben von Fiesole müßten, wenn sie aufs beste gepflegt würden, unserm Italien den allerbesten Wein liefern, wie dem Ser Ottaviano. Wißt, daß ich seinerzeit sagte, daß man den Trieb, wenn man ihn in den Boden setzt, mit Kalkschutt von zerstörten Gebäuden oder Mauern düngen muß, das trocknet die Wurzeln. Und Stengel und Blätter entnehmen der Luft die notwendigen Substanzen zur Ausbildung der Trauben.«

Aus diesem schließt man, daß Leonardo bereits die Eigenschaften der mineralischen Düngemittel kannte, deren Entdeckung Priestley für das Jahr 1771 zugeschrieben wird. Ihm sind nicht einmal die Atmungsfunktionen der Teile der Pflanzen, die der Luft ausgesetzt sind, unbekannt, die drei Jahrhunderte später entdeckt und beschrieben werden.

»Dann«, fährt er fort, »ist es besonders schlecht, daß wir in unserer Zeit den Wein in of-

Die berühmten Türme von Bologna. In dieser Stadt fand die historische Begegnung mit Franz I. statt.

fenen Behältern bereiten und so beim Gären der
Gehalt durch die Luft entweicht und nichts bleibt
als eine fade, von Schalen und Fruchtfleisch ge-
färbte Flüssigkeit. Desgleichen füllt man nicht
so, wie man müßte, den Wein aus einem Gefäß in
ein anderes um, weshalb der Wein trübe wird
und einem schwer im Magen liegt.

Es könnte sein, daß wenn Ihr und andere diesen Überlegungen folgten, wir exzellenten Wein
trinken würden.

Gott unser Herr schütze Euch,

Leonardo.«

Ein schlechter Wein ist alles, was ihm der Bauernhof des Onkels Francesco gebracht hat. Ein
guter Rat und ein wertvolles »Rezept« ist alles,
was er seinen Erben hinterlassen kann, wenn er
jetzt Italien für immer verläßt.

Auf dem Montgenèvre

Die Reise über den Montgenèvre ist angenehm.
Der König fragt alle Augenblicke nach Leonardo, um mit ihm zu sprechen oder besser, ihm zuzuhören. Der alte Künstler vertraut auf diese
Weise dem jungen Monarchen sein noch für »ok-
kult« angesehenes Wissen an, das heißt das Ergebnis seiner Beobachtungen und die Quintes-
senz seines Nachdenkens, die man erst in unserem Jahrhundert begonnen hat, wiederzuent-
decken. Er zeigt ihm die Falken, die um die
schneebedeckten Gipfel kreisen, und spricht zu
ihm über den Flug, seine Dynamik, seine Gesetze. Er erzählt ihm von seinen Versuchen, dem
Unglück, das dem guten Zoroastro widerfuhr,
bekennt ihm aber auch seine tiefe Überzeugung,
daß der Mensch eines Tages fliegen wird wie die
Vögel, vielmehr noch höher und noch weiter gelangen wird.

– Der Mensch ist ein Bürger des Universums,
Majestät, und im Universum wird er sich zur
Entdeckung neuer Welten bewegen. –

Er spricht zu ihm von Mathematik und Mechanik, von Geologie und Hydraulik, von
Astronomie und Physik. Während der Rasten

*Franz I. König von Frankreich, in einem Porträt
von Jean Clouet.*

zeigt er ihm sein Traktat über die Anatomie, beschreibt ihm die Angst und die Einsamkeit vieler
in den Totenkammern der Hospitäler bei den
Leichen verbrachter Nächte. »Ich habe mehr als
dreißig menschliche Körper zerlegt«, erzählt er,
»löste jedes einzelne Glied auf, untersuchte mit
minutiöser Genauigkeit alles Fleisch, das sich um
die Adern befand, ohne es mit Blut zu beflecken,
außer mit dem kaum bemerkbaren Blut der kapil-
laren Adern. Und ein Körper genügte nicht für
lange Zeit, man mußte schrittweise mit vielen
Körpern vorangehen, um die gesamte Untersu-
chung zu Ende zu bringen, die ich zweimal wiederholte, um die Unterschiede festzustellen.«
Franz I. hörte ihm verzaubert zu.

– Nach Amboise! Aber natürlich, unser gro-ßer Leonardo wird nahe bei uns in Amboise wohnen. Ich werde ihm den Wohnsitz von Cloux geben, der mir gehört. –

Leonardo weiß noch nichts von dieser Ent-scheidung. Er reitet schweigend, beobachtet die Ebene, die sich unter ihm ausdehnt. Ihm folgt Francesco Melzi zusammen mit einem Jüngling namens Battista de'Villanis, der vor der Abreise aus Mailand als Diener angenommen wurde.

Auf einem Karren sitzt Maturina, die Dienst-magd, verängstigt und verloren inmitten all die-ser Leute, die eine andere Sprache sprechen.

Leonardo bemerkt ab und zu eine Art Krib-beln in der rechten Hand, das ihm den Arm hin-aufsteigt und diesen für eine Weile wie gefühllos macht. Der Herold des Königs empfiehlt ihm ein Rezept, das er sorgfältig in sein Heft schreibt:

»Eine Medizin gegen Jucken, der Herold des Königs von Frankreich lehrte sie mich. Vier Un-zen frisches Wachs, zwei Unzen Weihrauch, beides bleibt getrennt. Lasse das Wachs zerlau-fen, gib den Weihrauch hinein, koche beides zu-sammen und gib es auf die kranke Stelle.«

Louise von Savoyen, die Mutter von Franz I. Unten: der Goldschmied Benvenuto Cellini.

Der königliche Zug ist noch nicht nach Frank-reich zurückgekehrt, als der Monarch schon nach einer Möglichkeit sucht, dem Künstler einen nicht weit von der Residenz gelegenen Wohnsitz zuzuweisen, um ihn sooft wie möglich aufsuchen zu können.

In der Provence treffen sie Louise von Savoy-en, die Mutter des Königs, die sich auch auf dem Wege in die Hauptstadt befindet. Die beiden kö-niglichen Züge setzen ihren Weg gemeinsam fort. Auch die Königin erliegt dem Zauber des »gro-ßen Philosophen« und sagt zu ihrem Sohn, daß Leonardo ein bewundernswerter Mann ist. Plötzlich ruft sie, wie von einem Gedankenblitz erleuchtet, aus:

Das Kastell oder besser der Wohnsitz von Clos-Lucé, auch Cloux genannt, war ein solider mittelalterlicher Bau, der aus zwei rechteckigen Flügeln bestand. Im inneren Winkel zwischen den beiden Gebäuden führte eine elegante achteckige Treppe vom Hof in den ersten Stock. Die steil abfallenden Dächer enthielten bequeme Mansarden mit großen, über die Wasserrinnen aus Schiefer herausragenden Fenstern. Der von den Amboise für die Ordensschwestern des Ortes erbaute Wohnsitz war später die gut ausgebaute Festung eines Günstlings Ludwigs XI. geworden. Im Jahre 1490 wurde er für 3500 Gulden von Karl VIII. erworben, der ihn restaurieren und erweitern ließ. Jetzt gehörte er Louise von Savoyen und Margarete von Angoulême, der »Margarete der Margariten«, Verfasserin von Novellen im Stile Boccaccios – beziehungsweise der Mutter und der Schwester des Königs. Die beiden adligen Damen hatten ihn Leonardo großzügig angeboten, damit er ihn für den Rest seiner Tage bewohne, als sei es sein eigenes Haus.

Der König hatte außerdem verfügt, daß dem alten Meister eine jährliche Anweisung von 700 Goldgulden zuging, damit er auch nicht den Schatten einer wirtschaftlichen Sorge hätte.

Die Loire, von Leonardo gezeichnet.

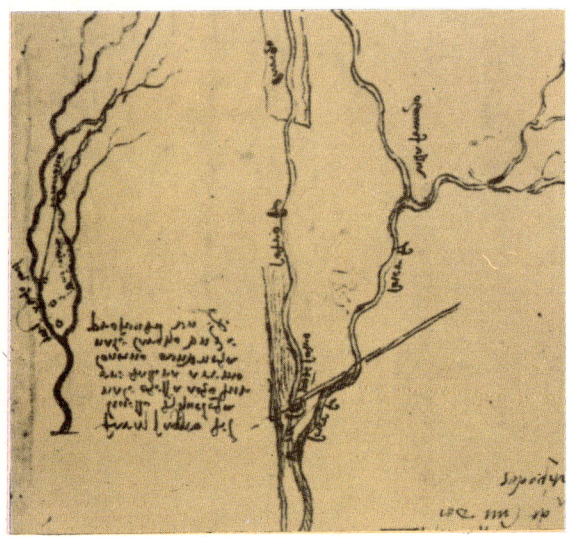

Als Gegengabe erbat der junge Monarch nur Freundschaft. Wann immer er konnte, ging er nach Cloux – in Luftlinie weniger als einen Kilometer von Amboise entfernt – oder ließ Leonardo holen, um ihn in seinem Schloß zu Gast zu haben.

Mit lebhafter Intelligenz und einem guten Gedächtnis ausgestattet, nahm Franz I. alle Kenntnisse auf, schweifte in allen Wissensgebieten umher, so daß es bald »keine Wissenschaft mehr gab«, wie ein Historiker jener Zeit schreibt, »von der er nicht Rechenschaft ablegen konnte!«

»Der Vinci«, wird später Cellini berichten, »war aufs reichste mit einem überragenden Genius begabt, hatte auch einige Kenntnisse im Lateinischen und Griechischen, so daß der König Franz sich mächtig in jene Talente verliebte…«

»Ich will nicht verfehlen«, fügt er hinzu, »die Worte zu wiederholen, die ich den König von ihm sagen hörte, welche er in Gegenwart des Kardinals von Ferrara, des Kardinals von Lothringen und des Königs von Navarra zu mir sagte: Er sagte, daß er nie glauben könne, daß ein anderer Mann auf der Welt geboren wäre, der so viel wüßte wie Leonardo, nicht nur in Bildhauerei, Malerei und Architektur, sondern daß er auch ein ganz großer Philosoph wäre.«

Langsam hatte Leonardo zu einem nicht nur äußerlichen Frieden zurückgefunden und aufs neue begonnen, an einer Leinwand zu arbeiten, die er aus Rom mitgebracht hatte. Er stellte einen Jüngling mit fast femininen Formen dar, mit einem beinahe zu weichen Gesicht, der mit dem Finger auf etwas zeigte, das über ihm, außerhalb des Bildes war. Leonardo entfernte die Landschaft, um die Figur in eine Art wattiger Dunkelheit zu hüllen.

– Meister, wer ist das? Was bedeutet das? – fragte Francesco Melzi ab und zu neugierig.

Und Leonardo antwortete jedesmal, leise lächelnd wie die von ihm dargestellte vieldeutige und beunruhigende Persönlichkeit:

– Zeichne, Francesco. Zeichne. –

»Ein gut verbrachtes Leben ist lang«

In der Nähe des Wohnsitzes von Clos-Lucé floß die Loire vorüber. Wie hätte es ein Mann wie Leonardo fertiggebracht, sich nicht mit Wasser zu beschäftigen!

»Sein Geist ruhte nie«, führte der Anonimo noch aus, »und immer brachte der Genius Leonardos neue Dinge hervor.«

So war er nun dabei, die ersten Erhebungen über das Gelände zu machen, die Entfernungen festzustellen, Erkundungen entlang aller Wasserläufe des Gebietes durchzuführen. Er durchstreifte die ganze Region des jetzigen Berry, um dem König in kürzester Zeit das Projekt einer grandiosen Kanalisation zu überreichen.

Der Kanal Romorantin sollte nämlich Tours und Blois mit der Saône verbinden und zugleich als Schiffahrtsweg und Wasserreservoir für die Landwirtschaft dienen. Ein Ladehafen in Villefranche hätte beiden Ausgangsorten gedient. Danach sollte der Kanal, nachdem er über Bourges hinausgelangt und die Flußläufe der Dore und der Sioule aufgenommen hätte, bei Mâcon wieder in die Saône münden.

Die Winter in Cloux waren jedoch länger und härter, und Leonardo mußte mehr im Hause bleiben.

Daher ordnete er erneut seine Notizen, lehrte Francesco Melzi die »Spiegelschrift«, die umgekehrte Schrift, damit er sie nicht nur lesen, sondern auch zu schreiben lernte; und viele Stunden verbrachte er malend.

Der Karton der Jungfrau im Schoße der »Anna Selbdritt«, an dem er viele Jahre zuvor in Florenz gearbeitet hatte, war schließlich ein in jeder Einzelheit vollendetes Gemälde geworden. Die »Gioconda« hatte nunmehr ihre Landschaft mit Wasser und Felsen. Und eine Jünglingsfigur, die noch ohne Bezeichnung war, stand unter einem großen Tuch verborgen auf der Staffelei.

Leonardo malt in Clos-Lucé das Porträt einer adligen Dame, bekannt als die »Belle Ferronière«.

– Meister, hier sind Besucher –, sagte Battista de Villanis, in die Werkstatt eintretend.

Es waren Margarete von Angoulême, die Schwester des Königs, und ihre Kusine Filiberta von Savoyen, die Witwe des Giuliano de'Medici, Herzogs von Nemours.

– Meister –, sagte die junge Schwester des Königs, – wir kommen, um Eure Hilfe zu erbitten. Wir wollen die Ankunft Seiner Majestät feiern und wissen von den prächtigen Dingen, die Ihr in Mailand gemacht habt. Nur Ihr könnt unser Fest unvergeßlich machen… –

Leonardo lächelte und stimmte zu.

– Das werden wir machen… Irgend etwas werden wir machen. –

Eine Ansicht des Schlosses von Amboise, der Residenz von Franz I.

Und wirklich richtete er ein Schauspiel aus, von dem die Chroniken noch lange ausführlich berichteten. In einem phantasmagorischen Ritterspiel, das von unsichtbaren Zügen und Federn bewegt wurde, hatte Leonardo den König in den Mittelpunkt der allegorischen Turniere, in denen er immer Sieger blieb, plaziert. Am Schluß betrat ein Eremit in großer Eile die Bühne und flehte den König an, das Land von einem wilden Löwen zu befreien, der überall Schrecken verbreitete. Sogleich erschien – ein Meisterwerk der Automatisation »ante litteram« – der Löwe wirklich auf der Bühne, hielt in drohender Haltung vor dem König an und stieß ein dumpfes Gebrüll aus. Der König aber berührte ihn ohne Furcht mit seinem Szepter, und die sofort besänftigte Bestie ließ sich daraufhin in »heraldischer« Pose, nämlich auf den Hinterpranken sitzend, nieder und riß sich dann mit den Krallen einer Vorderpranke die Brust auf, aus der sich eine Kaskade von Lilien aus Gold ergoß.

– Leonardo, liebster Meister –, rief der Monarch aus, – Ihr seid ein Zauberer! Nicht einmal König Artus hatte an seinem Hof einen so außerordentlichen Mann wie Euch! –

Später, als er nach Hause zurückgekehrt war, hatte Leonardo noch die Energie, sich an den Tisch zu setzen und einen guten Teil der Nacht damit zu verbringen, eine schwierige geometrische Aufgabe zu lösen. Am folgenden Morgen stieg er schon früh ans Ufer der Loire hinunter, verweilte dort lange, um über das Wasser nachzusinnen, und während er meditierte, lauschte er in sich hinein:

»Oh, wie ist deine Gerechtigkeit so wunderbar, Ur-Beweger! Du hast nicht gewollt, daß irgendeiner Kraft die Ordnung und die Fähigkeit fehlt, die sie zu ihrer Wirkung braucht.«

Der Ur-Beweger ist der »Logos«, das WORT, das jedes existierende Ding rechtfertigt, auch die Wolke, die sich im heiteren Himmel auflöst, auch das Wasser, das fließt.

– Darum –, sagt der alte Leonardo zu sich selbst, »ist es undenkbar, daß irgendeine Sache für sich allein die Ursache ihrer Schöpfung sein kann.« –

Dies sind die fruchtbaren Gedanken der Zeit in Clos-Lucé, in der es den Stachel der materiellen Nöte nun nicht mehr gibt. Aber hatte er solche vor dieser Zeit je wirklich gehabt? Vasari sagt, nicht ohne eine Spitze boshaften Erstaunens, daß

»obgleich man sagen kann, daß er nichts besaß und wenig arbeitete, hielt er sich doch ständig Diener und Pferde...«. In Wirklichkeit hat Leonardo das Geld immer als Mittel und nicht als Zweck betrachtet, und die Mittel finden sich, immer und überall. Er nimmt jetzt nicht mehr die dumpfe Eifersucht der Künstler um sich wahr, wie er es hingegen getan hätte, wenn er in Italien geblieben wäre. In einer fürstlichen Behausung untergebracht, bedient und getröstet von der Zuneigung seines Schülers wie von der eines Sohnes, verlebt Leonardo den Abend seines Lebens gleichsam in einer Oase voller süßer Melancholie.

Er fühlt, daß der Tod nicht mehr fern ist, und als er in einer einzigen Schau wie auf einem riesigen Fresko sein Leben überblickt, tröstet er sich und schreibt: »So, wie ein gut verbrachter Tag zu ungetrübtem Schlummer, so führt ein gut verbrachtes Leben zu heiterem Sterben.« Und um nicht seine Jahre aufzuzählen, noch Vergleiche mit dem Alter anderer anzustellen, was den Willen des Ur-Bewegers beleidigen könnte, fügte er, seine »Werke« betrachtend, hinzu: »Ein gut verbrachtes Leben ist lang.«

Die unnachahmliche linke Hand

Als Kardinal Luigi d'Aragon eines Tages über Tours reiste, begab er sich auch zu dem großen italienischen Maler, um ihm seine Achtung zu erweisen.

Don Antonio de Beatis, der Sekretär des Purpurträgers, hat uns einen detaillierten Bericht jenes Besuches hinterlassen. Er schreibt hier:

»Der Herr ging mit uns anderen nach Cloux, um den Florentiner Meister Leonardo, einen Greis von mehr als siebzig Jahren, zu besuchen...«

Es muß im Herbst des Jahres 1516 gewesen sein. Leonardo war noch nicht 65 Jahre alt, sah aber viel älter aus. Fast mit Sicherheit stammt die Rötelzeichnung, die in der Bibliothek in Turin aufbewahrt wird, aus jener Zeit. Sie zeigt ein vorzeitig gealtertes Gesicht, die Wangen hohl, mit hoher Stirn, die Augen mit grollendem Blick, wie die eines antiken Propheten.

»...Dieser zeigte Seiner hochverehrten Exzellenz«, fährt der Berichtende fort, »drei Bilder, alle höchst vollkommen, eines die Madonna mit dem Kinde, die im Schoße der Hl. Anna sitzen, das andere eine gewisse Florentiner Dame, nach der Natur auf Gesuch des weiland Giuliano de'Medici gemalt, ein anderes ein junger Hl. Johannes der Täufer...«

Der Meister hatte ein Kreuz, so dünn wie ein Rohr, hinzugefügt, das dem Arm und dann dem Finger folgte, der zum Himmel zeigte. Und das Bild hatte unversehens eine unwiderrufliche Bedeutung erlangt.

Melzi schaute Leonardo erstaunt an, der den Blick zurückgab und lächelnd nickte.

Dann widmete er sich erneut dem Kardinal, zeigte ihm seine Traktate über den Flug und über die Anatomie.

»... Er hat die Anatomie auf ganz besondere Weise abgehandelt, indem er mittels der Malerei sowohl Glieder als auch Muskeln, Nerven, Adern, Gelenke, Eingeweide und was man noch behandeln kann darstellt, und zwar sowohl von Männern als auch von Frauen, in einer Weise wie es noch niemals von jemand anderem gemacht worden ist. Das haben wir mit unseren Augen gesehen«, wiederholt de Beatis, um jeden Zweifel auszuschließen, »und er sagte sogar, daß er an mehr als dreißig Körpern, männlichen und weiblichen allen Alters, die Anatomie praktiziert hat...«

Leonardo zeigte seinen Gästen auch seine Studien »Von der Natur des Wassers« und jene über »Verschiedene Maschinen«. Die Gäste aber, vor allem der Kardinal von Aragon, schauten mit Trauer und Rührung die rechte Hand Leonardos an, »die nichts Gutes mehr vollbringen wird«, da

Die geheimnisvolle Gestalt, die er mit der unnachahmlichen linken Hand malte, war Johannes der Täufer.

sie von Lähmung befallen und bereits verkrümmt war.

Sie wußten nicht, daß Leonardo an seinem Täufer weitergearbeitet hatte, während das Übel fortschritt. Nur Melzi, dem es nicht gelang, seine Augen von dem Bild zu lösen, wußte, daß der Meister fast alles mit der linken Hand gemalt hatte.

Es war die »unnachahmliche linke Hand« gewesen, die das leuchtende Zeichen eines Kreuzes wie ein Symbol der Hoffnung hatte herabsteigen lassen, als käme es vom Himmel.

Die Gabe des Lebens

»... Messer Leonardo de Vince, Maler des Königs, gegenwärtig im besagten Ort Cloux wohnend ... hat, die Gewißheit des Todes und die Ungewißheit der Stunde desselben erwägend, sein Testament und die Angabe seines Letzten Willens in der folgenden Weise festgestellt und ausgesagt.

Zuerst befiehlt er seine Seele unserm Herrn dem Herrn Herrgott, der glorreichen Jungfrau Maria, dem Herrn und Heiligen Michael und allen seligen Engeln und Heiligen im Paradiese.

Ferner...«

Es ist der 23. April 1519, ein Ostersamstag. Leonardo, der bereits seit einigen Monaten zu Bett liegt, hat Meister Guillaume Boreau, den Notar des Königs, und außer Francesco Melzi weitere fünf Zeugen zusammenrufen lassen. Es sind der Vikar und Kaplan der Kirche von Saint-Denis und der Prior und zwei Mönche des nahen Minoritenklosters.

Die Zeugen hörten dem zu, was der von den Kissen gestützte Meister mit passenden Worten und in voller Klarheit des Verstandes und Geistes sagt.

Zuerst die Seele, die nicht stirbt, sondern lebt und viel Barmherzigkeit nötig hat. Und deshalb »drei feierliche Messen und dreißig stille Messen«, sowohl in der Kirche von St.-Denis, als auch in der der Mönche. Dann der Leib, der in der Kirche des hl. Florentin bestattet werden soll. Danach die Dinge, die Güter des Lebens.

»... Dem Messer Francesco da Melzo, Edelmann aus Mailand« alle seine Gemälde, Zeichnungen, Manuskripte und Bücher »und andere Werkzeuge und seine Kunst und Tätigkeit als Maler betreffenden Geräte«. Und als Zeichen seiner großen Zuneigung »alle und jedwedes seiner Kleidungsstücke«.

An Battista de'Villanis die Hälfte des Weinberges vor den Mauern von Mailand und das Wasserrecht des Kanals. Die andere Hälfte an Salaì, »in jenem Garten hat der vorgenannte Salaì ein Haus errichtet und gebaut«, und dies »als Belohnung für die guten und angenehmen Dienste, die die genannten de Villanis und Salaì, seine genannten Diener, ihm vorzeiten erwiesen haben«.

Leonardo ist sich dessen bewußt, was er da behauptet. Der Salaì ist kein Sohn mehr und nicht mal ein Schüler. Auch in seinem Herzen hat die Gestalt jenes ihm so teuren und ungetreuen Jüngers an Bedeutung verloren: Salaì war nichts mehr als ein Diener, vielleicht seinem Herrn zugetan, aber ein Dieb und undankbar.

»Ferner... gibt er Maturina, seiner Dienstmagd, ein Gewand aus gutem schwarzem Tuch mit Pelz gefüttert... und zwei Dukaten.«

Dann bedenkt er das Begräbnis, das feierlich sein soll, denn da ist immer ein Trauerzug der Angehörigen, der sich zur Schau stellt, der das Haus verläßt und unter den Blicken der Leute die Straßen durchzieht. Leonardo sagt mit halb geschlossenen Augen, als sähe er schon die Trauerfeierlichkeiten:

»... Sechzig Fackeln, die von sechzig Armen getragen werden sollen, denen Geld gegeben werden soll«, danach das ganze Kollegium der Kirche des hl. Florentin – Rektor, Prior, Vikare und Kapläne – und jenes von St.-Denis und vom Kloster der Minoriten. Während der Messe gregorianischer Gesang und Weihrauch und viele brennende Kerzen, »zehn Pfund Wachs in großen Kerzen, die in die genannten Kirchen gestellt werden sollen, um an dem Tage zu dienen, an dem diese Gottesdienste gehalten werden«.

Das vieldeutige Lächeln und der wissende Blick des Täufers.

Ein Alter, in Nachdenken versunken, am Ufer eines Flusses: das letzte Selbstporträt?

Den »leiblichen« Brüdern – und nicht des Herzens – hinterläßt er 400 bei der Bank von Santa Maria Nuova hinterlegte Goldgulden und das Landgütchen in Fiesole. Testamentsvollstrecker »mit absoluter und ungeschmälerter Vollmacht« ist Francesco Melzi, der, dort anwesend, den Auftrag vor den Zeugen annimmt und unterzeichnet.

Nachdem Meister Guillaume und die anderen gegangen sind, sieht Leonardo Francesco an, der die Tränen nicht hat zurückhalten können.

– Francesco –, sagt Leonardo, – diese Dinge zu ordnen, entspricht normaler Voraussicht. Ich habe nicht den Wunsch, von dir zu gehen, so wie ich keinen Grund habe, diese Erde plötzlich zu verlassen. Ich habe immer gesagt, daß das Leben ein Geschenk ist und daß der, der es nicht schätzt, es auch nicht verdient. So daß wir es nur bis zum Schluß verdienen müssen, ohne ihm durch die Furcht vor dem Tode die Achtung zu versagen.

Sieh –, fügte er, das Haupt dem Fenster zu-

wendend hinzu, – der Winter hat lange gedauert,
aber jetzt beginnen die Bäume sich zu regen, die
ganze Natur erwacht wieder unter dem Anruf
der Sonne. Sie wird wiedergeboren, siehst du
es? –

Die letzte Erfahrung

Im Dämmerschlaf durchlebte Leonardo noch
einmal das letzte Fest, das für die Taufe des Erstgeborenen von Franz I. und die Hochzeit des Lorenzo de'Medici veranstaltet worden war.

Der Sohn von Piero dem Irrwisch, von den
sehr mächtigen Onkeln – dem Papst und dem
Erzbischof von Florenz – zum Gonfaloniere der
Republik und zum Herzog von Urbino ernannt,
war nach Frankreich gekommen, um die Kusine
des Königs, die junge und schöne Magdalena de
la Tour d'Auvergne zu heiraten.

Mit einem glänzenden Gefolge war er in Amboise eingezogen. Die Spitze bildeten mit dem
Geschmetter der »Clairons« die Schildknappen
der Republik. Ihnen folgten die Fahnenschwin-
ger, die die Feldzeichen der toskanischen Pro-
vinzen flattern ließen. Es folgten die Banner der
Stadtquartiere von Florenz und schließlich, in
cremefarbenen Samt gekleidet, die Vertreter des
Florentiner Adels.

Leonardo hatte sich seines Ruhmes würdig
erwiesen. Die Taufe des Thronfolgers, dessen
Pate Lorenzo war, fand in der Kathedrale statt,
die in ein großes, mit Engeln erfülltes Amphi-
theater verwandelt worden war, als ob sie der
Himmel der Seligen sei, während die Hochzeit
von einem magisch-technischen Schauspiel be-
lebt wurde, würdig derer und vielleicht noch
großartiger als jene, die in Mailand für Lodovico
il Moro oder die Ankunft Ludwigs XII. veranstaltet worden waren.

Noch einmal war der wunderbare »Erde-
Himmel-Mechanismus« des Brunelleschi in
Funktion gesetzt worden, und der gerührte König hatte seinen »Magier« vor allem Volk um-
armt.

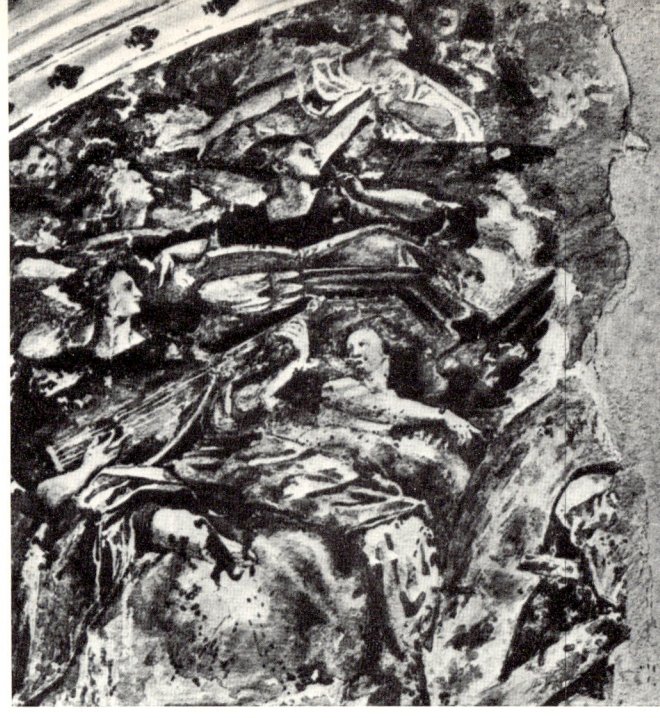

*Ein in der Kapelle von Clos-Lucé unter der Auf-
sicht von Leonardo gemaltes Fresko.*

– Der König –, murmelte von Zeit zu Zeit
Leonardo, die Hände auf der Bettdecke hinge-
streckt, die Augen geschlossen, das weiße Haupt
in das Kissen zurückgelehnt, als ob er schliefe.

– Der König –. Aber über seine Lippen drang
nur ein leises Röcheln, ein keuchender Atem.

Dann, so entsann er sich verschwommen,
hatte es die Geburt des zweiten Sohnes von Franz
I. gegeben. Es war auch ein Kurier mit einer Einladung des Monarchen eingetroffen, er aber war
schon krank und hatte seit Beginn des Winters
das Zimmer nicht mehr verlassen.

Nun war es Frühling. Alles belebte sich wie-
der, gewann wieder Farbe. Nur sein Antlitz, die
Hände und das Haar waren weißer geworden.
Hin und wieder ließ er sich einen Spiegel bringen.
Indem er sich betrachtete, erinnerte er sich an ei-
nen sehr bleichen und sehr müden Alten, der im
Krankensaal des Mailänder Hospitals eine ganze
Nacht mit ihm gesprochen und dann die Augen
geschlossen hatte, als ob er einen Augenblick
schlafen wolle, um sie nicht mehr zu öffnen.
»Und ich sezierte ihn«, wiederholte Leonardo in
Gedanken, während seine Atemnot wuchs. Es

dünke ihm, daß jener von allen verlassene Alte wieder vor seine Augen träte.

Leonardo war eingeschlummert. Draußen, hoch oben im heiteren Himmel, kreiste ein Hühnergeier zwischen dem Schloß von Amboise und den Dächern von Clos-Lucé. Francesco Melzi und Battista de'Villanis folgten ihm von der vor dem Krankenzimmer befindlichen Loggia aus mit den Blicken. Sie entsannen sich der Bemerkungen des Meisters, des Traumes aus seiner Kindheit, des gegabelten Schwanzes des Raubvogels, des tragenden Flügels, des kreisenden Fluges.

– Schläft er? – fragte Battista die Maturina, die aus dem Zimmer trat.

– Er schläft –, sagte die Frau.

Aber Leonardo schlief nicht, er phantasierte. Im Delirium sah er den König, der trotz des Festes für seinen Zweitgeborenen unzufrieden war. Während alle jubelten, wanderte Franz I. unruhig durch die Räume des Schlosses, stieg in die Stallungen hinab, ließ sich ein Pferd satteln und ritt im Galopp auf Amboise zu.

– Meister, mon père, wartet auf mich... –, sagte der Monarch mit lauter Stimme, während er an der Loire entlang galoppierte. Leonardo sah, daß Melzi und de'Villanis sich nicht um den König kümmerten. Sie standen und sprachen auf der Loggia draußen vor dem Zimmer, und Maturina kam und ging, als ob nichts wäre...

– Der König! Der König! – Irgendwer kündigte ihn an, hatte ihn am Ende des Parkes auftauchen sehen. Doch niemand kam, um den Kranken aufzurichten, ihn anzukleiden, damit er seinen Monarchen würdig empfangen könnte. Von den Lippen Leonardos löste sich ein heiserer, gutturaler Laut.

Melzi und de'Villanis hörten ihn und eilten herbei. Sie richteten ihn in den Kissen auf, genau wie er es wollte, sie legten ihm das wollene Gewand um die Schultern, das ihm guttat. Fast saß er auf dem Bett, mit geschlossenen Augen, und es schien ihm, als stünde der König vor ihm. Man mußte etwas zu ihm sagen, das des langen Rittes bis zu seinem Krankenlager wert war...

Leonardo atmete mühsam, als wäre er entlang der Loire bis nach Saint Germain-en-Laye galoppiert, um dem König etwas Wesentliches zu sagen, dessen er sich nun nicht mehr erinnerte.

– Ah ja –, murmelte er, – jetzt erinnere ich mich. Ich wollte sagen, daß »jede unsere Erkenntnis in Gefühlen ihren Ursprung hat«. Und seht –, fügte er unter Atemnot, der Stimme nicht mehr mächtig, hinzu, – jetzt fühle ich, wie ich davongehe, dahinziehe wie das Wasser der Flüsse, ich fühle, wie mich die Strömung dem Tode zuträgt, um ihn zu erleben, zu erfahren. –

S. 212 und 213 ▷
Das Wasser der Flüsse, das du berührst, ist das letzte, das ging, und das erste, das kommt: und damit die Gegenwart (Leonardo).

211

NAMENS- UND SACHREGISTER

LITERATURVERZEICHNIS

Amoretti, C.: Notizie storiche su la vita, gli studi e le opere di Leonardo da Vinci, Milano, 1804.

Bargellini, P.: La splendida storia di Firenze (Dal duca d'Atene a Cosimo I), Firenze, 1964.

Beltrami, L.: Documenti e memorie riguardanti la vita e le opere di Leonardo da Vinci, Milano, 1919.

Bossi, G.: Vita di Leonardo da Vinci, Padova, 1814.

Calvi, G. L.: Leonardo da Vinci, Milano, 1869.

Castelfranco, G.: Studi Vinciani, Roma, 1966.

Fumagalli, G.: Leonardo »omo sanza lettere«, Firenze, 1943.

Fumagalli, G.: Eros di Leonardo, Firenze, 1971.

Garin, E.: La città in Leonardo, Firenze, 1971.

Landucci, L.: Diario Fiorentino dal 1450 al 1516, Firenze, 1883.

Luzzatto, G. L.: Brunelleschi, Milano, 1926.

Machiavelli, N.: Storie Fiorentine, Milano, 1965.

Marcolongo, R.: La meccanica di Leonardo, Napoli, 1932.

Mariani, V.: Le idee di Leonardo sulla pittura, Firenze, 1965.

Modigliani, G.: Psicologia Vinciana, Milano, 1913.

Meresskovskij, D.: Il romanzo di Leonardo da Vinci, Milano, 1936.

Müntz, E.: Léonard de Vinci, sa vie, son génie, son œuvre, Paris, 1899.

Pedretti, C.: Le note di pittura di Leonardo da Vinci nei manoscritti inediti a Madrid, Firenze, 1968.

Pighini, G.: Leonardo e la psicologia del genio, Roma, 1952.

Reti, L.: Tracce dei progetti perduti di Filippo Brunelleschi nel Codice Atlantico di Leonardo da Vinci, Firenze, 1964.

Richter, J. P.: Leonardo, London, 1894.

Santoro, C.: Gli Sforza, Milano, 1968.

Siren, O.: Léonard de Vinci, 3 voll., Paris, 1928.

Solmi, E.: Leonardo, Firenze, 1923.

Supino, I. B.: Sandro Botticelli, Modena, 1909.

Steinitz, K. T.: Leonardo architetto teatrale e organizzatore di feste, Firenze, 1969.

Uzielli, G.: Ricerche intorno a Leonardo da Vinci, 3 voll.; Firenze, 1872; Roma, 1884; Torino, 1896.

Vari Autori: Leonardo da Vinci, Conferenze fiorentine, Milano, 1910.

Vari Autori: Leonardo da Vinci, 2 voll., Novara, 1956.

Vari Autori: Leonardo's Legacy, Los Angeles, 1969.

Vasari, G.: Le vite dei più eccellenti pittori, scultori e architetti, Firenze, 1925.

Verga, E.: Bibliografia Vinciana: 1494–1930, Bologna, 1931.

Verri, P.: Storia di Milano, 2 voll., Milano, 1840.

INHALT

DRITTER TEIL

VIERTER TEIL

"DIE SCHÖNHEIT VERLEIHT
DER TUGEND WÜRDE",
Wahlspruch des Leonardo da Vinci.

Bruno Nardini

MICHELANGELO

Leben und Werk

Aus dem Italienischen von Barbara von Münchhausen
220 Seiten, 185 meist farbige Abbildungen, Leinen

»Das Werk kann sicherlich als ein sehr gelungenes Beispiel dafür gelten, wie man auch junge Menschen an große Inhalte der Kulturgeschichte heranführen kann. Spannend und kenntnisreich geschrieben, spricht das Werk als Biographie und Kunstsachbuch selbstverständlich auch den Erwachsenen an.
Nardini vermeidet einseitige Beleuchtungen des Michelangeloschen Genies. Er führt seine Leser dafür unmittelbar in die geistige und politische Umwelt, in das farbige und brodelnde Leben, wie es sich gegen Ende des 15. Jahrhunderts entfaltete...
Trotz seiner auch vorzüglichen bildlichen Ausstattung liegt der Preis erheblich unter vergleichsweisen Publikationen. Vielleicht sollte es deshalb auch gerade zu Geschenkzwecken willkommen sein.«
Gießener Anzeiger

»Nardini will besonders Jugendlichen – aber auch Erwachsenen, die sich eine Fähigkeit zum unmittelbaren Miterleben bewahrt haben – eine erste Begegnung mit Michelangelo vermitteln. In kurzen, bildhaften Schilderungen, aufgelockert durch zahlreiche anekdotische Überlieferungen und die häufige Verwendung direkter Rede, werden wir nicht nur mit den einzelnen Stationen von Michelangelos Lebensweg bekanntgemacht, sondern auch mit den bestimmenden Faktoren seiner inneren, geistigen Welt und seiner Umwelt.«
Salzburger Nachrichten

»Nicht ›noch ein Buch‹ über Michelangelo, sondern eines, das neu sieht und neu sehen lehrt und ohne Pathos dartut, worin die zeitlose Größe dieses Künstlers besteht.«
Bücherschiff

VERLAG URACHHAUS STUTTGART